河南省土地开发整理项目

预算定额标准

河南省财政厅
河南省国土资源厅 编

黄河水利出版社
·郑州·

图书在版编目(CIP)数据

河南省土地开发整理项目预算定额标准/河南省土地整理中心主编.—郑州:黄河水利出版社,2014.9

ISBN 978-7-5509-0909-0

Ⅰ.①河… Ⅱ.①河… Ⅲ.①土地开发-预算定额-河南省②土地整理-预算定额-河南省 Ⅳ.①F323.211

中国版本图书馆CIP数据核字(2014)第209258号

出 版 社:黄河水利出版社

地址:河南省郑州市顺河路黄委会综合楼14层 邮政编码:450003

发行单位:黄河水利出版社

发行部电话:0371-66026940、66020550、66028024、66022620(传真)

E-mail:hhslcbs@126.com

承印单位:河南地质彩色印刷厂

开本:787 mm×1 092 mm 1/16

印张:24.5

字数:567千字 印数:1—2 000

版次:2014年9月第1版 印次:2014年9月第1次印刷

定价:100.00元

河南省财政厅
河南省国土资源厅文件

豫财综〔2014〕80号

河南省财政厅　河南省国土资源厅
关于印发《河南省土地开发整理项目
预算定额标准》的通知

各省辖市、直管县(市)财政局、国土资源局:

为适应财政预算投资管理体制和加强河南省投资土地开发整理项目预算管理的要求,提高预算编制的科学性、规范性,适应土地开发整理工作需要,依据国家和省有关法律、法规,以财政部、国土资源部颁发定额为基础,结合我省实际情况,我们重新制定了《河南省土地开发整理项目预算定额标准》(以下简称《标准》),现将有关事项通知如下:

一、《标准》由《河南省土地开发整理项目预算定额》、《河南省土地开发整理项目施工机械台班费定额》、《河南省土地开发整理项目预算编制规定》三部分构成。

二、河南省财政投资的土地开发整理项目预算按照《标准》进行编制，其他省内投资的土地开发整理项目参照《标准》执行。对《标准》未涉及的土地开发整理工程项目，由各省辖市、直管县财政、国土资源部门根据实际情况制定补充预算定额标准，报省财政厅、国土资源厅备案后执行。

三、对执行中发现的问题，请及时反馈给省财政厅、国土资源厅。省财政厅、国土资源厅将根据社会经济发展和土地开发整理工作需要适时修订《标准》。

四、本通知自发布之日起执行。《河南省财政厅　河南省国土资源厅关于印发河南省土地开发整理项目预算定额标准》（豫财综〔2010〕110号）同时废止。

附件：河南省土地开发整理项目预算定额标准

河南省财政厅　　河南省国土资源厅

2014年7月23日

信息公开选项：主动公开

河南省财政厅办公室　　2014年7月23日印发

《河南省土地开发整理项目预算定额标准》编委会

前　言

定额标准是工程建设项目公平合理计价、科学核定投资的依据。制定、发布和管理定额标准是造价管理工作的重要任务。2010 年《河南省土地开发整理项目预算定额标准（试行）》（以下简称《标准（试行）》）的颁布，对当时我省科学开展土地开发整理项目论证决策、有效实施项目投资控制、充分发挥项目资金效益起到了重要作用。

《标准（试行）》执行已有 3 年的时间，在执行过程中发现定额部分章节、子目需进一步完善，特别是当前国家重点支持的特色项目及采用新技术、新工艺、新材料的应用；部分费用科目的设置和计提标准与当前项目管理的要求不太适应。且 2012 年财政部和国土资源部颁布《土地开发整理项目预算定额标准》（财综〔2011〕128 号）正式执行。鉴于以上情况，以部颁《土地开发整理项目预算定额标准》为基础，结合我省实际情况，我们重新修编制定了《河南省土地开发整理项目预算定额标准》（以下简称《标准》）。

本次修编工作严格遵守国家有关法律、法规和行业规程、规范，注意发挥价格机制在推进技术创新和工艺创新中的作用，按照项目实施不同阶段对造价管理的要求，做好预算在子目设置及其消耗量的衔接；预留必要的材料和人工费价差处理接口，以便科学编制工程造价文件、合理核定工程投资，为全省土地开发整理项目提供有效支撑和保障。

本次修编工作由技术承担单位组织专家组，通过调研摸底、定额值拟定、定额子目消耗量测定、定额水平测算等方式方法，于 2014 年 4 月完成《标准》成果，并在 5 月通过河南省财政厅、河南省国土资源厅组织的成果验收。

本次修编工作得到了各方面的大力技术支持，管理部门有信阳市、南阳市、焦作市、洛阳市、新乡市、商丘市、周口市、驻马店市、开封市、三门峡市等各省辖市及所属县（市）财政和国土资源管理部门；技术支持单位有河南省中纬测绘规划信息工程有限公司、河南中建工程管理有限公司、河南瑞丰土地勘测设计有限公司、河南国地土地整理规划院有限公司、郑州蓝图土地资源咨询有限公司、河南华盛工程管理有限公司、河南豫北水利勘测设计院、商丘水利设计院、河南灵捷水利勘测设计研究有限公司、河南省瑞兴工程咨询有限公司、远东科技（郑州）有限公司等相关技术单位。

前言

总目录

河南省土地开发整理项目

预算定额

目　录

第 1 章　土方工程

第2章　石方工程

第3章 砌体工程

第 4 章　混凝土工程

第5章　管道安装工程

第6章　农用井工程

第7章　设备安装工程

第8章　道路工程

第9章　植物工程

第10章　辅助工程

附　录

总说明

一、《河南省土地开发整理项目预算定额》(以下简称本定额),分为土方工程、石方工程、砌体工程、混凝土工程、管道安装工程、农用井工程、设备安装工程、道路工程、植物工程及辅助工程,共10章119节1751个子目及7个附录。

二、本定额适用于河南省土地开发整理项目,是完成规定计量单位分项工程计价的人工、材料、施工机械台班消耗量标准;是编制河南省土地开发整理项目预算、确定工程造价、编制招标标底、工程决算等的依据;同时可作为编制土地开发整理项目投标报价的参考。

三、本定额不包括冬季、雨季等气候影响的因素和增加的设施费用。

四、本定额按一日两班作业施工、每班八小时工作制拟定。部分工程项目采用一日一班制的,定额不作调整。

五、本定额的"工作内容"仅扼要说明各章节的主要施工过程和主要工序。次要的施工过程、施工工序和必要的辅助工作,虽未列出,但已包括在定额内。

六、定额中人工、机械用量是指完成一项定额子目内容所需的人工数和机械台班数。包括基本工作,准备与结束,辅助生产,不可避免的中断,必要的休息,工程检查,交接班,班内工作干扰,夜间工效影响,常用工具和机械小修、保养、加油、加水等全部工作在内。

七、材料消耗定额(含其他材料费、零星材料费),是指完成一项定额子目内容所需的全部材料耗用量。

(一)材料定额中,未列示品种、规格的,可根据设计选定的品种、规格计算,但定额数量不得调整。凡材料已列示了品种、规格的,编制预算单价时不予调整。

(二)材料定额中,凡一种材料名称之后同时并列了几种不同型号规格的,表示这种材料只能选用其中一种型号规格的定额进行计价。

(三)材料定额中,凡一种材料分几种型号规格与材料名称同时并列的,表示这些名称相同,规格不同的材料都应同时计价。

(四)材料从分仓库或相当于分仓库材料堆放地至工作面的场内运输所需的人工、机械及费用,已包括在各定额子目中。

八、机械台班定额(含其他机械费),是指完成一项定额子目工作内容所需要的主要机械及次要辅助机械使用费。

(一)机械定额中,凡数量以"组班"表示的,其机械数量等均按设计选定计算,定额数量不予调整。

(二)机械定额中,凡一种机械名称之后同时并列几种型号规格的,表示这种机械只能选用其中一种型号、规格的定额进行计价。

(三)机械定额中,凡一种机械分几种型号规格与机械名称同时并列的,表示这些名称相同规格不同的机械定额都应同时进行计价。

九、其他费用是指完成该项工作内容所需耗用少量和临时的零星用工、用料和辅助机械所发生的摊销费用;以费率形式表示,其计算基数为人工费、材料费和机械使用费之和。

十、定额用数字表示的适用范围

(一)只用一个数字表示的,仅适用于该数字本身。当需要选用的定额介于两子目之间时,可用插入法计算。

(二)数字用上下限表示的,如2000~2500,适用于大于2000、小于或等于2500的数字范围。

十一、本定额所列的耗用材料,已包括场内运输和场内小搬运所需的劳动力及运输机具用量。除另有规定外,一般不作调整。

十二、本定额各项人工运输定额,其运距按水平距离计算,当载重方向有上下坡时,按下述办法换算为水平距离。

高差折平距离等于载重方向坡道起止点的高差乘以表0-1中的高差折平系数。

表0-1　高差折平系数表

运输方法	高差(m)									
	≤5		5~10		10~15		15~20		>20	
	上坡	下坡	上坡	下坡	上坡	下坡	上坡	下坡	上坡	下坡
挑、抬运	10	7	12	8	14	8	16	8	18	8
胶轮车运	30	14	36	16	42	16	48	16	54	16

当高差折平距离小于实际斜坡距离时按斜坡实际距离计算。

非连续性的坡运,中间水平距离超过10m的,应分别计算高差折平距离。

十三、各章的汽车运输定额,适用于施工路况10km以内的场内运输。运距超过10km时,超过部分按增运1km的台班数乘0.75系数计算。

十四、各章定额均按不含超挖超填量制定。

第 1 章

土方工程

说　明

一、本章包括土方开挖、运输、填筑、压实、平土、土地翻耕、残树(根)清除等定额共13节,366个子目。

二、土方定额的计量单位,除注明外均按自然方计算。

三、土方定额的名称:

自然方:指未经扰动的自然状态土方。

松方:指自然方经过机械或人工开挖而松动过的土方。

实方:指填筑、回填经过压实后的成品方。

四、土类级别划分,除砂礓土、淤泥、流砂、冻土外,均按土石十六级分类法的前四级划分土类级别。

五、土方开挖和填筑工程,除定额规定的工作内容外,还包括挖小排水沟、修坡、清除场地草皮杂物、交通指挥、安全设施等所需的其他用工和费用。

六、一般土方开挖定额,适用于一般明挖土方工程和上口宽度超过16m的渠道及上口面积大于80m^2的基坑土方工程。

七、沟槽土方开挖定额,适用于上口宽小于或等于3m的矩形断面或边坡陡于1∶0.5的梯形断面,长度大于宽度3倍的长条形,只修底不修边坡的土方工程。

八、渠道土方开挖定额,适用于上口宽度小于或等于16m的梯形断面、长条形、底边需要修整的渠道土方工程。

九、基坑土方开挖定额,适用于上口面积小于或等于80m^2、长度小于或等于宽度的3倍、深度小于上口短边长度或直径、四侧垂直或边坡陡于1∶0.5、不修边坡只修底的坑挖工程。

十、清理表土适用于清除采石场、坝基及施工场地等处表层草皮、表土或杂物,按其水平投影面积计算其工程量。

十一、土地翻耕适用于新增耕地高差在30cm以内土的松动,按其水平投影面积计算其工程量。

十二、在有挡土板支撑或挖桩间土方时,人工乘1.5系数。

十三、挖掘机、装载机挖装自卸汽车运输各节定额适用于三类土,一、二类土按定额人工和机械乘0.95系数,四类土按定额人工和机械乘1.05系数。

十四、人工装土、机动翻斗车、拖拉机运输各节,适用于三类土,一、二类土按定额人工和机械乘0.93系数,四类土按定额人工和机械乘1.09系数。

十五、挖掘机或装载机装土汽车运输各节定额按自然方拟定,如挖装松土,人工和机械乘0.85系数,定额中已包括卸料场配备的推土机定额在内。

十六、各节运输定额,已包括运输损耗在内。一般土方工程,不另计算运输和其他损耗。

十七、管道沟槽回填,以挖土方体积减去管径所占体积计算。管径在500mm以下(含500mm)的不扣除管道所占体积;管径超过500mm以上时按照表1-1规定扣除管道所占的体积计算。

表1-1 **管道扣除土方体积表** 单位:m^3/m

管道类型	管道直径(mm)					
	501~600	601~800	801~1000	1001~1200	1201~1400	1401~1600
钢管	0.21	0.44	0.71			
铸铁管	0.24	0.49	0.77			
混凝土管	0.33	0.60	0.92	1.15	1.35	1.55

十八、推土机的推土距离,指取土中心至卸土中心的平均距离。推土机推松土时,定额乘0.8系数。推土机推土按自然方体积计算。推土机推土定额适用于推土层大于0.3m,推土上坡坡度小于等于5%;土层厚度小于0.3m时,推土机定额乘1.25系数;推土上坡坡度为5%~10%时,推土机定额乘1.09系数。

十九、铲运机的铲运距离=1/2(铲装距离+运土距离+空回距离)。

铲运冻土时,冻土层部分另加74kW(100马力)推土机挂松土器先松土,定额为0.052台班/$100m^3$。

二十、压实定额均按压实成品方计。

1-1 人工挖运土方、淤泥流砂

1-1-1 人工挖运土方

适用范围：一般土方。

工作内容：1. 人工挖土方包括挖土、就近堆放。

2. 挖装、运输、卸除、空回。

单位：$100m^3$

定额编号				10001	10002	10003	10004	10005	10006	10007
顺序号	名称		单位	人工挖土方			人工挖、运土 20m 内			每增运 10m
				Ⅰ、Ⅱ类土	Ⅲ类土	Ⅳ类土	Ⅰ、Ⅱ类土	Ⅲ类土	Ⅳ类土	
1	人工	甲类工	工日	0.3	0.6	1.0	1.1	1.5	2.0	
2		乙类工	工日	5.5	10.9	18.1	21.5	28.6	37.6	2.8
3		合计	工日	5.8	11.5	19.1	22.6	30.1	39.6	2.8
4	其他费用		%	5.0	5.0	5.0	4.7	3.5	2.6	

1-1-2 人工挖淤泥流砂

适用范围：用泥兜、水桶挑抬运输。

工作内容：挖装、运输、卸除、空回、洗刷工具。

单位：$100m^3$

定额编号				10008	10009	10010
顺序号	名称		单位	人工挖淤泥流砂		
				一般淤泥	淤泥流砂	稀淤流砂
1	人工	甲类工	工日	1.8	2.4	3.2
2		乙类工	工日	34.7	45.1	61.4
3		合计	工日	36.5	47.5	64.6
4	其他费用		%	2.8	2.2	1.6

注：1. 排水用工另计。

2. 一般淤泥：指含水量较大、粘筐、粘锹、行走陷脚的淤泥，使用铁锹挖装。

3. 淤泥流砂：指含水量超过饱和状态的淤泥，虽然能用铁锹开挖，但挖后的坑能平复无痕，挖而复涨，一般用铁锹开挖，用泥兜或水桶运输。

4. 稀淤流砂若外运，按照淤泥流砂乘 1.3 系数。

1-1-3　人工挖运淤泥流砂

适用范围：用泥兜、水桶挑抬运输。

工作内容：挖装、运输、卸除、空回、洗刷工具。

(1)人工挖运一般淤泥

单位:100m³

定额编号				10011	10012	10013	10014	10015	10016
顺序号	名称		单位	一般淤泥					
				挖运100m以内					每增运10m
				20	40	60	80	100	
1	人工	甲类工	工日	2.2	2.6	2.9	3.2	3.5	
2		乙类工	工日	42.7	49.5	56.0	62.0	67.4	3.2
3		合计	工日	44.9	52.1	58.9	65.2	70.9	3.2
4	其他费用		%	1.4	1.2	1.1	1.0	0.8	

(2)人工挖运淤泥流砂

单位:100m³

定额编号				10017	10018	10019	10020	10021	10022
顺序号	名称		单位	淤泥流砂					
				挖运100m以内					每增运10m
				20	40	60	80	100	
1	人工	甲类工	工日	2.9	3.3	3.6	4.0	4.3	
2		乙类工	工日	54.5	61.8	68.5	75.1	81.3	3.5
3		合计	工日	57.4	65.1	72.1	79.1	85.6	3.5
4	其他费用		%	1.4	1.2	1.1	1.0	0.8	

注:1.排水用工另计。

2.一般淤泥:指含水量较大、粘筐、粘铣、行走陷脚的淤泥,使用铁铣挖装。

3.淤泥流砂:指含水量超过饱和状态的淤泥,虽然能用铁铣开挖,但挖后的坑能平复无痕,挖而复涨,一般用铁铣开挖,用泥兜或水桶运输。

1-1-4 人工挖冻土

工作内容:挖抛冻土、修正底边,弃土于槽、坑1m以外。 单位:$100m^3$

定额编号				10023	10024
顺序号	名称		单位	人工挖冻土厚度(m)	
				0.3	0.5
1	人工	甲类工	工日	4.6	6.0
2		乙类工	工日	92.4	114.4
3		合计	工日	97.0	120.4
4	其他费用		%	1.5	1.3

1-1-5 人工挖砂礓土

工作内容:挖砂礓土,就近堆积。

单位:$100m^3$

定额编号				10025	10026	10027	10028
顺序号	名称		单位	砂礓含量(%)			
				15~30	30~50	50~60	60~70
1	人工	甲类工	工日	1.3	1.6	1.8	2.1
2		乙类工	工日	24.1	29.5	34.7	39.0
3		合计	工日	25.4	31.1	36.5	41.1
4	其他费用		%	3.0	3.0	3.0	3.0

1-1-6 人工挖、挑、抬运砂礓土

工作内容：挖装、运输、卸除、空回。

(1)砂礓含量15% ~30%

单位:100m³

定额编号				10029	10030	10031	10032	10033	10034
顺序号	名称		单位	挖装运卸(m)					每增运50m
				10	50	100	150	200	
1	人工	甲类工	工日	1.9	2.4	3.1	3.7	4.4	
2		乙类工	工日	35.3	46.6	58.6	70.7	82.7	11.4
3		合计	工日	37.2	49.0	61.7	74.4	87.1	11.4
4	其他费用		%	1.7	1.3	1.1	0.8	0.6	

(2)砂礓含量:30% ~50%

单位:100m³

定额编号				10035	10036	10037	10038	10039	10040
顺序号	名称		单位	挖装运卸(m)					每增运50m
				10	50	100	150	200	
1	人工	甲类工	工日	2.2	2.8	3.5	4.2	4.9	
2		乙类工	工日	41.3	53.1	65.9	78.7	91.5	12.1
3		合计	工日	43.5	55.9	69.4	82.9	96.4	12.1
4	其他费用		%	1.7	1.3	1.0	0.8	0.6	

(3)砂礓含量:50% ~60%

单位:100m³

定额编号				10041	10042	10043	10044	10045	10046
顺序号	名称		单位	挖装运卸(m)					每增运50m
				10	50	100	150	200	
1	人工	甲类工	工日	2.5	3.2	3.9	4.6	5.3	
2		乙类工	工日	48.4	61.3	74.6	87.9	101.2	12.6
3		合计	工日	50.9	64.5	78.5	92.5	106.5	12.6
4	其他费用		%	1.7	1.3	1.0	0.8	0.6	

(4)砂礓含量:60% ~70%

单位:100m³

定额编号				10047	10048	10049	10050	10051	10052
顺序号	名称		单位	挖装运卸(m)					每增运50m
				10	50	100	150	200	
1	人工	甲类工	工日	3.0	3.7	4.4	5.1	5.8	
2		乙类工	工日	56.7	70.2	85.0	99.8	114.6	14.0
3		合计	工日	59.7	73.9	89.4	104.9	120.4	14.0
4	其他费用		%	1.7	1.3	1.0	0.8	0.6	

1-1-7 人工水下挖土

适用范围:沟槽、沟渠、基坑等底部表面有水,且无法抽、排、掏干情况下的人工挖土。
工作内容:挖土、就近堆积。

单位:100m³

定额编号				10053	10054	10055
顺序号	名称		单位	水下挖土		
				水深(m)		
				0.2	0.4	0.6
1	人工	甲类工	工日	2.2	3.1	4.3
2		乙类工	工日	42.7	58.2	81.6
3		合计	工日	44.9	61.3	85.9
4	其他费用		%	2.0	2.0	2.0

1－2　人工挖沟槽、基坑、沟渠

1－2－1　人工挖沟槽

适用范围：上口宽3m以内的土沟。

工作内容：挖土、修边底、抛土于沟边两侧0.5m以外。

单位：$100m^3$

定额编号				10056	10057	10058	10059	10060	10061	10062	10063	10064
顺序号	名称		单位	上口宽0.8m			上口宽1.5m			上口宽3m		
				Ⅰ、Ⅱ类土	Ⅲ类土	Ⅳ类土	Ⅰ、Ⅱ类土	Ⅲ类土	Ⅳ类土	Ⅰ、Ⅱ类土	Ⅲ类土	Ⅳ类土
1	人工	甲类工	工日	1.0	1.6	2.3	0.9	1.5	2.2	0.9	1.4	2.1
2		乙类工	工日	18.6	30.6	43.7	17.2	29.1	41.6	16.3	27.6	39.5
3		合计	工日	19.6	32.2	46.0	18.1	30.6	43.8	17.2	29.0	41.6
4	其他费用		%	4.6	3.2	2.4	4.6	3.2	2.4	4.6	3.2	2.4

注：不需要修边的沟槽，定额乘0.9系数。

1－2－2　人工挖基坑

适用范围：上口面积$80m^2$以内。

工作内容：挖土、清理、修底。

单位：$100m^3$

定额编号				10065	10066	10067	10068	10069	10070
顺序号	名称		单位	Ⅰ、Ⅱ类土		Ⅲ类土		Ⅳ类土	
				深度（m以内）		深度（m以内）		深度（m以内）	
				2	4	2	4	2	4
1	人工	甲类工	工日	1.1	1.2	1.8	2.2	2.7	3.1
2		乙类工	工日	20.0	22.9	35.0	40.9	51.6	59.5
3		合计	工日	21.1	24.1	36.8	43.1	54.3	62.6
4	其他费用		%	4.5	4.4	3.3	3.2	2.2	2.1

1-2-3 人工挖沟渠

工作内容：挖土、清理、修边底。

单位：$100m^3$

定额编号				10071	10072	10073	10074	10075	10076	10077	10078	10079
顺序号	名称		单位	Ⅰ、Ⅱ类土			Ⅲ类土			Ⅳ类土		
				上口宽（m以内）			上口宽（m以内）			上口宽（m以内）		
				4	8	16	4	8	16	4	8	16
1	人工	甲类工	工日	1.1	1.0	0.9	1.8	1.7	1.5	2.9	2.5	2.3
2		乙类工	工日	21.0	20.0	18.0	35.1	31.6	29.4	54.6	47.0	43.3
3		合计	工日	22.1	21.0	18.9	36.9	33.3	30.9	57.5	49.5	45.6
4	其他费用		%	4.2	4.0	3.8	4.1	4.0	3.9	3.8	3.7	3.6

1-3 爆破土方

适用范围：人工操作使用一般手工工具，孔深2m以下。

工作内容：人工掏孔、装药、填塞、爆破、安全处理。

单位：$100m^3$

定额编号				10080	10081	10082
顺序号	名称		单位	Ⅳ类土	砂礓土（砂礓含量）	
					60%以下	60%以上
1	人工	甲类工	工日	0.1	0.1	0.1
2		乙类工	工日	2.1	2.7	4.6
3		合计	工日	2.2	2.8	4.7
4	材料	雷管	个	15.00	19.50	33.00
5		乳化炸药	kg	10.60	12.72	14.30
6		导电线	m	50.00	65.00	110.00
7	其他费用		%	1.0	1.0	1.0

1－4　清理表土、削放坡及找平

工作内容：1. 清理表土包括清除采石场、建基面、施工场地等处草皮、表土，并运20m以内距离。

2. 削放坡及找平包括厚度在30cm以内的挖土，20m以内基本运距的运填及削坡找平。

单位：100m²

定额编号				10083	10084
顺序号	名称		单位	清理表土	削放坡及找平
1	人工	甲类工	工日	0.3	0.3
2		乙类工	工日	3.8	5.2
3		合计	工日	4.1	5.5
4	其他费用		%	2.0	2.0

1－5　田埂修筑

适用范围：适用于埂顶宽为40cm以下的田埂。

工作内容：筑土、压实、整修。

单位：100m³

定额编号				10085	10086
顺序号	名称		单位	人工田埂修筑	机械田埂修筑
1	人工	甲类工	工日	2.5	2.0
2		乙类工	工日	48.5	16.2
3		合计	工日	51.0	18.2
4	机械	双胶轮车	台班	13.60	
5		推土机　55kW	台班		0.56
6	其他费用		%	5.0	2.0

1－6　土地翻耕

适用范围：新增耕地。

工作内容：松土、清除杂物。

单位：hm^2

顺序号	名称		单位	10087	10088	10089	10090	10091	10092
				土地翻耕		土地翻耕		土地翻耕	
				Ⅰ、Ⅱ类土	Ⅲ类土	Ⅰ、Ⅱ类土	Ⅲ类土	Ⅰ、Ⅱ类土	Ⅲ类土
				40～55kW 拖拉机		59kW 拖拉机		74kW 拖拉机	
1	人工	甲类工	工日	0.6	0.7	0.6	0.7	0.5	0.6
2		乙类工	工日	11.4	12.8	10.8	12.2	8.7	9.9
3		合计	工日	12.0	13.5	11.4	12.9	9.2	10.5
4	机械	拖拉机 40～55kW	台班	1.14	1.25				
5		拖拉机 59kW	台班			0.86	0.95		
6		拖拉机 74kW						0.70	0.77
7		三铧犁	台班	1.14	1.25	0.86	0.95		
8		五铧犁						0.70	0.77
9	其他费用		%	1.0	1.0	1.0	1.0	1.0	1.0

1－7　人工装机械运土

1－7－1　人工装双胶轮车运土

适用范围：一般土方。

工作内容：挖装、运输、卸除、空回。

单位：$100m^3$

顺序号	名称		单位	10093	10094	10095	10096
				人工装双胶轮车运土 50m 以内			每增运 50m
				Ⅰ、Ⅱ类土	Ⅲ类土	Ⅳ类土	
1	人工	甲类工	工日	0.9	1.3	1.8	
2		乙类工	工日	19.4	27.6	34.1	2.3
3		合计	工日	20.3	28.9	35.9	2.3
4	机械	双胶轮车	台班	14.96	15.90	18.00	2.6
5	其他费用		%	4.7	3.5	2.6	

1－7－2　人工装机动翻斗车运土

适用范围：一般土方。

工作内容：挖装、运输、卸除、空回。

单位：$100m^3$

定额编号				10097	10098	10099	10100	10101	10102
顺序号	名称		单位	运距(m)					每增运100m
				100	200	300	400	500	
1	人工	甲类工	工日	0.9	0.9	0.9	0.9	0.9	
2		乙类工	工日	16.6	16.6	16.6	16.6	16.6	
3		合计	工日	17.5	17.5	17.5	17.5	17.5	
4	机械	机动翻斗车　1t	台班	3.71	4.25	4.74	5.21	5.66	0.43
5	其他费用		%	1.1	1.0	1.0	1.0	0.9	

1－7－3　人工装手扶式拖拉机运土

适用范围：一般土方。

工作内容：挖装、运输、卸除、空回。

单位：$100m^3$

定额编号				10103	10104	10105	10106	10107	10108
顺序号	名称		单位	运距(m)					每增运100m
				100	200	300	400	500	
1	人工	甲类工	工日	1.0	1.0	1.0	1.0	1.0	
2		乙类工	工日	18.1	18.1	18.1	18.1	18.1	
3		合计	工日	19.1	19.1	19.1	19.1	19.1	
4	机械	手扶式拖拉机　11kW	台班	3.66	4.06	4.43	4.77	5.10	0.32
5	其他费用		%	1.1	1.0	1.0	1.0	0.9	

1-7-4 人工装拖拉机运土

适用范围：一般土方。

工作内容：挖装、运输、卸除、空回。

单位：100m³

定额编号				10109	10110	10111	10112	10113	10114	10115
顺序号	名称		单位	人工装拖拉机运土						
				运距(km)						每增运500m
				0.5	1	2	3	4	5	
1	人工	甲类工	工日	1.2	1.2	1.2	1.2	1.2	1.2	
2		乙类工	工日	20.8	20.8	20.8	20.8	20.8	20.8	
3		合计	工日	22.0	22.0	22.0	22.0	22.0	22.0	
4	机械	拖拉机 20kW	台班	2.64	2.93	3.21	3.48	3.74	3.99	0.52
5		26kW	台班	2.08	2.33	2.56	2.78	2.99	3.19	0.41
6	其他费用		%	0.5	0.5	0.5	0.5	0.5	0.4	

1-7-5 人工装自卸汽车运土

适用范围：一般土方。

工作内容：挖装、运输、卸除、空回。

单位：100m³

定额编号				10116	10117	10118	10119	10120	10121	10122	10123
顺序号	名称		单位	人工装自卸汽车运土							
				运距(km)							每增运500m
				0.5	1	1.5	2	3	4	5	
1	人工	甲类工	工日	0.9	0.9	0.9	0.9	0.9	0.9	0.9	
2		乙类工	工日	16.8	16.8	16.8	16.8	16.8	16.8	16.8	
3		合计	工日	17.7	17.7	17.7	17.7	17.7	17.7	17.7	
4	机械	推土机 59kW	台班	0.06	0.06	0.06	0.06	0.06	0.06	0.06	
5		自卸汽车 3.5t	台班	1.50	1.67	1.83	1.98	2.11	2.23	2.34	0.21
6		5t	台班	1.31	1.48	1.64	1.79	1.92	2.04	2.15	0.19
7	其他费用		%	0.6	0.5	0.5	0.5	0.4	0.4	0.4	

1－8　机械挖运土

1－8－1　机械挖淤泥流砂

工作内容：挖淤泥、流砂、堆放一边。

单位：100m³

定额编号				10124
顺序号	名称		单位	
1	人工	甲类工	工日	
2		乙类工	工日	0.9
3		合计	工日	0.9
4	机械	挖掘机　0.6m³	台班	0.44
5		1m³	台班	0.30
6	其他费用		%	10.0

1－8－2　挖掘机挖装淤泥、流砂自卸汽车运输

(1)0.6m³ 挖掘机挖装淤泥、流砂自卸汽车运输

工作内容：挖装、运输、卸除、空回。

单位：100m³

定额编号				10125	10126	10127	10128	10129	10130	10131
顺序号	名称		单位	运距(km)						每增运1km
				≤0.5	1	2	3	4	5	
1	人工	甲类工	工日	0.2	0.2	0.2	0.2	0.2	0.2	
2		乙类工	工日	1.9	1.9	1.9	1.9	1.9	1.9	
3		合计	工日	2.1	2.1	2.1	2.1	2.1	2.1	
4	机械	挖掘机　0.6m³	台班	0.46	0.46	0.46	0.46	0.46	0.46	
5		自卸汽车　3.5t	台班	2.62	3.11	3.90	4.65	5.37	6.07	0.58
6		5t	台班	1.96	2.21	2.72	3.19	3.63	4.06	0.36
7	其他费用		%	4.0	3.6	3.0	2.5	2.2	1.9	

(2)1m³ 挖掘机挖装淤泥、流砂自卸汽车运输

工作内容:挖装、运输、卸除、空回。

单位:100m³

定额编号				10132	10133	10134	10135	10136	10137	10138
顺序号	名称		单位	运距(km)						每增运
				≤0.5	1	2	3	4	5	1km
1	人工	甲类工	工日	0.2	0.2	0.2	0.2	0.2	0.2	
2		乙类工	工日	1.3	1.3	1.3	1.3	1.3	1.3	
3		合计	工日	1.5	1.5	1.5	1.5	1.5	1.5	
4	机械	挖掘机 1m³	台班	0.32	0.32	0.32	0.32	0.32	0.32	
5		自卸汽车 5t	台班	1.70	1.92	2.37	2.79	3.19	3.57	0.45
6		8t	台班	1.32	1.46	1.75	2.02	2.28	2.52	0.30
7	其他费用		%	5.0	4.0	3.2	2.3	2.0	1.7	

1-8-3 机械挖沟槽

(1)开槽机挖沟槽

适用范围:适用于挖深0.8m以内,宽度0.6m以内的沟槽。

工作内容:定位、开槽、清底。

单位:100m³

定额编号				10139	10140	10141
顺序号	名称		单位	Ⅰ、Ⅱ类土	Ⅲ类土	Ⅳ类土
1	人工	甲类工	工日	0.2	0.2	0.2
2		乙类工	工日	1.4	1.6	1.9
3		合计	工日	1.6	1.8	2.1
4	机械	开槽机 油动25kW	台班	0.19	0.22	0.26
5	其他费用		%	15.0	15.0	15.0

(2)挖掘机挖沟槽

适用范围:适用于挖深1.2m以内,宽度0.7m以内的沟槽。

工作内容:定位、挖槽、清底。

单位:100m³

定额编号				10142	10143	10144
顺序号	名称		单位	Ⅰ、Ⅱ类土	Ⅲ类土	Ⅳ类土
1	人工	甲类工	工日	0.1	0.1	0.1
2		乙类工	工日	1.7	1.8	2.0
3		合计	工日	1.8	1.9	2.1
4	机械	挖掘机 0.3m³	台班	0.41	0.44	0.49
5	其他费用		%	15.0	15.0	15.0

1-8-4 铲运机铲运土

(1)2.5~2.75m³ 拖式铲运机铲运土

工作内容:铲装、运送、卸除、空回、转向、土场道路平整、洒水、卸土推平。

单位:100m³

定额编号				10145	10146	10147	10148	10149	10150
顺序号	名称		单位	Ⅰ、Ⅱ类土					每增运100m
				铲运距离(m)					
				100	200	300	400	500	
1	人工	甲类工	工日						
2		乙类工	工日	0.4	0.5	0.6	0.7	0.8	
3		合计	工日	0.4	0.5	0.6	0.7	0.8	
4	机械	铲运机 2.5~2.75m³	台班	0.74	1.03	1.32	1.61	1.90	0.22
5		拖拉机 55kW	台班	0.74	1.03	1.32	1.61	1.90	0.22
6		推土机 55kW	台班	0.05	0.07	0.09	0.11	0.13	
7	其他费用		%	12.8	9.9	7.8	6.4	5.4	

续表

定额编号				10151	10152	10153	10154	10155	10156
顺序号	名称		单位	Ⅲ类土					每增运100m
				铲运距离(m)					
				100	200	300	400	500	
1	人工	甲类工	工日						
2		乙类工	工日	0.4	0.5	0.6	0.7	0.8	
3		合计	工日	0.4	0.5	0.6	0.7	0.8	
4	机械	铲运机 2.5~2.75m³	台班	0.75	1.04	1.33	1.62	1.91	0.22
5		拖拉机 55kW	台班	0.75	1.04	1.33	1.62	1.91	0.22
6		推土机 55kW	台班	0.05	0.07	0.09	0.11	0.13	
7	其他费用		%	12.7	9.8	7.8	6.3	5.3	

续表

定额编号				10157	10158	10159	10160	10161	10162
顺序号	名称		单位	Ⅳ类土					每增运100m
				铲运距离(m)					
				100	200	300	400	500	
1	人工	甲类工	工日						
2		乙类工	工日	0.4	0.5	0.6	0.7	0.8	
3		合计	工日	0.4	0.5	0.6	0.7	0.8	
4	机械	铲运机 2.5~2.75m^3	台班	0.84	1.19	1.54	1.89	2.24	0.22
5		拖拉机 55kW	台班	0.84	1.19	1.54	1.89	2.24	0.22
6		推土机 55kW	台班	0.06	0.08	0.1	0.12	0.14	
7	其他费用		%	11.2	8.7	6.7	5.6	4.7	

(2)3~4m^3拖式铲运机铲运土

工作内容：铲装、运送、卸除、空回、转向、土场道路平整、洒水、卸土推平。

单位：100m^3

定额编号				10163	10164	10165	10166	10167	10168
顺序号	名称		单位	Ⅰ、Ⅱ类土					每增运100m
				铲运距离(m)					
				100	200	300	400	500	
1	人工	甲类工	工日					0.1	
2		乙类工	工日	0.4	0.5	0.6	0.8	1.0	
3		合计	工日	0.4	0.5	0.6	0.8	1.1	
4	机械	铲运机 3~4m^3	台班	0.65	0.92	1.19	1.46	1.73	0.20
5		拖拉机 55kW	台班	0.65	0.92	1.19	1.46	1.73	0.20
6		推土机 55kW	台班	0.05	0.07	0.09	0.11	0.13	
7	其他费用		%	9.0	6.4	4.9	4.0	3.3	

续表

定额编号				10169	10170	10171	10172	10173	10174
顺序号	名称		单位	Ⅲ类土					每增运100m
				铲运距离(m)					
				100	200	300	400	500	
1	人工	甲类工	工日					0.1	
2		乙类工	工日	0.4	0.5	0.6	0.8	1.0	
3		合计	工日	0.4	0.5	0.6	0.8	1.1	
4	机械	铲运机 $3\sim4m^3$	台班	0.68	0.95	1.22	1.49	1.76	0.20
5		拖拉机 55kW	台班	0.68	0.95	1.22	1.49	1.76	0.20
6		推土机 55kW	台班	0.05	0.07	0.09	0.11	0.13	
7	其他费用		%	8.6	6.2	4.8	3.9	3.3	

续表

定额编号				10175	10176	10177	10178	10179	10180
顺序号	名称		单位	Ⅳ类土					每增运100m
				铲运距离(m)					
				100	200	300	400	500	
1	人工	甲类工	工日					0.1	
2		乙类工	工日	0.4	0.5	0.6	0.8	1.0	
3		合计	工日	0.4	0.5	0.6	0.8	1.1	
4	机械	铲运机 $3\sim4m^3$	台班	0.75	1.08	1.41	1.74	2.07	0.20
5		拖拉机 55kW	台班	0.75	1.08	1.41	1.74	2.07	0.20
6		推土机 55kW	台班	0.06	0.08	0.10	0.12	0.15	
7	其他费用		%	7.8	5.4	4.2	3.4	2.9	

(3)6～8m³ 拖式铲运机铲运土

工作内容：铲装、运送、卸除、空回、转向、土场道路平整、洒水、卸土推平。

单位：100m³

定额编号				10181	10182	10183	10184	10185	10186
顺序号	名称		单位	Ⅰ、Ⅱ类土					每增运100m
				铲运距离(m)					
				100	200	300	400	500	
1	人工	甲类工	工日				0.1	0.1	
2		乙类工	工日	0.5	0.6	0.8	1.0	1.2	
3		合计	工日	0.5	0.6	0.8	1.1	1.3	
4	机械	铲运机 6～8m³	台班	0.35	0.49	0.65	0.81	0.97	0.15
5		拖拉机 74kW	台班	0.35	0.49	0.65	0.81	0.97	0.15
6		推土机 59kW	台班	0.04	0.05	0.07	0.09	0.11	
7	其他费用		%	14.6	11.5	8.8	7.3	5.9	

续表

定额编号				10187	10188	10189	10190	10191	10192
顺序号	名称		单位	Ⅲ类土					每增运100m
				铲运距离(m)					
				100	200	300	400	500	
1	人工	甲类工	工日				0.1	0.1	
2		乙类工	工日	0.5	0.6	0.8	1.0	1.2	
3		合计	工日	0.5	0.6	0.8	1.1	1.3	
4	机械	铲运机 6～8m³	台班	0.43	0.59	0.76	0.94	1.12	0.15
5		拖拉机 74kW	台班	0.43	0.59	0.76	0.94	1.12	0.15
6		推土机 59kW	台班	0.04	0.06	0.08	0.10	0.12	
7	其他费用		%	14.4	11.2	8.2	6.5	5.3	

续表

定额编号				10193	10194	10195	10196	10197	10198
顺序号	名称		单位	Ⅳ类土					每增运100m
				铲运距离(m)					
				100	200	300	400	500	
1	人工	甲类工	工日				0.1	0.1	
2		乙类工	工日	0.5	0.6	0.8	1.0	1.2	
3		合计	工日	0.5	0.6	0.8	1.1	1.3	
4	机械	铲运机 $6\sim8m^3$	台班	0.48	0.67	0.87	1.07	1.27	0.15
5		拖拉机 74kW	台班	0.48	0.67	0.87	1.07	1.27	0.15
6		推土机 59kW	台班	0.05	0.07	0.09	0.12	0.14	
7	其他费用		%	13.5	10.1	7.4	5.8	4.9	

1-8-5 挖掘机挖土

工作内容:挖土、就地堆放。

单位:$100m^3$

定额编号				10199	10200	10201
顺序号	名称		单位	挖掘机挖土		
				Ⅰ、Ⅱ类土	Ⅲ类土	Ⅳ类土
1	人工	甲类工	工日			
2		乙类工	工日	0.6	0.6	0.7
3		合计	工日	0.6	0.6	0.7
4	机械	挖掘机油动 $0.5m^3$	台班	0.26	0.29	0.31
5		$1m^3$	台班	0.16	0.18	0.20
6		液压 $0.6m^3$	台班	0.21	0.23	0.25
7	其他费用		%	15.0	15.0	15.0

1-8-6 挖掘机挖装自卸汽车运土

适用范围：露天作业。

工作内容：挖装、运输、卸除、空回。

(1)0.5m³ 挖掘机挖装自卸汽车运土

单位：100m³

定额编号				10202	10203	10204	10205	10206	10207	10208	10209
顺序号	名称		单位	运距(km)							每增运1km
				≤0.5	1	1.5	2	3	4	5	
1	人工	甲类工	工日	0.1	0.1	0.1	0.1	0.1	0.1	0.1	
2		乙类工	工日	1.7	1.7	1.7	1.7	1.7	1.7	1.7	
3		合计	工日	1.8	1.8	1.8	1.8	1.8	1.8	1.8	
4	机械	挖掘机 油动 0.5m³	台班	0.32	0.32	0.32	0.32	0.32	0.32	0.32	
5		推土机 59kW	台班	0.16	0.16	0.16	0.16	0.16	0.16	0.16	
6		自卸汽车 3.5t	台班	1.66	2.15	2.62	3.28	3.92	4.53	5.12	0.56
7		5t	台班	1.24	1.49	1.72	2.23	2.70	3.14	3.57	0.41
8	其他费用		%	4.0	3.6	3.2	3.0	2.5	2.2	1.9	

(2)1m³ 挖掘机挖装自卸汽车运土

单位：100m³

定额编号				10210	10211	10212	10213	10214	10215	10216	10217
顺序号	名称		单位	运距(km)							每增运1km
				≤0.5	1	1.5	2	3	4	5	
1	人工	甲类工	工日	0.1	0.1	0.1	0.1	0.1	0.1	0.1	
2		乙类工	工日	0.9	0.9	0.9	0.9	0.9	0.9	0.9	
3		合计	工日	1.0	1.0	1.0	1.0	1.0	1.0	1.0	
4	机械	挖掘机 油动 1m³	台班	0.22	0.22	0.22	0.22	0.22	0.22	0.22	
5		推土机 59kW	台班	0.11	0.11	0.11	0.11	0.11	0.11	0.11	
6		自卸汽车 5t	台班	1.08	1.39	1.68	2.13	2.55	2.95	3.33	0.36
7		8t	台班	0.84	1.06	1.24	1.52	1.78	2.02	2.24	0.21
8		10t	台班	0.81	0.99	1.15	1.40	1.63	1.85	2.05	0.19
9	其他费用		%	5.0	4.0	3.5	3.2	2.7	2.3	2.0	

(3)1.2m³ 挖掘机挖装自卸汽车运土

单位:100m³

定额编号				10218	10219	10220	10221	10222	10223	10224	10225
顺序号	名称		单位	运距(km)							每增运1km
				≤0.5	1	1.5	2	3	4	5	
1	人工	甲类工	工日	0.1	0.1	0.1	0.1	0.1	0.1	0.1	
2		乙类工	工日	0.9	0.9	0.9	0.9	0.9	0.9	0.9	
3		合计	工日	1.0	1.0	1.0	1.0	1.0	1.0	1.0	
4	机械	挖掘机 油动1.2m³	台班	0.20	0.20	0.20	0.20	0.20	0.20	0.20	
5		推土机 59kW	台班	0.10	0.10	0.10	0.10	0.10	0.10	0.10	
6		自卸汽车 5t	台班	1.05	1.35	1.63	2.06	2.47	2.86	3.23	0.35
7		8t	台班	0.81	1.02	1.21	1.53	1.83	2.11	2.37	0.25
8		10t	台班	0.77	0.96	1.13	1.39	1.63	1.85	2.05	0.19
9		12t	台班	0.73	0.90	1.05	1.29	1.51	1.71	1.89	0.17
10	其他费用		%	5.0	4.0	3.5	3.2	2.7	2.3	2.0	

(4)2m³ 挖掘机挖装自卸汽车运土

单位:100m³

定额编号				10226	10227	10228	10229	10230	10231	10232	10233
顺序号	名称		单位	运距(km)							每增运1km
				≤0.5	1	1.5	2	3	4	5	
1	人工	甲类工	工日								
2		乙类工	工日	0.8	0.8	0.8	0.8	0.8	0.8	0.8	
3		合计	工日	0.8	0.8	0.8	0.8	0.8	0.8	0.8	
4	机械	挖掘机 电动2m³	台班	0.15	0.15	0.15	0.15	0.15	0.15	0.15	
5		推土机 59kW	台班	0.08	0.08	0.08	0.08	0.08	0.08	0.08	
6		自卸汽车 8t	台班	0.74	0.94	1.12	1.46	1.78	2.08	2.36	0.27
7		10t	台班	0.70	0.89	1.06	1.36	1.64	1.90	2.14	0.23
8		12t	台班	0.66	0.82	0.96	1.23	1.48	1.71	1.92	0.20
9		15t	台班	0.56	0.69	0.80	1.00	1.18	1.34	1.48	0.13
10		18t	台班	0.51	0.62	0.71	0.89	1.05	1.19	1.31	0.11
11		20t	台班	0.50	0.58	0.64	0.80	0.94	1.06	1.16	0.09
12	其他费用		%	6.5	5.4	4.8	4.4	3.7	3.2	2.8	

1-8-7 小型挖掘机挖沟渠土方

工作内容:机械挖土、人工修边、修底。

单位:$100m^3$

定额编号				10234	10235
顺序号	名称		单位	Ⅰ、Ⅱ类土	Ⅲ类土
1	人工	甲类工	工日	0.8	1.28
2		乙类工	工日	5.0	8.00
3		合计	工日	5.8	9.28
4	机械	挖掘机 $0.25m^3$	台班	0.41	0.66
5		推土机 59kW	台班	0.21	0.34
6	其他费用		%	0.5	0.5

1-8-8 挖掘机挖渠道自卸汽车运土

适用范围:露天作业。

工作内容:挖掘机开挖,装自卸汽车运输,人工配合、修边、修底等。

(1)$0.5m^3$ 挖掘机挖渠道土方装自卸汽车运土

单位:$100m^3$

定额编号				10236	10237	10238	10239	10240	10241	10242	10243
顺序号	名称		单位	运距(km)							每增运1km
				≤0.5	1	1.5	2	3	4	5	
1	人工	甲类工	工日	0.1	0.1	0.1	0.1	0.1	0.1	0.1	
2		乙类工	工日	3.1	3.1	3.1	3.1	3.1	3.1	3.1	
3		合计	工日	3.2	3.2	3.2	3.2	3.2	3.2	3.2	
4	机械	挖掘机 油动 $0.5m^3$	台班	0.32	0.32	0.32	0.32	0.32	0.32	0.32	
5		推土机 59kW	台班	0.16	0.16	0.16	0.16	0.16	0.16	0.16	
6		自卸汽车 3.5t	台班	1.66	2.15	2.62	3.28	3.92	4.53	5.12	0.56
7		5t	台班	1.24	1.49	1.72	2.23	2.70	3.14	3.57	0.41
8	其他费用		%	4.0	3.6	3.2	3.0	2.5	2.2	1.9	

(2)1m³ 挖掘机挖渠道土方装自卸汽车运土

单位:100m³

定额编号				10244	10245	10246	10247	10248	10249	10250	10251
顺序号	名称		单位	运距(km)							每增运1km
				≤0.5	1	1.5	2	3	4	5	
1	人工	甲类工	工日	0.1	0.1	0.1	0.1	0.1	0.1	0.1	
2		乙类工	工日	2.3	2.3	2.3	2.3	2.3	2.3	2.3	
3		合计	工日	2.4	2.4	2.4	2.4	2.4	2.4	2.4	
4	机械	挖掘机 油动 1m³	台班	0.22	0.22	0.22	0.22	0.22	0.22	0.22	
5		推土机 59kW	台班	0.11	0.11	0.11	0.11	0.11	0.11	0.11	
6		自卸汽车 5t	台班	1.08	1.39	1.68	2.13	2.55	2.95	3.33	0.36
7		8t	台班	0.84	1.06	1.24	1.52	1.78	2.02	2.24	0.21
8		10t	台班	0.81	0.99	1.15	1.40	1.63	1.85	2.05	0.19
9	其他费用		%	5.0	4.0	3.5	3.2	2.7	2.3	2.0	

1-8-9 装载机挖装自卸汽车运土

适用范围:露天作业。

工作内容:挖装、运输、卸除、空回。

(1)1m³ 装载机装自卸汽车运土

单位:100m³

定额编号				10252	10253	10254	10255	10256	10257	10258	10259
顺序号	名称		单位	运距(km)							每增运1km
				≤0.5	1	1.5	2	3	4	5	
1	人工	甲类工	工日								
2		乙类工	工日	1.3	1.3	1.3	1.3	1.3	1.3	1.3	
3		合计	工日	1.3	1.3	1.3	1.3	1.3	1.3	1.3	
4	机械	装载机 1m³	台班	0.39	0.39	0.39	0.39	0.39	0.39	0.39	
5		推土机 59kW	台班	0.20	0.20	0.20	0.20	0.20	0.20	0.20	
6		自卸汽车 3.5t	台班	1.49	1.98	2.45	3.17	3.87	4.55	5.21	0.58
7		5t	台班	1.07	1.38	1.67	2.13	2.57	2.99	3.39	0.36
8		8t	台班	0.84	1.05	1.24	1.55	1.84	2.11	2.36	0.21
9		10t	台班	0.83	1.03	1.21	1.49	1.75	1.99	2.19	0.19
10	其他费用		%	3.1	2.6	2.3	2.1	1.8	1.5	1.2	

(2)$1.5m^3$ 装载机装自卸汽车运土

单位:$100m^3$

定额编号				10260	10261	10262	10263	10264	10265	10266	10267
顺序号	名称		单位	运距(km)							每增运1km
				≤0.5	1	1.5	2	3	4	5	
1	人工	甲类工	工日								
2		乙类工	工日	1.0	1.0	1.0	1.0	1.0	1.0	1.0	
3		合计	工日	1.0	1.0	1.0	1.0	1.0	1.0	1.0	
4	机械	装载机 $1.5m^3$	台班	0.29	0.29	0.29	0.29	0.29	0.29	0.29	
5		推土机 59kW	台班	0.15	0.15	0.15	0.15	0.15	0.15	0.15	
6		自卸汽车 3.5t	台班	1.39	1.88	2.35	3.07	3.77	4.45	5.11	0.58
7		5t	台班	0.96	1.27	1.56	2.01	2.44	2.85	3.24	0.36
8		8t	台班	0.81	1.02	1.21	1.50	1.77	2.02	2.25	0.21
9		10t	台班	0.74	0.93	1.10	1.35	1.58	1.79	1.98	0.19
10		12t	台班	0.68	0.85	1.00	1.23	1.44	1.63	1.80	0.17
11		15t	台班	0.59	0.72	0.83	1.00	1.15	1.28	1.39	0.15
12	其他费用		%	3.1	2.6	2.3	2.1	1.8	1.5	1.2	

(3)$2m^3$ 装载机装自卸汽车运土

单位:$100m^3$

定额编号				10268	10269	10270	10271	10272	10273	10274	10275
顺序号	名称		单位	运距(km)							每增运1km
				≤0.5	1	1.5	2	3	4	5	
1	人工	甲类工	工日								
2		乙类工	工日	0.8	0.8	0.8	0.8	0.8	0.8	0.8	
3		合计	工日	0.8	0.8	0.8	0.8	0.8	0.8	0.8	
4	机械	装载机 $2m^3$	台班	0.23	0.23	0.23	0.23	0.23	0.23	0.23	
5		推土机 59kW	台班	0.11	0.11	0.11	0.11	0.11	0.11	0.11	
6		自卸汽车 5t	台班	0.93	1.23	1.51	1.95	2.37	2.76	3.14	0.36
7		8t	台班	0.79	0.99	1.17	1.46	1.72	1.96	2.18	0.21
8		10t	台班	0.72	0.90	1.07	1.31	1.53	1.74	1.92	0.19
9		12t	台班	0.66	0.82	0.97	1.19	1.40	1.58	1.75	0.17
10		15t	台班	0.57	0.70	0.81	0.97	1.12	1.24	1.35	0.15
11		18t	台班	0.53	0.65	0.75	0.88	1.00	1.09	1.17	0.13
12		20t	台班	0.49	0.60	0.69	0.82	0.92	1.00	1.08	0.11
13	其他费用		%	4.0	3.9	3.0	2.8	2.5	2.1	1.9	

(4)$3m^3$ 装载机挖装自卸汽车运土

单位：$100m^3$

定额编号				10276	10277	10278	10279	10280	10281	10282	10283
顺序号	名称		单位	运距(km)							每增运1km
				≤0.5	1	1.5	2	3	4	5	
1	人工	甲类工	工日								
2		乙类工	工日	0.6	0.6	0.6	0.6	0.6	0.6	0.6	
3		合计	工日	0.6	0.6	0.6	0.6	0.6	0.6	0.6	
4	机械	装载机 $3m^3$	台班	0.16	0.16	0.16	0.16	0.16	0.16	0.16	
5		推土机 88kW	台班	0.08	0.08	0.08	0.08	0.08	0.08	0.08	
6		自卸汽车 8t	台班	0.76	0.95	1.13	1.42	1.69	1.92	2.14	0.21
7		10t	台班	0.69	0.86	1.02	1.27	1.50	1.71	1.90	0.19
8		12t	台班	0.63	0.78	0.92	1.15	1.36	1.55	1.73	0.17
9		15t	台班	0.52	0.64	0.75	0.91	1.06	1.19	1.30	0.15
10		18t	台班	0.49	0.60	0.70	0.83	0.95	1.05	1.12	0.13
11		20t	台班	0.45	0.55	0.64	0.77	0.87	0.96	1.04	0.11
12		25t	台班	0.38	0.47	0.54	0.65	0.74	0.82	0.88	0.09
13	其他费用		%	4.2	3.4	3.1	2.9	2.5	2.1	1.9	

1－8－10　水力冲挖机组挖土

适用范围：一、二类土，排高5m。

工作内容：冲挖开挖，吸泥排泥及工作面转移。

(1)单泵

单位：10000m³ 自然土

定额编号				10284	10285	10286	10287	10288	10289	10290	10291	10292
顺序号	名称		单位	排泥管线长(m)								
				≤50	75	100	125	150	175	200	225	250
1	人工	甲类工	工日	2.0	2.0	2.0	2.0	2.0	2.0	2.0	2.0	2.0
2		乙类工	工日	38.0	38.0	38.0	38.0	38.0	38.0	38.0	38.0	38.0
3		合计	工日	40.0	40.0	40.0	40.0	40.0	40.0	40.0	40.0	40.0
4	机械	泥浆泵 13kW	台班	76.07	77.27	78.73	80.92	83.94	88.76	94.86	103.69	116.81
5		水泵 17kW	台班	76.07	77.27	78.73	80.92	83.94	88.76	94.86	103.69	116.81
6		排泥钢管 Φ100×2500	根班	7607.00	7727.00	7873.00	8092.00	8394.00	8876.00	9486.00	10369.00	11681.00
7	其他费用		%	1.0	1.0	1.0	1.0	1.0	1.0	1.0	1.0	1.0

(2)双泵

单位：10000m³ 自然土

定额编号				10293	10294	10295	10296	10297	10298	10299	10300	10301	10302
顺序号	名称		单位	排泥管线长(m)									
				275	300	325	350	375	400	425	450	475	500
1	人工	甲类工	工日	2.0	2.0	2.0	2.0	2.0	2.0	2.0	2.0	2.0	2.0
2		乙类工	工日	38.0	38.0	38.0	38.0	38.0	38.0	38.0	38.0	38.0	38.0
3		合计	工日	40.0	40.0	40.0	40.0	40.0	40.0	40.0	40.0	40.0	40.0
4	机械	泥浆泵 13kW	台班	126.75	129.10	132.78	136.47	141.13	145.84	152.56	159.36	167.14	174.47
5		水泵 17kW	台班	126.75	129.10	132.78	136.47	141.13	145.84	152.56	159.36	167.14	174.47
6		排泥钢管 Φ100×2500	根班	12675.00	12910.00	13278.00	13647.00	14113.00	14584.00	15256.00	15936.00	16714.00	17447.00
7	其他费用		%	1.0	1.0	1.0	1.0	1.0	1.0	1.0	1.0	1.0	1.0

1-9 推土机推土

工作内容：推松、运送、卸除、拖平、空回。

(1) Ⅰ、Ⅱ类土

单位：100m³

定额编号				10303	10304	10305	10306	10307	10308	10309	10310
顺序号	名称		单位	推土距离(m)							
				10	20	30	40	50	60	70	80
1	人工	甲类工	工日								
2		乙类工	工日	0.1	0.2	0.2	0.3	0.3	0.4	0.4	0.5
3		合计	工日	0.1	0.2	0.2	0.3	0.3	0.4	0.4	0.5
4	机械	推土机 55kW	台班	0.26	0.47	0.68	0.88	1.10	1.31	1.51	1.73
5		74kW	台班	0.14	0.21	0.27	0.34	0.42	0.50	0.58	0.66
6		103kW	台班	0.10	0.14	0.20	0.26	0.32	0.38	0.43	0.49
7		118kW	台班	0.09	0.13	0.12	0.23	0.28	0.33	0.39	0.44
8		132kW	台班	0.08	0.12	0.16	0.21	0.25	0.29	0.33	0.39
9	其他费用		%	5.0	5.0	5.0	5.0	5.0	5.0	5.0	5.0

(2) Ⅲ类土

单位：100m³

定额编号				10311	10312	10313	10314	10315	10316	10317	10318
顺序号	名称		单位	推土距离(m)							
				10	20	30	40	50	60	70	80
1	人工	甲类工	工日								
2		乙类工	工日	0.1	0.2	0.2	0.3	0.3	0.4	0.4	0.5
3		合计	工日	0.1	0.2	0.2	0.3	0.3	0.4	0.4	0.5
4	机械	推土机 55kW	台班	0.31	0.55	0.79	1.04	1.28	1.53	1.76	2.01
5		74kW	台班	0.16	0.24	0.31	0.41	0.50	0.59	0.68	0.77
6		103kW	台班	0.12	0.18	0.24	0.32	0.41	0.48	0.55	0.62
7		118kW	台班	0.10	0.15	0.21	0.27	0.33	0.40	0.45	0.51
8		132kW	台班	0.09	0.14	0.19	0.23	0.30	0.35	0.41	0.48
9	其他费用		%	5.0	5.0	5.0	5.0	5.0	5.0	5.0	5.0

(3)Ⅳ类土

单位:100m³

定额编号				10319	10320	10321	10322	10323	10324	10325	10326
顺序号	名称		单位	推土距离(m)							
				10	20	30	40	50	60	70	80
1	人工	甲类工	工日								
2		乙类工	工日	0.1	0.2	0.2	0.3	0.3	0.4	0.4	0.5
3		合计	工日	0.1	0.2	0.2	0.3	0.3	0.4	0.4	0.5
4	机械	推土机 55kW	台班	0.36	0.63	0.90	1.20	1.46	1.75	2.01	2.29
5		74kW	台班	0.18	0.27	0.35	0.48	0.58	0.68	0.78	0.88
6		103kW	台班	0.14	0.22	0.28	0.38	0.50	0.58	0.67	0.75
7		118kW	台班	0.11	0.18	0.24	0.31	0.38	0.47	0.51	0.58
8		132kW	台班	0.10	0.15	0.22	0.25	0.35	0.41	0.49	0.57
9	其他费用		%	5.0	5.0	5.0	5.0	5.0	5.0	5.0	5.0

1-10 平土

1-10-1 人工平土

工作内容:人工挖、填、平整。

单位:100m²

定额编号				10327	10328	10329
顺序号	名称		单位	人工平土		
				Ⅰ、Ⅱ类土	Ⅲ类土	Ⅳ类土
1	人工	甲类工	工日	0.1	0.2	0.2
2		乙类工	工日	2.7	3.8	4.6
3		合计	工日	2.8	4.0	4.8
4	其他费用		%	5.0	5.0	5.0

1-10-2　机械平土

适用范围:建基面平土和一般平土。

工作内容:推平土料。

单位:100m²

定额编号				10330	10331	10332	10333
顺序号	名称		单位	平地机平土		推土机平土	
				Ⅰ、Ⅱ类土	Ⅲ类土	Ⅰ、Ⅱ类土	Ⅲ类土
1	人工	甲类工	工日				
2		乙类工	工日	0.2	0.2	0.2	0.2
3		合计	工日	0.2	0.2	0.2	0.2
4	机械	自行式平地机　118kW	台班	0.07	0.10		
5		推土机　55kW	台班			0.18	0.25
6	其他费用		%	5.0	5.0	5.0	5.0

1-10-3　人工修整边坡

工作内容:挂线修整、拍平。

单位:100m²

定额编号				10334	10335	10336
顺序号	名称		单位	挖方边坡		填方边坡
				Ⅰ、Ⅱ类土	Ⅲ类土	
1	人工	甲类工	工日	0.2	0.2	0.2
		乙类工	工日	2.0	2.9	2.3
		合计	工日	2.2	3.1	2.5
2	其他费用		%	5.0	5.0	5.0

注:挖方边坡Ⅳ类土在Ⅲ类土基础上乘1.09系数。

1－11　回填压实

1－11－1　原土夯实

工作内容：碎土、平土、洒水、夯实。

单位：$100m^3$

定额编号				10337
顺序号	名称		单位	原土夯实
1	人工	甲　类　工	工日	0.1
2		乙　类　工	工日	1.6
3		合　　　计	工日	1.7
4	机械	蛙式打夯机　2.8kW	台班	0.75
5	其他费用		%	2.0

1－11－2　建筑物土方回填

工作内容：1. 松填不夯实包括5m以内取土回填。

2. 夯填土包括5m内取土、倒土、平土、洒水、夯实（干密度1.6以下）。

单位：$100m^3$

定额编号				10338	10339	10340	10341	10342	10343
顺序号	名称		单位	土方回填			土石混合料回填		
				松填不夯实	人工夯实	机械夯填	松填不夯实	人工夯实	机械夯填
1	人工	甲　类　工	工日	0.5	2.5	1.3	0.6	2.6	1.4
2		乙　类　工	工日	8.6	48.0	25.1	11.6	51.0	28.1
3		合　　　计	工日	9.1	50.5	26.4	12.2	53.6	29.5
4	机械	蛙式打夯机　2.8kW	台班			2.20			2.20
5	其他费用		%	5.0	3.0	4.5	5.0	3.0	4.5

注：管沟回填，可采用松填不夯实。

1－12 机械压实

适用范围：土料机械压实。

工作内容：推平、刨毛、压实、削坡、洒水、补边夯、辅助工作。

单位：$100m^3$ 实方

顺序号	名称		单位	履带拖拉机	轮胎碾	羊脚碾	夯实机
	定额编号			10344	10345	10346	10347
1	人工	甲类工	工日	0.2	0.2	0.2	0.2
2		乙类工	工日	3.0	3.0	3.0	3.0
3		合计	工日	3.2	3.2	3.2	3.2
4	机械	履带拖拉机 74kW	台班	0.38			
5		轮胎碾 9～16t，拖拉机 74kW	组班		0.19		
6		羊角碾 5～7t，拖拉机 74kW	组班			0.23	
7		夯实机 $1m^3$	台班				0.22
8		推土机 74kW	台班	0.10	0.10	0.10	0.10
9		蛙式打夯机 2.8kW	台班	0.18	0.18	0.18	0.18
10		刨毛机	台班	0.10	0.11	0.10	0.10
11	其他费用		%	13.0	16.0	17.6	13.0

注：打夯机可采用挖掘机改装，型号规格指机斗斗容，按油动机械计算。

1－13　残树(根)清除

1－13－1　人工伐树、挖根

工作内容:伐树、挖根、堆放。

单位:100 棵

定额编号				10348	10349	10350	10351	10352	10353	10354	10355	10356	10357	10358	10359
顺序号	名称		单位	伐树							挖树根				
				树身直径(mm)											
				200～400	600	800	1000	1200	1400	1500	200～400	600	800	1000	1000 以上
1	人工	甲类工	工日												
2		乙类工	工日	7.3	14.5	23.0	42.0	77.8	167.9	307.9	39.1	139.1	352.5	625.8	928.3
3		合计	工日	7.3	14.5	23.0	42.0	77.8	167.9	307.9	39.1	139.1	352.5	625.8	928.3
4	其他费用		%	8.0	4.6	2.9	1.6	0.9	0.4	0.2	1.7	0.5	0.2	0.1	0.1

注:1. 树身直径以离地面 20cm 高的树径为准。
2. 伐树如需截断、砍枝,人工定额乘 3.02 系数。

1－13－2　推土机推树根

适用范围:场地地面处理。

工作内容:将树根从土中推出。

单位:100 棵

定额编号				10360	10361	10362	10363	10364
顺序号	名称		单位	推土机推树根				
				树身直径(mm)				
				≤100	200	300	400	500
1	人工	甲类工	工日	0.1	0.1	0.1	0.1	0.1
2		乙类工	工日	0.9	0.9	0.9	0.9	0.9
3		合计	工日	1.0	1.0	1.0	1.0	1.0
4	机械	推土机 59kW	台班	0.30	0.38	0.63	1.25	2.17
5	其他费用		%	7.7	7.7	4.8	2.2	1.4

1-13-3　砍挖灌木林

适用范围：场地地面处理。

工作内容：人工砍挖灌木林，场地清理。

单位：$1000m^2$

定额编号				10365	10366
顺序号	名称		单位	直径 10cm 以下	
				稀	密
1	人工	甲类工	工日	1.0	1.0
2		乙类工	工日	8.0	18.8
3		合计	工日	9.0	19.8
4	其他费用		%	5.0	5.0

注：每 $1000m^2$ 200 棵以下为稀，200 棵以上为密。

第2章

石方工程

说　明

一、本章包括一般石方开挖、坡面一般石方开挖、坡面保护层、底部保护层、沟槽、基坑等石方开挖和石渣运输定额等共9节,353个子目。

二、本章计量单位,除注明外,均按自然方计。

三、一般石方开挖定额,适用于一般明挖石方工程和底宽超过7m的沟、槽和上口大于160m^2的坑挖石方工程及倾角小于或等于20°,开挖厚度大于5m(垂直于设计面的平均厚度)的坡面石方开挖。

四、一般坡面石方开挖定额,适用于设计倾角大于20°或厚度5m以内的石方开挖。

五、槽石方开挖定额,适用于底宽小于或等于7m两侧垂直或有边坡的长条形石方开挖工程,如渠道、排水沟等。

六、坑石方开挖定额,适用于上口面积小于或等于160m^2、深度小于上口短边长度或直径的石方开挖工程,如集水坑、墩基、柱基、基座、混凝土基坑等。

七、各开挖定额已考虑控制规格的布孔,未考虑防震孔、预裂孔。石方爆破定额是按炮眼法松动爆破编制的,不分明炮、闷炮,但闷炮的覆盖材料应另行计算。

八、合金钻头的修磨费,应计入合金钻头预算价格,一般可按每个合金钻头原价的25%计算。

九、炸药价格的计取:定额中只列出2号岩石乳化炸药,在实际露天石方开挖(边坡、坑、槽、基础)时按实际情况可选2号岩石乳化炸药和4号抗水岩石乳化炸药各半或其他炸药计算。

十、挖掘机或装载机装石渣、自卸汽车运输定额,按露天作业计。

2－1　一般石方开挖

2－1－1　人工一般石方开挖

适用范围：一般明挖。

工作内容：打孔、爆破、撬移、解小、翻渣、清面等。

单位：100m³

定额编号				20001	20002	20003	20004	20005	20006	20007	20008	20009
顺序号	名称		单位	人工一般石方开挖								
				基础石方			沟槽石方			基坑石方		
				Ⅴ～Ⅷ	Ⅸ～Ⅹ	Ⅺ～Ⅻ	Ⅴ～Ⅷ	Ⅸ～Ⅹ	Ⅺ～Ⅻ	Ⅴ～Ⅷ	Ⅸ～Ⅹ	Ⅺ～Ⅻ
1	人工	甲类工	工日	7.2	8.3	11.9	8.0	11.0	18.0	11.8	16.4	27.7
2		乙类工	工日	138.0	158.1	225.0	151.1	208.0	341.0	223.7	312.5	525.8
3		合计	工日	145.2	166.4	236.9	159.1	219.0	359.0	235.5	328.9	553.5
4	其他费用		%	1.5	1.5	1.5	1.0	1.0	1.0	1.0	1.0	1.0

2－1－2　一般石方开挖　人工打孔

适用范围：一般明挖。

工作内容：人工打孔、爆破、撬移、解小、翻渣、清面等。

单位：100m³

定额编号				20010	20011	20012
顺序号	名称		单位	人工打孔一般石方开挖		
				Ⅴ～Ⅷ	Ⅸ～Ⅹ	Ⅺ～Ⅻ
1	人工	甲类工	工日	1.3	2.6	4.4
2		乙类工	工日	24.1	49.0	83.7
3		合计	工日	25.4	51.6	88.1
4	材料	钢钎	kg	0.77	2.08	3.96
5		炸药	kg	29.05	41.78	45.90
6		电雷管	个	40.55	58.25	69.85
7		导电线	m	165.04	237.08	284.29
8	其他费用		%	3.5	2.6	2.3

2－1－3　一般石方开挖　风钻、电钻钻孔

适用范围：一般明挖。

工作内容：风（电）钻钻孔、爆破、撬移、解小、翻渣、清面等。

单位：$100m^3$

定额编号				20013	20014	20015	20016	20017	20018	20019
顺序号	名称		单位	风钻钻孔一般石方开挖				电钻钻孔一般石方开挖		
				Ⅴ～Ⅷ	Ⅸ～Ⅹ	Ⅺ～Ⅻ	ⅩⅢ～ⅩⅣ	Ⅴ～Ⅶ	Ⅷ	Ⅸ
1	人工	甲类工	工日	0.6	0.8	1.0	1.3	0.6	0.8	1.0
2		乙类工	工日	11.9	15.0	19.3	25.2	11.5	15.1	20.3
3		合计	工日	12.5	15.8	20.3	26.5	12.1	15.9	21.3
4	材料	合金钻头	个	1.02	1.75	2.54	3.78			
5		电钻钻头	个					0.69	1.58	2.32
6		电钻钻杆	m					2.53	5.78	8.50
7		空心钢	kg	0.43	0.86	1.53	2.62			
8		炸药	kg	28.25	36.33	45.10	48.42	26.75	35.31	39.59
9		电雷管	个	39.00	50.50	58.00	67.50	38.00	49.00	55.00
10		导电线	m	120.00	155.00	179.00	206.50	94.00	124.00	138.00
11	机械	风钻（手持式）	台班	0.77	1.51	2.65	4.59			
12		电钻 1.5kW	台班					0.99	3.09	6.57
13		修钎设备	台班	0.04	0.06	0.12	0.20			
14		载重汽车 5t	台班	0.20	0.20	0.20	0.20	0.20	0.20	0.20
15	其他费用		%	4.2	4.2	3.7	3.3	2.8	2.6	2.4

2－1－4 一般石方开挖 潜孔钻钻孔

适用范围：潜孔钻钻孔，风钻配合。

工作内容：钻孔、爆破、撬移、解小、翻渣、清面等。

单位：100m³

定额编号				20020	20021	20022	20023	20024	20025	20026	20027	20028	20029	20030	20031
顺序号	名称		单位	80 型潜孔钻钻孔一般石方开挖											
				孔深 6m 以下				孔深 6～9m				孔深 9m 以上			
				Ⅴ～Ⅷ	Ⅸ～Ⅹ	Ⅺ～Ⅻ	ⅩⅢ～ⅩⅣ	Ⅴ～Ⅷ	Ⅸ～Ⅹ	Ⅺ～Ⅻ	ⅩⅢ～ⅩⅣ	Ⅴ～Ⅷ	Ⅸ～Ⅹ	Ⅺ～Ⅻ	ⅩⅢ～ⅩⅣ
1	人工	甲类工	工日	0.4	0.5	0.6	0.8	0.4	0.4	0.5	0.7	0.3	0.3	0.5	0.6
2		乙类工	工日	7.3	9.7	12.3	15.0	6.0	8.2	10.5	12.7	5.2	7.1	9.2	11.6
3		合计	工日	7.7	10.2	12.9	15.8	6.4	8.6	11.0	13.4	5.5	7.4	9.7	12.2
4	材料	合金钻头	个	0.06	0.10	0.14	0.18	0.07	0.10	0.14	0.18	0.06	0.10	0.14	0.18
5		钻头 80 型	个	0.37	0.56	0.77	0.99	0.34	0.47	0.63	0.82	0.27	0.39	0.54	0.69
6		冲击器	套	0.04	0.06	0.08	0.10	0.03	0.05	0.07	0.09	0.03	0.04	0.06	0.08
7		钻杆	m	0.41	0.54	0.66	0.80	0.40	0.50	0.62	0.74	0.36	0.45	0.56	0.66
8		空心钢	kg	0.18	0.28	0.35	0.42	0.21	0.28	0.32	0.42	0.20	0.28	0.35	0.42
9		炸药	kg	42.16	50.61	56.76	63.50	39.02	46.04	54.11	57.76	36.40	41.99	47.48	52.54
10		电雷管	个	22.42	27.16	30.00	33.00	22.23	26.00	29.65	33.00	19.50	22.00	25.50	27.00
11		导电线	m	81.88	97.00	108.45	121.17	133.00	154.00	175.00	195.50	160.00	192.00	221.33	244.50
12	机械	风钻（手持式）	台班	0.29	0.39	0.49	0.59	0.30	0.39	0.49	0.59	0.32	0.38	0.49	0.59
13		潜孔钻 80 型	台班	0.86	1.31	1.84	2.52	0.78	1.12	1.56	2.10	0.65	0.88	1.28	1.79
14		载重汽车 5t	台班	0.20	0.20	0.20	0.20	0.20	0.20	0.20	0.20	0.20	0.20	0.20	0.20
15	其他费用		%	2.7	2.4	2.3	2.1	3.1	2.8	2.4	2.0	3.5	3.1	2.7	2.3

2－1－5　100 型潜孔钻钻孔　一般石方开挖

适用范围：潜孔钻钻孔，风钻配合。

工作内容：钻孔、爆破、撬移、解小、翻渣、清面等。

单位：$100m^3$

定额编号				20032	20033	20034	20035	20036	20037	20038	20039	20040	20041	20042	20043
顺序号	名称		单位	100 型潜孔钻钻孔一般石方开挖											
				孔深 6m 以下				孔深 6～9m				孔深 9m 以上			
				Ⅴ～Ⅷ	Ⅸ～Ⅹ	Ⅺ～Ⅻ	XIII～XIV	Ⅴ～Ⅷ	Ⅸ～Ⅹ	Ⅺ～Ⅻ	XIII～XIV	Ⅴ～Ⅷ	Ⅸ～Ⅹ	Ⅺ～Ⅻ	XIII～XIV
1	人工	甲类工	工日	0.3	0.4	0.5	0.7	0.3	0.3	0.4	0.6	0.3	0.3	0.4	0.5
2		乙类工	工日	6.3	7.9	9.9	12.2	5.4	6.9	8.5	10.1	4.6	6.0	7.5	9.2
3		合计	工日	6.6	8.3	10.4	12.9	5.7	7.2	8.9	10.7	4.9	6.3	7.9	9.7
4	材料	合金钻头	个	0.06	0.10	0.14	0.18	0.06	0.10	0.14	0.18	0.06	0.10	0.14	0.18
5		钻头　100 型	个	0.23	0.33	0.45	0.61	0.19	0.27	0.38	0.51	0.17	0.24	0.33	0.42
6		冲击器	套	0.03	0.04	0.06	0.08	0.02	0.04	0.05	0.07	0.02	0.03	0.04	0.06
7		钻杆	m	0.36	0.54	0.66	0.80	0.39	0.50	0.61	0.73	0.36	0.45	0.56	0.66
8		空心钢	kg	0.18	0.28	0.35	0.42	0.17	0.31	0.35	0.42	0.18	0.28	0.35	0.42
9		炸药	kg	47.12	55.33	62.46	69.68	43.50	50.51	56.97	63.65	39.61	45.94	51.96	57.83
10		电雷管	个	17.24	19.83	22.50	25.00	17.56	20.16	22.16	24.83	14.24	16.83	19.00	21.00
12		导电线	m	52.97	59.38	66.80	74.62	80.91	92.00	107.83	117.00	87.41	112.67	128.00	143.50
13	机械	风钻（手持式）	台班	0.31	0.43	0.55	0.65	0.31	0.42	0.55	0.65	0.31	0.42	0.55	0.65
14		潜孔钻　100 型	台班	0.51	0.73	1.01	1.35	0.41	0.57	0.78	1.06	0.33	0.51	0.71	0.96
15		载重汽车　5t	台班	0.20	0.20	0.20	0.20	0.20	0.20	0.20	0.20	0.20	0.20	0.20	0.20
16	其他费用		%	3.2	2.9	2.5	2.1	3.7	3.3	2.9	2.4	4.1	3.7	3.2	2.7

2－1－6　150 型潜孔钻钻孔　一般石方开挖

适用范围：潜孔钻钻孔，风钻配合。

工作内容：钻孔、爆破、撬移、解小、翻渣、清面等。

单位：100m³

定额编号				20044	20045	20046	20047	20048	20049	20050	20051	20052	20053	20054	20055
顺序号	名称		单位	150 型潜孔钻钻孔一般石方开挖											
				孔深 6m 以下				孔深 6～9m				孔深 9m 以上			
				Ⅴ～Ⅷ	Ⅸ～Ⅹ	Ⅺ～Ⅻ	ⅩⅢ～ⅩⅣ	Ⅴ～Ⅷ	Ⅸ～Ⅹ	Ⅺ～Ⅻ	ⅩⅢ～ⅩⅣ	Ⅴ～Ⅷ	Ⅸ～Ⅹ	Ⅺ～Ⅻ	ⅩⅢ～ⅩⅣ
1	人工	甲类工	工日	0.2	0.4	0.5	0.5	0.2	0.3	0.4	0.5	0.2	0.3	0.4	0.4
2		乙类工	工日	5.0	6.5	8.0	9.6	4.4	5.8	7.0	8.6	3.9	5.2	6.4	7.8
3		合计	工日	5.2	6.9	8.5	10.1	4.6	6.1	7.4	9.1	4.1	5.5	6.8	8.2
4	材料	合金钻头	个	0.06	0.10	0.14	0.18	0.06	0.09	0.13	0.17	0.06	0.10	0.14	0.18
5		钻头 150 型	个	0.05	0.08	0.11	0.14	0.04	0.07	0.10	0.12	0.04	0.06	0.08	0.10
6		冲击器	套	0.01	0.01	0.01	0.02	0.01	0.01	0.01	0.02	0.01	0.01	0.01	0.02
7		钻杆	m	0.38	0.51	0.62	0.74	0.37	0.46	0.55	0.67	0.34	0.43	0.52	0.63
8		空心钢	kg	0.18	0.28	0.35	0.42	0.18	0.28	0.35	0.42	0.18	0.28	0.35	0.42
9		炸药	kg	53.30	57.05	63.28	75.02	47.87	54.77	62.09	68.57	44.63	51.46	57.96	63.77
10		电雷管	个	12.57	14.24	16.13	18.24	12.49	14.53	16.32	18.30	11.18	13.00	14.80	16.33
11		导电线	m	26.86	32.12	34.83	35.93	74.46	84.98	96.98	107.50	93.39	116.45	139.46	159.00
12	机械	风钻(手持式)	台班	0.27	0.38	0.49	0.59	0.28	0.38	0.49	0.59	0.28	0.39	0.50	0.59
13		潜孔钻 150 型	台班	0.20	0.26	0.36	0.51	0.14	0.22	0.32	0.43	0.14	0.21	0.30	0.41
14		载重汽车 5t	台班	0.20	0.20	0.20	0.20	0.20	0.20	0.20	0.20	0.20	0.20	0.20	0.20
15	其他费用		%	3.9	3.4	3.0	2.5	4.4	4.0	3.5	3.0	4.6	4.1	3.6	3.0

2－2 坡面一般石方开挖

2－2－1 坡面一般石方开挖 风钻、电钻钻孔

适用范围：一般明挖。

工作内容：风(电)钻钻孔、爆破、撬移、解小、翻渣、清面等。

单位：100m³

定额编号				20056	20057	20058	20059	20060	20061	20062
顺序号	名称		单位	风钻钻孔一般石方开挖				电钻钻孔一般石方开挖		
				Ⅴ～Ⅷ	Ⅸ～Ⅹ	Ⅺ～Ⅻ	ⅩⅢ～ⅩⅣ	Ⅴ～Ⅶ	Ⅷ	Ⅸ
1	人工	甲类工	工日	1.3	1.6	1.9	2.4	1.4	1.7	2.0
2	人工	乙类工	工日	25.9	30.4	36.8	45.5	26.3	31.7	38.1
3	人工	合计	工日	27.2	32.0	38.7	47.9	27.7	33.4	40.1
4	材料	合金钻头	个	1.02	1.63	2.52	3.78			
5	材料	电钻钻头	个					0.69	1.58	2.32
6	材料	电钻钻杆	m					2.53	5.78	8.50
7	材料	空心钢	kg	0.48	0.87	1.58	2.91			
8	材料	炸药	kg	28.25	36.38	42.16	48.42	26.75	35.31	39.59
9	材料	电雷管	个	39.00	50.50	58.80	67.50	38.00	49.00	55.00
10	材料	导电线	m	120.00	155.00	179.00	206.50	94.00	124.00	138.00
11	机械	风钻(手持式)	台班	0.84	1.55	2.83	5.09			
12	机械	电钻 1.5kW	台班					0.99	3.09	6.57
13	机械	修钎设备	台班	0.04	0.07	0.13	0.25			
14	机械	载重汽车 5t	台班	0.20	0.20	0.20	0.20	0.20	0.20	0.20
15	其他费用		%	2.6	2.3	2.1	2.0	3.0	3.0	2.7

注：1. 风钻钻孔，倾角大于40°时，人工定额乘1.10系数，电钻乘1.25系数。

2. 电钻钻孔，倾角大于40°时，人工定额乘1.15系数，电钻乘1.25系数。

2－3　坡面保护层石方开挖

2－3－1　坡面保护层石方开挖　人工打孔

适用范围：设计坡度倾角20°～40°，不允许破坏岩层的石方工程，如建筑物基础等。

工作内容：人工打孔、爆破、撬移、解小、翻渣、清面、修断面等。

单位：$100m^3$

定额编号				20063	20064	20065
顺序号		名称	单位	人工打孔　坡面石方开挖		
				钻孔深度0.5m以内		
				Ⅴ～Ⅷ	Ⅸ～Ⅹ	Ⅺ～Ⅻ
1	人工	甲类工	工日	3.5	7.6	12.5
2		乙类工	工日	66.1	144.8	237.6
3		合计	工日	69.6	152.4	250.1
4	材料	钢钎	kg	1.82	5.71	10.54
5		炸药	kg	49.22	67.41	79.18
6		电雷管	个	269.00	356.00	411.50
7		导电线	m	538.00	713.00	823.50
8	机械	载重汽车　5t	台班	0.20	0.20	0.20
9	其他费用		%	2.5	2.3	2.2

2-3-2 坡面保护层石方开挖 电钻、风钻钻孔

适用范围：设计坡度倾角20°~40°，不允许破坏岩层的石方工程，如建筑物基础等。

工作内容：钻孔、爆破、撬移、解小、翻渣、清面、修断面等。

单位：$100m^3$

定额编号				20066	20067	20068	20069	20070	20071	20072
顺序号	名称		单位	电钻、风钻钻孔 坡面保护层石方开挖						
				电钻			风钻			
				Ⅴ~Ⅶ	Ⅷ	Ⅸ	Ⅴ~Ⅷ	Ⅸ~Ⅹ	Ⅺ~Ⅻ	ⅩⅢ~ⅩⅣ
1	人工	甲类工	工日	1.9	2.6	3.3	2.8	3.4	4.2	5.5
2		乙类工	工日	37.0	49.1	64.0	53.7	64.9	80.6	104.0
3		合计	工日	38.9	51.7	67.3	56.5	68.3	84.8	109.5
4	材料	空心钢	kg				1.21	2.16	3.71	7.75
5		电钻钻头	个	2.08	4.28	6.17				
6		电钻钻杆	m	7.59	15.66	22.58				
7		合金钻头	个				3.18	5.08	7.29	9.48
8		炸药	kg	46.01	58.85	64.20	52.43	66.88	77.58	93.09
9		电雷管	个	254.00	314.00	342.00	280.33	359.50	416.00	497.33
10		导电线	m	508.00	628.00	685.00	561.00	719.00	832.00	993.67
11	机械	风钻 手持式	台班				2.15	3.65	6.59	13.77
12		电钻 1.5kW	台班	2.65	7.86	16.37				
13		修钎设备	台班				0.09	0.17	0.29	0.59
14		载重汽车 5t	台班	0.20	0.20	0.20	0.20	0.20	0.20	0.20
15	其他费用		%	2.8	2.5	2.2	2.3	2.1	1.8	1.5

注：1. 电钻钻孔，坡面大于40°时，人工定额乘1.15系数，电钻乘1.25系数。

2. 风钻钻孔，坡面大于40°时，人工定额乘1.1系数，风钻乘1.25系数。

2-4 底部保护层石方开挖

2-4-1 底部保护层石方开挖 人工打孔

适用范围:设计坡面倾角20°以下,不允许破坏岩层的石方工程,如建筑物基础等。

工作内容:人工打孔、爆破、撬移、解小、翻渣、清面、修整断面等。

单位:100m³

定额编号				20073	20074	20075	20076	20077	20078
顺序号	名称		单位	人工打孔 底部保护层石方开挖					
				Ⅴ~Ⅶ	Ⅷ	Ⅸ	Ⅹ	Ⅺ	Ⅻ
1	人工	甲类工	工日	2.6	4.2	5.4	7.0	9.1	11.9
2		乙类工	工日	49.2	79.3	102.6	133.1	173.2	226.0
3		合计	工日	51.8	83.5	108.0	140.1	182.3	237.9
4	材料	钢钎	kg	1.59	3.14	4.34	5.94	8.07	10.90
5		炸药	kg	46.01	58.85	64.20	70.62	75.97	82.39
6		电雷管	个	254.00	314.00	342.00	370.00	398.00	425.00
7		导电线	m	389.00	482.00	526.00	569.00	612.00	654.00
8	机械	载重汽车 5t	台班	0.20	0.20	0.20	0.20	0.20	0.20
9	其他费用		%	2.8	2.4	2.3	2.1	1.9	1.7

2-4-2　底部保护层石方开挖　电钻、风钻钻孔

适用范围：设计坡面倾角20°以下，不允许破坏岩层的石方工程，如建筑物基础等。

工作内容：人工打孔、爆破、撬移、解小、翻渣、清面、修整断面等。

单位：100m³

定额编号				20079	20080	20081	20082	20083	20084	20085
顺序号	名称		单位	底部保护层石方开挖						
				电钻钻孔			风钻钻孔			
				Ⅴ～Ⅶ	Ⅷ	Ⅸ	Ⅴ～Ⅷ	Ⅸ～Ⅹ	Ⅺ～Ⅻ	ⅩⅢ～ⅩⅣ
1	人工	甲类工	工日	1.2	1.8	2.5	1.4	2.1	3.1	4.4
2		乙类工	工日	23.4	33.6	46.6	26.6	39.4	58.1	83.2
3		合计	工日	24.6	35.4	49.1	28.0	41.5	61.2	87.6
4	材料	合金钻头	kg				3.65	5.79	8.81	13.20
5		电钻钻头	个	1.98	4.28	6.17				
6		电钻钻杆	m	7.25	15.66	22.58				
7		空心钢	m				1.22	2.24	4.15	7.82
8		炸药	kg	46.01	58.85	64.20	52.43	66.88	81.98	93.09
9		电雷管	个	254.00	314.00	342.00	279.00	359.50	429.90	497.33
10		导电线	m	390.00	482.00	526.00	429.00	552.00	652.50	763.33
11	机械	风钻(手持式)	台班				2.20	3.98	7.50	13.92
12		电钻 1.5kW	台班	2.39	7.07	14.73				
13		修钎设备	台班				0.09	0.17	0.31	0.56
14		载重汽车 5t	台班	0.20	0.20	0.20	0.20	0.20	0.20	0.20
15	其他费用		%	3.6	3.2	2.7	3.0	2.7	2.4	2.0

2－5　沟槽石方开挖

2－5－1　沟槽石方开挖　人工打孔

适用范围：露天作业。

工作内容：人工打孔、爆破、撬移、解小、翻渣、清面等。

单位：$100m^3$

定额编号				20086	20087	20088	20089	20090	20091
顺序号	名称		单位	人工打孔沟槽石方开挖					
				沟槽底宽 0.5～1.0m			沟槽底宽 1.0～2.0m		
				Ⅴ～Ⅷ	Ⅸ～Ⅹ	Ⅺ～Ⅻ	Ⅴ～Ⅷ	Ⅸ～Ⅹ	Ⅺ～Ⅻ
1	人工	甲类工	工日	9.4	19.4	32.3	4.5	9.9	16.9
2		乙类工	工日	178.4	368.0	615.2	86.3	187.9	321.9
3		合计	工日	187.8	387.4	647.5	90.8	197.8	338.8
4	材料	钢钎	kg	6.87	17.52	32.08	3.24	8.68	15.07
5		炸药	kg	159.97	216.14	243.91	101.65	136.96	158.36
6		电雷管	个	649.25	877.00	1011.00	239.75	324.00	373.00
7		导电线	m	338.65	456.13	527.34	124.70	169.00	194.00
8	机械	载重汽车　5t	台班	0.20	0.20	0.20	0.20	0.20	0.20
9	其他费用		%	3.2	2.3	1.8	4.3	2.8	2.2

2－5－2　沟槽石方开挖　风钻钻孔

适用范围：露天作业。

工作内容：风钻钻孔、爆破、撬移、解小、翻渣、清面、修整断面等。

单位：100m³

定额编号				20092	20093	20094	20095	20096	20097	20098	20099	20100	20101	20102	20103
顺序号	名称		单位	风钻钻孔沟槽石方开挖											
				底宽 0.5～1.0m				底宽 1.0～2.0m				底宽 2.0～4.0m			
				Ⅴ～Ⅷ	Ⅸ～Ⅹ	Ⅺ～Ⅻ	XⅢ～XⅣ	Ⅴ～Ⅷ	Ⅸ～Ⅹ	Ⅺ～Ⅻ	XⅢ～XⅣ	Ⅴ～Ⅷ	Ⅸ～Ⅹ	Ⅺ～Ⅻ	XⅢ～XⅣ
1	人工	甲类工	工日	6.9	8.6	11.0	14.4	3.8	4.8	6.1	7.9	2.2	2.6	3.2	4.1
2		乙类工	工日	130.8	163.7	209.1	272.4	72.4	90.6	115.4	150.5	39.6	48.3	60.3	78.7
3		合计	工日	137.7	172.3	220.1	286.8	76.2	95.4	121.5	158.4	41.8	50.9	63.5	82.8
4	材料	合金钻头	个	9.68	15.80	24.54	37.40	5.70	9.09	13.50	18.60	2.54	4.28	6.77	9.86
5		空心钢	kg	2.84	5.38	10.28	20.17	2.21	3.95	6.64	11.58	0.95	1.88	3.46	6.09
6		炸药	kg	200.09	251.54	309.24	376.64	116.63	153.01	178.69	207.58	62.41	82.33	96.25	108.07
7		电雷管	个	84.70	106.02	130.87	159.30	270.00	352.00	411.00	477.00	92.43	121.20	150.00	175.00
8		导电线	m	41.41	53.01	64.64	77.88	132.00	176.00	203.00	234.00	163.00	216.00	251.00	289.00
9	机械	风钻（手持式）	台班	5.63	11.05	20.52	35.91	3.92	7.07	11.79	17.88	1.69	3.15	5.85	10.85
10		修钎设备	台班	0.27	0.49	0.88	1.55	0.16	0.30	0.53	0.88	0.09	0.15	0.26	0.47
11		载重汽车 5t	台班	0.20	0.20	0.20	0.20	0.20	0.20	0.20	0.20	0.20	0.20	0.20	0.20
12	其他费用		%	3.2	2.9	2.5	2.1	4.4	4.0	3.5	3.0	4.6	4.1	3.6	3.0

2－5－3　沟槽石方开挖　电钻钻孔

适用范围：露天作业。

工作内容：电钻钻孔、爆破、撬移、解小、翻渣、清面、修整断面等。

单位：100m³

定额编号				20104	20105	20106	20107	20108	20109	20110	20111	20112
顺序号	名称		单位	电钻钻孔沟槽石方开挖								
				底宽 0.5～1.0m			底宽 1.0～2.0m			底宽 2.0～4.0m		
				Ⅴ～Ⅶ	Ⅷ	Ⅸ	Ⅴ～Ⅶ	Ⅷ	Ⅸ	Ⅴ～Ⅶ	Ⅷ	Ⅸ
1	人工	甲类工	工日	4.1	5.8	8.0	1.7	2.5	3.6	0.9	1.4	2.1
2		乙类工	工日	77.2	111.7	152.7	31.1	48.6	70.3	18.1	27.4	38.9
3		合计	工日	81.3	117.5	160.7	32.8	51.1	73.9	19.0	28.8	41.0
4	材料	电钻钻头	个	6.12	13.10	18.85	3.16	6.65	9.57	1.60	3.47	5.02
5		电钻钻杆	m	22.03	47.91	68.92	11.56	24.32	34.99	5.84	12.67	18.35
6		炸药	kg	153.38	189.39	204.72	99.51	120.91	131.61	59.83	74.90	82.39
7		电雷管	个	649.37	769.00	841.00	233.53	284.00	311.00	83.37	105.00	116.00
8		导电线	m	328.12	400.75	438.08	118.00	148.00	162.00	143.00	183.00	201.00
9	机械	电钻　1.5kW	台班	7.94	23.72	49.30	4.36	13.00	27.03	2.24	6.78	14.18
10		载重汽车　5t	台班	0.20	0.20	0.20	0.20	0.20	0.20	0.20	0.20	0.20
11	其他费用		%	3.9	3.3	2.8	5.5	4.5	3.6	5.7	4.8	4.0

2－6 基坑石方开挖

2－6－1 基坑石方开挖 人工打孔

适用范围：露天作业。

工作内容：打孔、爆破、撬移、解小、翻渣、清面等。

单位：$100m^3$

定额编号				20113	20114	20115	20116	20117	20118	20119	20120
顺序号	名称		单位	人工打孔基坑石方开挖							
				上口面积 $2.0m^2$ 以下				上口面积 $2.0\sim5.0m^2$			
				Ⅴ～Ⅵ	Ⅶ～Ⅷ	Ⅸ～Ⅹ	Ⅺ～Ⅻ	Ⅴ～Ⅵ	Ⅶ～Ⅷ	Ⅸ～Ⅹ	Ⅺ～Ⅻ
1	人工	甲类工	工日	7.3	12.8	21.6	33.7	6.1	10.9	18.4	30.5
2		乙类工	工日	138.2	243.3	410.2	639.8	116.6	206.1	349.2	579.6
3		合计	工日	145.5	256.1	431.8	673.5	122.7	217.0	367.6	610.1
4	材料	钢钎	kg	4.33	9.89	19.11	34.51	3.81	8.63	16.70	30.10
5		炸药	kg	196.45	281.62	345.02	392.48	159.43	228.02	279.00	316.83
6		电雷管	个	436.00	625.75	765.75	871.80	265.75	379.75	464.00	527.75
7		导电线	m	175.14	250.46	306.55	348.55	106.75	152.00	185.75	211.00
8	机械	载重汽车 5t	台班	0.20	0.20	0.20	0.20	0.20	0.20	0.20	0.20
9	其他费用		%	2.8	2.4	2.2	2.1	2.9	2.6	2.2	1.8

2-6-2 基坑石方开挖 风钻钻孔

适用范围：露天作业。

工作内容：风钻钻孔、爆破、撬移、解小、翻渣、清面等。

单位：100m³

顺序号	名称		单位	20121	20122	20123	20124	20125	20126	20127	20128	20129	20130	20131	20132	20133	20134	20135	20136
				风钻钻孔基坑石方开挖															
				上口断面 2.0m² 以下				上口断面 2.0~4.0m²				上口断面 4.0~6.0m²				上口断面 6.0~9.0m²			
				Ⅴ~Ⅷ	Ⅸ~Ⅹ	Ⅺ~Ⅻ	ⅩⅢ~ⅩⅣ	Ⅴ~Ⅷ	Ⅸ~Ⅹ	Ⅺ~Ⅻ	ⅩⅢ~ⅩⅣ	Ⅴ~Ⅷ	Ⅸ~Ⅹ	Ⅺ~Ⅻ	ⅩⅢ~ⅩⅣ	Ⅴ~Ⅷ	Ⅸ~Ⅹ	Ⅺ~Ⅻ	ⅩⅢ~ⅩⅣ
1	人工	甲类工	工日	9.1	12.0	16.0	21.8	7.2	9.2	11.9	15.8	5.5	7.2	9.4	12.1	4.5	9.1	12.0	16.0
2		乙类工	工日	171.8	221.9	302.1	415.4	136.8	174.9	225.8	301.1	105.2	137.7	178.6	231.0	86.4	171.8	221.9	302.1
3		合计	工日	181.9	233.9	318.1	437.2	144.0	184.1	237.7	316.9	110.7	144.9	188.0	243.1	90.9	181.0	233.9	318.1
4	材料	合金钻头	个	12.90	20.61	30.86	42.85	9.16	15.60	23.80	34.05	7.31	12.26	18.54	25.74	5.72	10.16	14.77	20.46
5		空心钢	kg	5.67	9.88	17.90	32.70	4.00	7.82	15.00	26.00	3.14	6.05	10.90	19.60	2.65	4.68	8.49	15.70
6		炸药	kg	260.34	327.54	387.83	451.48	201.38	262.22	313.39	361.53	174.54	230.40	274.39	312.93	157.55	192.87	226.92	264.40
7		电雷管	个	647.12	811.54	952.36	1139.00	381.67	514.23	603.60	698.92	293.91	383.30	468.60	541.85	242.91	289.70	354.30	410.63
8		导电线	m	969.45	1189.81	1432.93	1658.40	691.35	874.05	1026.90	1183.71	531.50	693.83	847.42	978.61	469.59	561.06	668.85	792.90
9	机械	风钻(手持式)	台班	11.87	22.60	39.09	59.83	8.42	16.34	29.55	47.62	6.46	12.39	22.29	35.87	5.59	9.79	16.80	28.67
10		修钎设备	台班	0.48	0.84	1.50	2.69	0.33	0.59	1.12	2.15	0.26	0.50	0.92	1.67	0.22	0.39	0.70	1.29
11		载重汽车 5t	台班	0.20	0.20	0.20	0.20	0.20	0.20	0.20	0.20	0.20	0.20	0.20	0.20	0.20	0.20	0.20	0.20
12	其他费用		%	3.9	3.5	3.0	2.5	3.4	3.0	2.6	2.2	3.5	3.1	2.7	2.3	3.6	3.3	2.8	2.3

续表

定额编号				20137	20138	20139	20140	20141	20142	20143	20144	20145	20146	20147	20148	20149	20150	20151	20152
顺序号	名称		单位	风钻钻孔基坑石方开挖															
				上口断面 9.0～12.0m²				上口断面 12.0～20.0m²				上口断面 20.0～50.0m²				上口断面 50.0～100.0m²			
				Ⅴ～Ⅷ	Ⅸ～Ⅹ	Ⅺ～Ⅻ	XⅢ～XⅣ	Ⅴ～Ⅷ	Ⅸ～Ⅹ	Ⅺ～Ⅻ	XⅢ～XⅣ	Ⅴ～Ⅷ	Ⅸ～Ⅹ	Ⅺ～Ⅻ	XⅢ～XⅣ	Ⅴ～Ⅷ	Ⅸ～Ⅹ	Ⅺ～Ⅻ	XⅢ～XⅣ
1	人工	甲类工	工日	3.60	4.7	6.1	7.9	3.3	4.1	5.2	6.8	2.3	2.9	3.8	5.1	1.8	2.3	3.0	4.0
2		乙类工	工日	69.11	89.4	116.1	151.0	61.9	78.6	100.0	130.8	43.6	54.4	72.0	95.3	32.9	42.5	56.2	75.7
3		合计	工日	72.71	94.1	122.2	158.9	65.2	82.7	105.2	137.6	45.9	57.3	75.8	100.4	34.7	44.8	59.2	79.7
4	材料	合金钻头	个	4.43	9.71	13.70	16.90	3.23	6.11	9.17	13.26	2.97	4.99	7.77	11.13	2.18	4.03	6.15	8.65
5		空心钢	kg	1.98	3.93	7.03	12.43	1.44	3.11	5.60	9.90	1.32	2.71	4.80	8.31	1.06	2.23	3.98	7.09
6		炸药	kg	127.33	164.78	199.34	231.12	105.58	140.17	166.92	192.60	88.81	114.14	135.89	160.50	72.41	93.44	113.07	130.54
7		导电线	m	383.31	488.00	588.33	677.33	323.05	422.14	495.96	575.46	255.00	325.51	387.24	442.65	202.70	263.90	312.20	360.02
8		雷管	个	191.17	262.18	297.64	340.83	147.00	193.37	228.79	265.23	103.65	131.75	157.38	180.01	77.22	100.41	118.61	136.00
9	机械	风钻(手持式)	台班	3.93	7.83	14.74	23.62	2.86	6.35	11.53	19.12	2.49	5.24	9.38	15.38	2.08	4.45	7.91	13.38
10		修钎设备	台班	0.16	0.32	0.59	1.07	0.12	0.27	0.48	0.84	0.11	0.25	0.46	0.71	0.09	0.23	0.38	0.61
11		载重汽车 5t	台班	0.20	0.20	0.20	0.20	0.20	0.20	0.20	0.20	0.20	0.20	0.20	0.20	0.20	0.20	0.20	0.20
12	其他费用		%	4.0	3.6	3.2	2.7	4.4	4.0	3.5	3.0	4.3	3.8	3.3	2.8	4.8	4.2	3.6	3.0

2-6-3 基坑石方开挖 电钻钻孔

适用范围：露天作业。

工作内容：电钻钻孔、爆破、撬移、解小、翻渣、清面等。

单位：100m³

顺序号	名称		单位	20153	20154	20155	20156	20157	20158	20159	20160	20161	20162	20163	20164
				电钻钻孔基坑石方开挖											
				上口断面 $2.0m^2$ 以下			上口断面 $2.0\sim4.0m^2$			上口断面 $4.0\sim6.0m^2$			上口断面 $6.0\sim9.0m^2$		
				Ⅴ~Ⅶ	Ⅷ	Ⅸ	Ⅴ~Ⅶ	Ⅷ	Ⅸ	Ⅴ~Ⅶ	Ⅷ	Ⅸ	Ⅴ~Ⅶ	Ⅷ	Ⅸ
1	人工	甲类工	工日	4.8	7.0	10.2	4.1	5.8	8.1	3.7	5.6	7.7	3.4	4.9	6.6
2		乙类工	工日	91.4	133.2	194.1	78.2	110.5	154.7	70.2	105.3	147.2	64.8	92.3	124.8
3		合计	工日	96.2	140.2	204.3	82.3	116.3	162.8	73.9	110.9	154.9	68.2	97.2	131.4
4	材料	电钻钻头	个	6.72	12.77	18.54	5.44	10.33	14.99	3.92	9.40	13.63	3.53	8.46	12.27
5		电钻钻杆	m	24.56	46.70	67.82	19.90	37.77	54.81	14.32	34.36	49.85	12.90	30.94	44.88
6		炸药	kg	238.52	302.46	324.70	193.30	242.89	267.50	159.43	221.49	243.96	143.38	199.02	219.35
7		电雷管	个	529.45	667.00	736.00	321.96	404.00	446.00	242.00	335.00	369.00	210.96	265.00	292.00
8		导电线	m	192.40	267.46	293.74	117.00	162.00	178.00	185.00	256.00	282.00	253.00	350.00	386.00
9	机械	电钻 1.5kW	台班	8.75	28.90	60.63	10.13	25.24	52.92	6.97	22.96	48.13	6.28	20.68	43.33
10		载重汽车 5t	台班	0.20	0.20	0.20	0.20	0.20	0.20	0.20	0.20	0.20	0.20	0.20	0.20
11	其他费用		%	4.6	4.1	3.4	4.0	3.6	3.0	4.1	3.7	3.1	4.2	3.8	3.1

续表

定额编号				20165	20166	20167	20168	20169	20170	20171	20172	20173	20174	20175	20176
顺序号	名称		单位	电钻钻孔基坑石方开挖											
				上口断面 $9.0 \sim 12.0m^2$			上口断面 $12.0 \sim 20.0m^2$			上口断面 $20.0 \sim 50.0m^2$			上口断面 $50.0 \sim 100.0m^2$		
				Ⅴ～Ⅶ	Ⅷ	Ⅸ	Ⅴ～Ⅶ	Ⅷ	Ⅸ	Ⅴ～Ⅶ	Ⅷ	Ⅸ	Ⅴ～Ⅶ	Ⅷ	Ⅸ
1	人工	甲类工	工日	2.1	3.3	4.8	1.8	2.9	4.4	1.4	2.3	3.6	1.0	1.6	2.5
2		乙类工	工日	40.5	63.2	91.0	34.7	55.0	83.7	27.8	43.9	67.1	18.0	30.6	46.8
3		合计	工日	42.6	66.5	95.8	36.5	57.9	88.1	29.2	46.2	70.7	19.0	32.2	49.3
4	材料	电钻钻头	个	3.21	7.70	11.16	3.65	6.83	10.05	3.00	5.68	8.23	1.95	4.65	6.74
5		电钻钻杆	m	11.74	28.10	40.82	10.58	25.30	36.75	8.68	20.77	30.61	7.12	17.02	24.66
6		炸药	kg	130.54	180.83	200.09	117.70	162.64	179.76	97.97	123.05	135.89	72.76	100.58	111.28
7		雷管	个	161.00	223.00	246.00	144.32	181.00	199.00	106.53	133.00	147.00	79.00	109.00	120.00
8		导电线	m	264.00	365.00	403.00	275.00	392.00	438.54	255.00	343.00	374.00	218.00	301.00	331.00
9	机械	电钻 1.5kW	台班	5.72	18.81	39.41	6.80	17.94	35.18	5.58	14.88	29.07	3.47	11.38	23.81
10		载重汽车 5t	台班	0.20	0.20	0.20	0.20	0.20	0.20	0.20	0.20	0.20	0.20	0.20	0.20
11	其他费用		%	4.7	4.1	3.4	5.3	4.5	3.6	5.3	4.4	3.6	5.6	4.7	3.7

2－7 人工挑抬运石渣

适用范围：露天作业。

工作内容：装渣、运卸、空回、平场等。

单位：100m³

定额编号				20177	20178	20179	20180	20181	20182	20183	20184	20185	20186	20187
顺序号	名称		单位	人工挑抬运石渣 Ⅴ～Ⅶ										
				运距（m）										每增运10m
				0～10	10～20	20～30	30～40	40～50	50～60	60～70	70～80	80～90	90～100	
1	人工	甲类工	工日	2.2	2.4	2.7	2.9	3.1	3.4	3.6	3.9	4.1	4.3	0.3
2		乙类工	工日	40.6	45.5	50.4	55.3	60.2	65.2	70.1	75.0	79.9	84.8	5.0
3		合计	工日	42.8	47.9	53.1	58.2	63.3	68.6	73.7	78.9	84.0	89.1	5.3
4	其他费用		%	6.3	5.8	5.2	4.7	4.2	3.8	3.3	2.9	2.5	2.1	

续表

定额编号				20188	20189	20190	20191	20192	20193	20194	20195	20196	20197	20198
顺序号	名称		单位	人工挑抬运石渣 Ⅷ～Ⅹ										
				运距（m）										每增运10m
				0～10	10～20	20～30	30～40	40～50	50～60	60～70	70～80	80～90	90～100	
1	人工	甲类工	工日	2.5	2.8	3.0	3.3	3.6	3.8	4.1	4.4	4.6	4.9	0.3
2		乙类工	工日	48	53.0	58.0	63.1	68.1	73.1	78.1	83.2	88.2	93.2	5.0
3		合计	工日	50.5	55.8	61.0	66.4	71.7	76.9	82.2	87.6	92.8	98.1	5.3
4	其他费用		%	6.1	5.5	5.0	4.5	4.1	3.6	3.2	2.8	2.4	2.0	

续表

定额编号				20199	20200	20201	20202	20203	20204	20205	20206	20207	20208	20209
顺序号	名称		单位	人工挑抬运石渣 XI ~ XVI										
				运距(m)										每增运10m
				0 ~ 10	10 ~ 20	20 ~ 30	30 ~ 40	40 ~ 50	50 ~ 60	60 ~ 70	70 ~ 80	80 ~ 90	90 ~ 100	
1	人工	甲类工	工日	2.7	3.0	3.3	3.6	3.9	4.2	4.5	4.8	5.1	5.4	0.3
2		乙类工	工日	51.2	57.0	62.8	68.5	74.3	80.1	85.9	91.6	97.4	103.2	5.8
3		合计	工日	53.9	60.0	66.1	72.1	78.2	84.3	90.4	96.4	102.5	108.6	6.1
4	其他费用		%	6.2	5.4	4.8	4.3	3.9	3.5	3.1	2.7	2.3	1.9	

2－8 人工装机械运输石渣

工作内容：装、运、卸、空回等。

2－8－1 人工装双胶轮车运石渣

单位：$100m^3$

定额编号				20210	20211	20212	20213	20214	20215	20216	20217	20218	20219	20220
顺序号	名称		单位	人工装双胶轮车运石渣 V ~ VII										
				运距(m)										每增运10m
				0 ~ 10	10 ~ 20	20 ~ 30	30 ~ 40	40 ~ 50	50 ~ 60	60 ~ 70	70 ~ 80	80 ~ 90	90 ~ 100	
1	人工	甲类工	工日	1.9	2.0	2.1	2.1	2.2	2.2	2.3	2.4	2.4	2.5	0.1
2		乙类工	工日	37.0	38.1	39.3	40.4	41.5	42.7	43.8	44.9	46.1	47.2	1.2
3		合计	工日	38.9	40.1	41.4	42.5	43.7	44.9	46.1	47.3	48.5	49.7	1.3
4	机械	双胶轮车	台班	6.73	7.77	8.81	9.85	10.89	11.94	12.98	14.02	15.06	16.10	1.04
5	其他费用		%	5.2	4.6	4.2	3.6	3.1	2.6	2.1	1.6	1.1	0.6	

续表

定额编号				20221	20222	20223	20224	20225	20226	20227	20228	20229	20230	20231
顺序号	名称		单位	人工装双胶轮车运石渣 Ⅷ ~ Ⅹ										
				运距(m)										每增运10m
				0 ~ 10	10 ~ 20	20 ~ 30	30 ~ 40	40 ~ 50	50 ~ 60	60 ~ 70	70 ~ 80	80 ~ 90	90 ~ 100	
1	人工	甲类工	工日	2.2	2.3	2.3	2.4	2.5	2.5	2.6	2.7	2.7	2.8	0.1
2		乙类工	工日	41.5	42.7	44.0	45.2	46.4	47.7	48.9	50.1	51.4	52.6	1.3
3		合计	工日	43.7	45.0	46.3	47.6	48.9	50.2	51.5	52.8	54.1	55.4	1.4
4	机械	双胶轮车	台班	6.90	8.20	9.50	10.80	12.10	13.40	14.70	16.00	17.30	18.60	1.30
5	其他费用		%	5.2	4.6	4.1	3.6	3.1	2.6	2.1	1.6	1.1	0.6	

续表

定额编号				20232	20233	20234	20235	20236	20237	20238	20239	20240	20241	20242
顺序号	名称		单位	人工装双胶轮车运石渣 Ⅺ ~ ⅩⅥ										
				运距(m)										每增运10m
				0 ~ 10	10 ~ 20	20 ~ 30	30 ~ 40	40 ~ 50	50 ~ 60	60 ~ 70	70 ~ 80	80 ~ 90	90 ~ 100	
1	人工	甲类工	工日	3.1	3.2	3.3	3.4	3.5	3.7	3.8	3.9	4.0	4.1	0.1
2		乙类工	工日	59.9	61.8	63.7	65.6	67.5	69.5	71.4	73.3	75.2	77.1	1.9
3		合计	工日	63.0	65.0	67.0	69.0	71.0	73.2	75.2	77.2	79.2	81.2	2.0
4	机械	双胶轮车	台班	10.13	12.10	14.00	15.90	17.90	19.80	21.70	23.60	25.60	27.50	1.93
5	其他费用		%	3.1	3.1	3.1	3.1	3.1	3.1	3.1	3.1	3.1	3.1	

2－8－2　人工装卸手扶拖拉机运石渣

适用范围:10m 以内装车。

工作内容:装、运、卸、空回等。

单位:$100m^3$

定额编号				20243	20244	20245	20246	20247	20248	20249	20250	20251	20252	20253
顺序号	名称		单位	人工装卸手扶拖拉机运石渣										每增运100m
				运距(100m)										
				0～1	1～2	2～3	3～4	4～5	5～6	6～7	7～8	8～9	9～10	
1	人工	甲类工	工日	2.3	2.3	2.3	2.3	2.3	2.3	2.3	2.3	2.3	2.3	
2		乙类工	工日	44.3	44.3	44.3	44.3	44.3	44.3	44.3	44.3	44.3	44.3	
3		合计	工日	46.6	46.6	46.6	46.6	46.6	46.6	46.6	46.6	46.6	46.6	
4	机械	手扶拖拉机　11kW	台班	8.30	8.80	9.30	9.80	10.30	10.80	11.30	11.80	12.30	12.80	0.50
5	其他费用		%	2.1	2.0	1.9	1.8	1.7	1.6	1.5	1.5	1.5	1.4	

2－8－3　人工装机动翻斗车运石渣

适用范围:10m 以内装车。

工作内容:装、运、卸、空回等。

单位:$100m^3$

定额编号				20254	20255	20256	20257	20258	20259	20260	20261
顺序号	名称		单位	人工装机动翻斗车运石渣							
				运距(100m)							每增运100m
				0～1	1～2	2～3	3～4	4～5	5～6	6～7	
1	人工	甲类工	工日	1.8	1.8	1.8	1.8	1.8	1.8	1.8	
2		乙类工	工日	35.0	35.0	35.0	35.0	35.0	35.0	35.0	
3		合计	工日	36.8	36.8	36.8	36.8	36.8	36.8	36.8	
4	机械	机动翻斗车　1t	台班	5.94	6.40	6.86	7.32	7.77	8.23	8.69	0.46
5	其他费用		%	2.7	2.1	2.0	1.9	1.8	1.7	1.6	

2－8－4　人工装载重汽车运石渣

适用范围：10m 以内装车。

工作内容：装、运、卸、空回等。

单位：$100m^3$

定额编号				20262	20263	20264	20265	20266	20267	20268	20269	20270	20271
顺序号	名称		单位	人工装载重汽车运石渣									
				运距(km)									
				0～1	1～2	2～3	3～4	4～5	5～6	6～7	7～8	8～9	9～10
1	人工	甲类工	工日	2.8	2.8	2.8	2.8	2.8	2.8	2.8	2.8	2.8	2.8
2		乙类工	工日	52.4	52.4	52.4	52.4	52.4	52.4	52.4	52.4	52.4	52.4
3		合计	工日	55.2	55.2	55.2	55.2	55.2	55.2	55.2	55.2	55.2	55.2
4	机械	载重汽车 2t	台班	7.48	8.51	9.54	10.58	11.61	12.64	13.67	14.71	15.74	16.77
5		2.5t	台班	6.00	6.82	7.65	8.47	9.30	10.12	10.95	11.77	12.60	13.42
6	其他费用		%	2.0	1.9	1.8	1.7	1.6	1.5	1.4	1.4	1.3	1.2

2－9　全机械运输石渣

2－9－1　推土机推运石渣

工作内容：装、运、卸、空回。

单位：$100m^3$

定额编号				20272	20273	20274	20275	20276	20277	20278	20279	20280	20281
顺序号	名称		单位	推土机推运石渣									
				运距(m)									每增运 20m
				20	30	40	50	60	70	80	90	100	
1	人工	甲类工	工日	0.1	0.1	0.1	0.1	0.1	0.1	0.1	0.1	0.1	
2		乙类工	工日	1.3	1.3	1.3	1.3	1.3	1.3	1.3	1.3	1.3	
3		合计	工日	1.4	1.4	1.4	1.4	1.4	1.4	1.4	1.4	1.4	
4	机械	推土机 75kW	台班	0.47	0.62	0.76	0.91	1.05	1.20	1.34	1.49	1.63	0.26
5		88kW	台班	0.46	0.61	0.75	0.90	1.04	1.19	1.33	1.48	1.62	0.23
6	其他费用		%	13.9	13.6	13.2	12.8	12.6	12.4	12.1	11.6	11.3	

2-9-2 $1m^3$ 挖掘机装石渣自卸汽车运输

适用范围：露天作业。

工作内容：装、运、卸、空回等。

单位：$100m^3$

定额编号				20282	20283	20284	20285	20286	20287	20288	20289	20290	20291	20292	20293
顺序号	名称		单位	$1m^3$ 挖掘机装自卸汽车运石渣											
				运距(km)											
				0~0.5	0.5~1	1~1.5	1.5~2	2~3	3~4	4~5	5~6	6~7	7~8	8~9	9~10
1	人工	甲类工	工日	0.1	0.1	0.1	0.1	0.1	0.1	0.1	0.1	0.1	0.1	0.1	0.1
2		乙类工	工日	2.5	2.5	2.5	2.5	2.5	2.5	2.5	2.5	2.5	2.5	2.5	2.5
3		合计	工日	2.6	2.6	2.6	2.6	2.6	2.6	2.6	2.6	2.6	2.6	2.6	2.6
4	机械	挖掘机 油动 $1m^3$	台班	0.60	0.60	0.60	0.60	0.60	0.60	0.60	0.60	0.60	0.60	0.60	0.60
5		推土机 59kW	台班	0.30	0.30	0.30	0.30	0.30	0.30	0.30	0.30	0.30	0.30	0.30	0.30
6		自卸汽车 3.5t	台班	3.52	4.60	5.69	6.77	7.85	8.93	10.02	11.10	12.18	13.26	14.35	15.43
7		5t	台班	2.14	2.74	3.33	3.93	4.53	5.12	5.72	6.31	6.91	7.51	8.10	8.70
8		8t	台班	1.57	1.95	2.33	2.71	3.09	3.47	3.86	4.24	4.62	5.00	5.38	5.76
9		10t	台班	1.48	1.79	2.09	2.40	2.71	3.02	3.32	3.63	3.94	4.25	4.55	4.86
10	其他费用		%	2.7	2.4	2.2	2.0	1.8	1.7	1.6	1.5	1.4	1.3	1.3	1.3

注：人工定额包括指挥、安全维护、计量、场地维护、排水、值班电工、拉电缆及其他用工。

2－9－3 1.6m³ 挖掘机装石渣自卸汽车运输

适用范围：露天作业。

工作内容：装、运、卸、空回等。

单位：100m³

定额编号				20294	20295	20296	20297	20298	20299	20300	20301	20302	20303	20304	20305
顺序号	名称		单位	1.6m³ 挖掘机装自卸汽车运石渣											
				运距(km)											
				0～0.5	0.5～1	1～1.5	1.5～2	2～3	3～4	4～5	5～6	6～7	7～8	8～9	9～10
1	人工	甲类工	工日	0.1	0.1	0.1	0.1	0.1	0.1	0.1	0.1	0.1	0.1	0.1	0.1
2		乙类工	工日	1.9	1.9	1.9	1.9	1.9	1.9	1.9	1.9	1.9	1.9	1.9	1.9
3		合计	工日	2.0	2.0	2.0	2.0	2.0	2.0	2.0	2.0	2.0	2.0	2.0	2.0
4	机械	挖掘机 油动 1.6m³	台班	0.38	0.38	0.38	0.38	0.38	0.38	0.38	0.38	0.38	0.38	0.38	0.38
5		推土机 59kW	台班	0.19	0.19	0.19	0.19	0.19	0.19	0.19	0.19	0.19	0.19	0.19	0.19
6		自卸汽车 3.5t	台班	3.05	4.05	5.05	6.04	7.04	8.03	9.03	10.03	11.02	12.02	13.02	14.01
7		5t	台班	1.99	2.59	3.18	3.78	4.37	4.97	5.57	6.16	6.76	7.36	7.95	8.55
8		8t	台班	1.40	1.88	2.36	2.83	3.31	3.79	4.27	4.75	5.23	5.70	6.18	6.66
9		10t	台班	1.30	1.74	2.19	2.63	3.07	3.52	3.96	4.41	4.85	5.29	5.74	6.18
10		12t	台班	1.12	1.53	1.95	2.36	2.78	3.19	3.61	4.02	4.44	4.85	5.27	5.68
11		15t	台班	0.99	1.39	1.78	2.18	2.58	2.98	3.37	3.77	4.17	4.57	4.96	5.36
12		18t	台班	0.95	1.33	1.70	2.08	2.45	2.83	3.20	3.58	3.95	4.33	4.70	5.08
13	其他费用		%	2.7	2.4	2.2	2.0	1.8	1.7	1.6	1.5	1.4	1.3	1.3	1.3

注：人工定额包括指挥、安全维护、计量、场地维护、排水、值班电工、拉电缆及其他用工。

2－9－4　$2m^3$ 挖掘机装石渣自卸汽车运输

适用范围：露天作业。

工作内容：装、运、卸、空回等。

单位：$100m^3$

顺序号		名称	单位	20306	20307	20308	20309	20310	20311	20312	20313	20314	20315	20316	20317
				$2m^3$ 挖掘机装自卸汽车运石渣											
				运距(km)											
				0～0.5	0.5～1	1～1.5	1.5～2	2～3	3～4	4～5	5～6	6～7	7～8	8～9	9～10
1	人工	甲类工	工日	0.1	0.1	0.1	0.1	0.1	0.1	0.1	0.1	0.1	0.1	0.1	0.1
2		乙类工	工日	1.4	1.4	1.4	1.4	1.4	1.4	1.4	1.4	1.4	1.4	1.4	1.4
3		合计	工日	1.5	1.5	1.5	1.5	1.5	1.5	1.5	1.5	1.5	1.5	1.5	1.5
4	机械	挖掘机　电动 $2m^3$	台班	0.30	0.30	0.30	0.30	0.30	0.30	0.30	0.30	0.30	0.30	0.30	0.30
5		推土机　74kW	台班	0.15	0.15	0.15	0.15	0.15	0.15	0.15	0.15	0.15	0.15	0.15	0.15
6		自卸汽车　3.5t	台班	2.35	3.22	4.08	4.95	5.82	6.69	7.55	8.42	9.29	10.16	11.02	11.89
7		5t	台班	1.78	2.37	2.97	3.56	4.16	4.75	5.35	5.94	6.54	7.13	7.73	8.32
8		8t	台班	1.34	1.72	2.10	2.48	2.86	3.24	3.63	4.01	4.39	4.77	5.15	5.53
9		10t	台班	1.24	1.55	1.85	2.16	2.47	2.78	3.08	3.39	3.70	4.01	4.31	4.62
10		12t	台班	1.06	1.31	1.56	1.81	2.06	2.31	2.57	2.82	3.07	3.32	3.57	3.82
11		15t	台班	0.94	1.15	1.35	1.56	1.76	1.97	2.17	2.38	2.58	2.79	2.99	3.20
12		18t	台班	0.91	1.08	1.26	1.43	1.60	1.78	1.95	2.13	2.30	2.47	2.65	2.82
13	其他费用		%	2.7	2.4	2.2	2.0	1.8	1.7	1.6	1.5	1.4	1.3	1.3	1.3

注：人工定额包括指挥、安全维护、计量、场地维护、排水、值班电工、拉电缆及其他用工。

2-9-5 1m^3 装载机装石渣自卸汽车运输

适用范围：露天作业。

工作内容：装、运、卸、空回等。

单位：100m^3

定额编号				20318	20319	20320	20321	20322	20323	20324	20325	20326	20327	20328	20329
顺序号	名称		单位	1m^3 装载机装自卸汽车运石渣											
				运距(km)											
				0~0.5	0.5~1	1~1.5	1.5~2	2~3	3~4	4~5	5~6	6~7	7~8	8~9	9~10
1	人工	甲类工	工日	0.1	0.1	0.1	0.1	0.1	0.1	0.1	0.1	0.1	0.1	0.1	0.1
2		乙类工	工日	2.5	2.5	2.5	2.5	2.5	2.5	2.5	2.5	2.5	2.5	2.5	2.5
3		合计	工日	2.6	2.6	2.6	2.6	2.6	2.6	2.6	2.6	2.6	2.6	2.6	2.6
4	机械	装载机 1m^3	台班	0.87	0.87	0.87	0.87	0.87	0.87	0.87	0.87	0.87	0.87	0.87	0.87
5		推土机 59kW	台班	0.40	0.40	0.40	0.40	0.40	0.40	0.40	0.40	0.40	0.40	0.40	0.40
6		自卸汽车 3.5t	台班	3.06	3.93	4.79	5.66	6.53	7.40	8.26	9.13	10.00	10.87	11.73	12.60
7		5t	台班	2.32	2.92	3.51	4.11	4.70	5.30	5.89	6.49	7.08	7.68	8.27	8.87
8		8t	台班	1.75	2.13	2.51	2.89	3.27	3.65	4.04	4.42	4.80	5.18	5.56	5.94
9		10t	台班	1.67	1.98	2.28	2.59	2.90	3.21	3.51	3.82	4.13	4.44	4.74	5.05
10	其他费用		%	2.2	2.1	1.9	1.8	1.6	1.5	1.4	1.3	1.2	1.2	1.2	1.2

注：人工定额包括指挥、安全维护、记量、场地维护、排水、值班电工、拉电缆及其他用工。

2－9－6 1.5m³ 装载机装石渣自卸汽车运输

适用范围：露天作业。

工作内容：装、运、卸、空回等。

单位：100m³

定额编号				20330	20331	20332	20333	20334	20335	20336	20337	20338	20339	20340	20341
顺序号	名称		单位	1.5m³ 装载机装石渣自卸汽车运石渣											
				运距(km)											
				0～0.5	0.5～1	1～1.5	1.5～2	2～3	3～4	4～5	5～6	6～7	7～8	8～9	9～10
1	人工	甲类工	工日	0.1	0.1	0.1	0.1	0.1	0.1	0.1	0.1	0.1	0.1	0.1	0.1
2		乙类工	工日	1.6	1.6	1.6	1.6	1.6	1.6	1.6	1.6	1.6	1.6	1.6	1.6
3		合计	工日	1.7	1.7	1.7	1.7	1.7	1.7	1.7	1.7	1.7	1.7	1.7	1.7
4	机械	装载机 1.5m³	台班	0.58	0.58	0.58	0.58	0.58	0.58	0.58	0.58	0.58	0.58	0.58	0.58
5		推土机 59kW	台班	0.26	0.26	0.26	0.26	0.26	0.26	0.26	0.26	0.26	0.26	0.26	0.26
6		自卸汽车 3.5t	台班	2.70	3.56	4.43	5.29	6.16	7.02	7.89	8.75	9.62	10.48	11.35	12.21
7		5t	台班	2.08	2.68	3.27	3.87	4.47	5.06	5.66	6.25	6.85	7.45	8.04	8.64
8		8t	台班	1.51	1.89	2.27	2.65	3.03	3.41	3.80	4.18	4.56	4.94	5.32	5.70
9		10t	台班	1.42	1.73	2.04	2.34	2.65	2.96	3.27	3.58	3.89	4.19	4.50	4.81
10		12t	台班	1.24	1.49	1.74	1.99	2.24	2.49	2.74	2.99	3.24	3.49	3.74	3.99
11		15t	台班	1.13	1.34	1.55	1.77	1.98	2.19	2.40	2.61	2.82	3.04	3.25	3.46
12	其他费用		%	2.2	2.1	1.9	1.8	1.6	1.5	1.4	1.3	1.2	1.2	1.2	1.2

注：人工定额包括指挥、安全维护、记量、场地维护、排水、值班电工、拉电缆及其他用工。

2-9-7 $2m^3$ 装载机装石渣自卸汽车运输

适用范围：露天作业。

工作内容：装、运、卸、空回等。

单位：$100m^3$

定额编号				20342	20343	20344	20345	20346	20347	20348	20349	20350	20351	20352	20353
顺序号	名称		单位	$2m^3$ 装载机装石渣自卸汽车运石渣											
				运距(km)											
				0~0.5	0.5~1	1~1.5	1.5~2	2~3	3~4	4~5	5~6	6~7	7~8	8~9	9~10
1	人工	甲类工	工日	0.1	0.1	0.1	0.1	0.1	0.1	0.1	0.1	0.1	0.1	0.1	0.1
2		乙类工	工日	1.1	1.1	1.1	1.1	1.1	1.1	1.1	1.1	1.1	1.1	1.1	1.1
3		合计	工日	1.2	1.2	1.2	1.2	1.2	1.2	1.2	1.2	1.2	1.2	1.2	1.2
4	机械	装载机 $2m^3$	台班	0.48	0.48	0.48	0.48	0.48	0.48	0.48	0.48	0.48	0.48	0.48	0.48
5		推土机 74kW	台班	0.22	0.22	0.22	0.22	0.22	0.22	0.22	0.22	0.22	0.22	0.22	0.22
6		自卸汽车 3.5t	台班	2.53	3.40	4.26	5.13	6.00	6.86	7.73	8.59	9.46	10.33	11.19	12.06
7		5t	台班	1.98	2.57	3.17	3.76	4.36	4.95	5.55	6.14	6.74	7.33	7.93	8.52
8		8t	台班	1.43	1.81	2.19	2.57	2.95	3.33	3.72	4.10	4.48	4.86	5.24	5.62
9		10t	台班	1.34	1.65	1.95	2.26	2.57	2.88	3.18	3.49	3.80	4.11	4.41	4.72
10		12t	台班	1.16	1.41	1.66	1.91	2.16	2.41	2.67	2.92	3.17	3.42	3.67	3.92
11		15t	台班	1.05	1.26	1.47	1.69	1.90	2.11	2.32	2.53	2.74	2.96	3.17	3.38
12		18t	台班	1.02	1.19	1.37	1.54	1.71	1.88	2.06	2.23	2.40	2.57	2.75	2.92
13	其他费用		%	2.2	2.1	1.9	1.8	1.6	1.5	1.4	1.3	1.2	1.2	1.2	1.2

注：人工定额包括指挥、安全维护、记量、场地维护、排水、值班电工、拉电缆及其他用工。

第3章

砌体工程

说　明

一、本章设置砂石垫层及反滤层、干砌石、浆砌(砖)石、砌体砂浆抹面、砌体砂浆勾缝、砌体拆除、抛石石笼与砂浆拌制等共9节,89个子目。

二、本章定额中的计量单位,除注明外,均按成品方计算。

三、本章定额砖(石)料规格及标准说明:

标准砖:长×宽×厚=240mm×115mm×53mm。

多孔砖:长×宽×厚=240mm×115mm×119mm。

砂:包括天然砂(河砂、山砂)、人工砂和混合料(人工砂与天然砂混合而成)等三种,指粒径小于4.75mm的岩石颗粒。

碎石:指经破碎,加工分级后,粒径大于4.75mm的岩石颗粒。

卵石:指最小粒径大于4.75mm的天然河卵石。

砂砾石:指天然砂卵石混合料。

块石:指厚度大于200mm,长、宽各为厚度的2~3倍,上下两面平行且大致平整,无尖角、薄边的石块。

片石:指厚度大于150mm,宽度为厚度的3倍以上,无一定规则形状的石块。

毛条石:指一般长度大于600mm的长条形四棱方正的石料。

粗料石:由毛条石经过修边打荒加工,外露面方正,各相邻面正交,表面凹凸不超过10mm的石料。

细料石:外露面四楞见线,表面凹凸不超过5mm的石料。

反(过)滤料:指土石坝或一般堆砌石工程的防渗体与坝壳之间的过渡区石料,由粒径、级配均有一定要求的砂、砾石(碎石)组成。

四、各节材料定额中砖石料计量单位:砖为千块;砂、碎石为堆方;块石、卵石为码方;条石、料石为清料方。

五、浆砌砖(石)定额中工作内容已包括勾缝的工作。

六、本章定额中的材料运输已综合到子目中。

3-1　砂石垫层及反滤层

工作内容：修坡、铺筑、压实。

单位：100m³

定额编号				30001	30002	30003	30004
顺序号	名称		单位	粗砂垫层	碎石垫层	砂砾石垫层	反滤层
1	人工	甲类工	工日	2.9	2.8	1.6	3.2
2		乙类工	工日	55.4	53.1	30.3	60.2
3		合计	工日	58.3	55.9	31.9	63.4
4	材料	碎石	m^3		102.00		81.60
5		砂砾石	m^3			102.00	
6		粗砂	m^3	112.00			20.40
7	其他费用		%	1.0	1.0	1.0	1.0

3-2　干砌石

3-2-1　干砌块石

工作内容：选石、修石、砌筑、填缝等。

单位：100m³

定额编号				30005	30006	30007	30008	30009	30010	30011	30012
顺序号	名称		单位	护坡		护底	基础	桥墩	挡土墙	排水沟	填腹石
				平面	曲面						
1	人工	甲类工	工日	4.6	5.0	4.2	4.2	5.3	4.7	5.3	3.6
2		乙类工	工日	87.8	95.1	80.0	78.5	101.8	88.9	100.7	69.0
3		合计	工日	92.4	100.1	84.2	82.7	107.1	93.6	106.0	72.6
4	材料	块石	m^3	118.00	118.00	118.00	118.00	118.00	118.00	118.00	118.00
5	其他费用		%	1.0	1.0	1.0	1.0	1.0	1.0	1.0	1.0

注：干砌卵石人工定额乘 1.12 系数。

3－2－2　干砌条石

工作内容：选石、修石、砌筑、填缝等。

单位：$100m^3$

定额编号				30013	30014
顺序号	名称		单位	干砌毛条石	干砌粗条石
1	人工	甲类工	工日	3.8	3.5
2		乙类工	工日	92.7	85.0
3		合计	工日	96.5	88.5
4	材料	毛条石	m^3	93.00	
5		粗条石	m^3		92.00
6	其他费用		%	1.4	1.5

3－3　浆砌（砖）石

3－3－1　浆砌片石

工作内容：选石、修石、砌筑、勾缝。

单位：$100m^3$

定额编号				30015	30016	30017	30018	30019	30020	30021
顺序号	名称		单位	护坡		护底	基础	挡土墙	桥、闸墩	填腹石
				平面	曲面					
1	人工	甲类工	工日	3.5	4.5	2.4	1.9	3.3	3.8	1.7
2		乙类工	工日	101.1	118.9	80.4	68.6	95.4	105.9	64.9
3		合计	工日	104.6	123.4	82.8	70.5	98.7	109.7	66.6
4	材料	片石	m^3	117.00	117.00	117.00	117.00	117.00	117.00	117.00
5		砂浆	m^3	37.00	37.00	37.00	35.70	36.10	36.50	34.80
6	其他费用		%	0.5	0.5	0.5	0.5	0.5	0.5	0.5
7	砂浆拌制		m^3	37.00	37.00	37.00	35.70	36.10	36.50	34.80

3-3-2 浆砌块石

工作内容:选石、修石、砌筑、勾缝。

单位:$100m^3$

定额编号				30022	30023	30024	30025	30026	30027	30028	30029
顺序号	名称		单位	护坡		护底	基础	挡土墙	桥、闸墩	排水沟	填腹石
				平面	曲面						
1	人工	甲类工	工日	4.0	4.7	3.7	2.5	3.5	4.4	5.2	2.3
2		乙类工	工日	108.8	121.5	102.7	80.6	100.0	116.7	130.9	75.1
3		合计	工日	112.8	126.2	106.4	83.1	103.5	121.1	136.1	77.4
4	材料	块石	m^3	108.00	108.00	108.00	108.00	108.00	108.00	108.00	108.00
5		砂浆	m^3	35.15	35.15	35.15	34.65	34.65	34.65	35.15	34.00
6	其他费用		%	0.5	0.5	0.5	0.5	0.5	0.5	0.5	0.5
7	砂浆拌制		m^3	35.15	35.15	35.15	34.65	34.65	34.65	35.15	34.00

3-3-3 浆砌卵石

工作内容:选石、修石、砌筑、勾缝。

单位:$100m^3$

定额编号				30030	30031	30032	30033	30034	30035	30036	30037
顺序号	名称		单位	护坡		护底	基础	挡土墙	桥、闸墩	排水沟	填腹石
				平面	曲面						
1	人工	甲类工	工日	5.6	6.7	4.7	3.7	5.2	6.1	5.7	3.2
2		乙类工	工日	140.2	161.7	124.2	103.8	131.3	149.4	141.5	105.0
3		合计	工日	145.8	168.4	128.9	107.5	136.5	155.5	147.2	108.2
4	材料	卵石	m^3	105.00	105.00	105.00	105.00	105.00	105.00	105.00	105.00
5		砂浆	m^3	37.00	37.00	37.00	35.70	36.10	36.35	37.00	37.00
6	其他费用		%	0.5	0.5	0.5	0.5	0.5	0.5	0.5	0.5
7	砂浆拌制		m^3	37.00	37.00	37.00	35.70	36.10	36.35	37.00	37.00

3-3-4　浆砌条料石

工作内容：选石、修石、砌筑、养护。

单位：100m³

定额编号				30038	30039	30040	30041	30042	30043	30044
顺序号	名称		单位	平面护坡	护底	基础	挡土墙	桥、闸墩	帽石	防浪墙
1	人工	甲类工	工日	4.9	4.0	3.2	4.2	5.0	8.7	6.8
2		乙类工	工日	117.1	99.7	83.0	102.5	119.2	186.2	152.7
3		合计	工日	122.0	103.7	86.2	106.7	124.2	194.9	159.5
4	材料	毛条石	m^3	86.70	86.70	86.70	65.30	36.70		
5		粗料石	m^3				21.40	50.00		
6		细料石	m^3						86.70	86.70
7		砂浆	m^3	26.00	26.00	25.00	25.30	25.50	23.00	23.00
8	其他费用		%	0.5	0.5	0.5	0.5	0.5	0.5	0.5
9	砂浆拌制		m^3	26.00	26.00	25.00	25.30	25.50	23.00	23.00

注：1. 挡土墙、桥闸墩砌体表面不需加工的，粗料石量并入毛料石计算。

2. 防浪墙、帽石砌体表面只需粗加工的，细料石改为粗料石，用石量改为 98m³，砌筑砂浆改为 14m³。

3. 护坡、护底砌体表面需加工的，毛条石改为粗料石，用量不变。

3-3-5　浆砌石坝

工作内容：凿毛、选石、修石、砌筑、勾缝、养护、搭拆跳板。

单位：100m³

定额编号				30045	30046	30047	30048
顺序号	名称		单位	块石重力坝		条石拱坝	
				浆砌	混凝土砌	浆砌	混凝土砌
1	人工	甲类工	工日	5.5	7.5	5.3	7.0
2		乙类工	工日	105.5	142.6	101.7	134.0
3		合计	工日	111.0	150.1	107.0	141.0
4	材料	毛条石	m^3			91.00	
5		粗条石	m^3				58.00
6		块石	m^3	114.00	88.00		
7		混凝土一级配	m^3		56.65		52.52
8		砂浆	m^3	38.40		25.00	
9	机械	振捣器(插入式)2.2kW	台班		12.50		12.50
10		砂浆搅拌机	台班	1.22	2.00	0.70	1.74
11		双胶轮车	台班	50.99	56.87	58.00	59.82
12	其他费用		%	1.0	1.0	1.0	1.0

3－3－6　浆砌渠

工作内容：选修石、冲洗、砌筑、勾缝。

单位：$100m^3$

定额编号				30049	30050	30051	30052	30053	30054	30055	30056	30057	30058
顺序号	名称		单位	非岩石地基					岩石地基				
				块石		条(料)石			块石		条(料)石		
				渠底宽度(m)									
				≤1	>1	≤2	2～3	>3	≤1	>1	≤2	2～3	>3
1	人工	甲类工	工日	5.2	3.7	5.0	4.5	4.2	4.9	4.1	4.0	3.4	3.2
2		乙类工	工日	129.1	102.4	117.8	108.5	103.3	136.6	122.3	111.7	100.1	96.3
3		合计	工日	134.3	106.1	122.8	113.0	107.5	141.5	126.4	115.7	103.5	99.5
4	材料	毛条石	m^3			86.70	86.70	86.70			86.70	86.70	86.70
5		块石	m^3	115.00	115.00				115.00	115.00			
6		砂浆	m^3	35.30	35.30	26.00	26.00	26.00	47.80	47.80	38.50	38.50	38.50
7	其他费用		%	1.0	1.0	1.0	1.0	1.0	1.0	1.0	1.0	1.0	1.0
8	砂浆拌制		m^3	35.30	35.30	26.00	26.00	26.00	47.80	47.80	38.50	38.50	38.50

3－3－7　浆砌石拱圈

工作内容：拱架模板制作、安装、拆除、选石、冲洗、修石、砌筑、勾缝。

单位：$100m^3$

定额编号				30059	30060
顺序号	名称		单位	料石拱	块石拱
1	人工	甲类工	工日	8.4	7.2
2		乙类工	工日	183.4	167.3
3		合计	工日	191.8	174.5
4	材料	块石	m^3		118.00
5		料石	m^3	86.70	
6		砂浆	m^3	25.90	35.40
7		锯材	m^3	2.75	2.75
8	其他费用		%	5.0	5.0
9	砂浆拌制		m^3	25.90	35.40

3-3-8 砌混凝土预制块

工作内容：砌筑、勾缝。

单位：$100m^3$

定额编号				30061	30062	30063	30064
顺序号	名称		单位	护坡、护底	栏杆	挡土墙、桥台、闸墩	干砌
1	人工	甲类工	工日	3.8	5.1	3.7	22.4
2		乙类工	工日	85.9	111.9	84.7	52.2
3		合计	工日	89.7	117.0	88.4	74.6
4	材料	混凝土预制块	m^3	92.00	92.00	92.00	98.00
5		砂浆	m^3	16.00	17.30	15.50	
6	其他费用		%	0.1	0.1	0.1	0.1
7	砂浆拌制		m^3	16.00	17.30	15.50	

3-3-9 浆砌预制混凝土板

适用范围：渠道护坡、护底。

工作内容：砌筑、勾缝。

单位：$100m^3$

定额编号				30065	30066	30067	30068
顺序号	名称		单位	厚度(mm)			
				40~80	80~120	120~160	160~200
1	人工	甲类工	工日	5.3	3.5	2.6	2.2
2		乙类工	工日	122.1	84.1	67.6	58.1
3		合计	工日	127.4	87.6	70.2	60.3
4	材料	混凝土预制板	m^3	90.00	90.00	90.00	90.00
5		砂浆	m^3	23.70	20.40	19.00	18.20
6	其他费用		%	0.3	0.3	0.3	0.3
7	砂浆拌制		m^3	23.70	20.40	19.00	18.20

3－3－10　浆砌标准砖

工作内容:砌筑、勾缝。

单位:100m³

定额编号				30069	30070	30071	30072
顺序号	名称		单位	基础	护坡护底	挡土墙、桥台、闸墩	拱圈
1	人工	甲类工	工日	11.4	3.1	4.7	4.7
2		乙类工	工日	192.3	81.4	113.6	112.4
3		合计	工日	203.7	84.5	118.3	117.1
4	材料	标准砖	千块	54.60	52.40	54.00	53.00
5		砂浆	m³	26.20	24.00	25.60	24.70
6	其他费用		%	0.2	0.2	0.2	0.2
7	砂浆拌制		m³	26.20	24.00	25.60	24.70

3－3－11　浆砌空心砖

工作内容:砌筑、勾缝。

单位:100m³

定额编号				30073	30074
顺序号	名称		单位	护坡护底	挡土墙、桥台、闸墩
1	人工	甲类工	工日	8.2	8.0
2		乙类工	工日	141.4	138.8
3		合计	工日	149.6	146.8
4	材料	空心砖	千块	33.60	33.26
5		砂浆	m³	25.36	24.90
6	其他费用		%	0.2	0.2
7	砂浆拌制		m³	25.36	24.90

3－4　砌体砂浆抹面

工作内容：清洗表面、抹灰、压光。

单位：$100m^2$

定额编号				30075	30076	30077	30078
顺序号	名称		单位	厚 20mm			每增减厚 10mm
				平面	立面	拱面	
1	人工	甲类工	工日	0.3	0.4	0.9	0.1
2		乙类工	工日	7.7	10.1	20.2	2.5
3		合计	工日	8.0	10.5	21.1	2.6
4	材料	砂浆	m^3	2.10	2.30	2.50	1.05
5	其他费用		%	3.2	3.2	3.2	
6	砂浆拌制		m^3	2.10	2.30	2.50	1.05

3－5　砌体砂浆勾缝

适用范围：干砌石面勾缝。

工作内容：清扫石面、勾缝、养护、场内材料运输。

单位：$100m^3$

定额编号				30079
顺序号	名称		单位	干砌石面
1	人工	甲类工	工日	0.8
2		乙类工	工日	12.7
3		合计	工日	13.5
4	材料	水泥砂浆	m^3	0.91
5		草袋	个	47.72
6	其他费用		%	3.2
7	砂浆拌制		m^3	0.91

3－6 砌体拆除

适用范围:块、条、料石及砖,基本运距30m。

工作内容:拆除、清理、堆放。

单位:100m³

定额编号				30080	30081	30082	30083	30084
顺序号	名称		单位	水泥浆砌石	白灰浆砌石	干砌石	白灰浆砌砖	水泥浆砌砖
1	人工	甲类工	工日	8.8	7.0	3.4	8.0	9.3
2		乙类工	工日	166.5	133.1	64.6	151.1	176.6
3		合计	工日	175.3	140.1	68.0	159.1	185.9
4	其他费用		%	1.2	1.6	1.8	2.0	2.2

3－7 抛　石

适用范围:护底、护岸。

工作内容:人工装卸胶轮车运、抛投、清理等。

单位:100m³

定额编号				30085
顺序号	名称		单位	抛石
1	人工	甲类工	工日	1.5
2		乙类工	工日	29.1
3		合计	工日	30.6
4	材料	块石	m³	103.00
5	其他费用		%	0.2

3－8 石　笼

适用范围：护底、护岸。

工作内容：编笼、安放、运石、装填、封口、抛石、整平。

单位：$100m^3$ 抛投方

定额编号				30086	30087
顺序号	名称		单位	钢筋笼	铅丝笼
1	人工	甲类工	工日	4.0	3.5
2		乙类工	工日	76.9	66.0
3		合计	工日	80.9	69.5
4	材料	铅丝	kg		397.00
5		钢筋	t	1.70	
6		块石	m^3	113.00	113.00
7	其他费用		%	2.0	2.0

3－9 砂浆拌制

工作内容：配运水泥、细骨料，投料、加水、加外加剂、搅拌、出料、清洗等。

单位：$100m^3$

定额编号				30088	30089
顺序号	名称		单位	人工拌制	机械拌制
1	人工	甲类工	工日	12.0	14.1
2		乙类工	工日	136.0	31.1
3		合计	工日	148.0	45.2
4	机械	砂浆搅拌机 $0.20m^3$	台班		11.80
5		双胶轮车	台班		13.28
6	其他费用		%	1.0	1.0

注：双胶轮车斗容 $0.12m^3$ 左右，其他斗容近似的手推车，均适用本定额。

第4章

混凝土工程

说　明

一、本章定额包括现浇混凝土、混凝土预制运输及安装、钢筋的制作与安装以及混凝土的拌制、运输、止水等定额共35节,285个子目。

二、本章定额的计量单位,除注明者外,均为建筑物或构筑物的成品实体方。

三、材料定额中的“混凝土”一项,是指完成单位产品所需的混凝土半成品量,其中包括冲(凿)毛、干缩、施工损耗、运输损耗等的消耗量在内。混凝土半成品的单价,指计算配置混凝土所需水泥、砂石骨料、水、掺合料及其外加剂等的用量及单价。各项材料的用量,应按试验资料计算;没有试验资料时,可采用本定额附录中的混凝土材料配合表列示量。

四、本章现浇和预制混凝土的主要工作内容,除注明者外均包括:凿毛、冲洗、清仓、混凝土的配料、拌制、浇筑、振捣、养护、模板及支撑的制作、安装、拆除、维修以及场内运输和辅助工作,预制混凝土还包括预制场内的混凝土运输。

五、混凝土定额中,模板:

(一)除已标明木支撑的定额外,均以钢支撑(或钢木支撑)为主。定额根据不同的工程部位,按照常用的施工方法确定钢、木比例,使用定额时不作调整。

(二)模板材料均按预算消耗量计算,包括制作、安装、拆除、维修的消耗、损耗,并考虑了周转和回收。

(三)模板定额中已综合考虑平面模板、异型模板、曲面模板所需耗用的木材,实际施工所用的模板类型、含量、比例不同时,不作调整。

(四)模板定额中的材料,除模板本身外,还包括支撑模板的立柱、铁件等,其范围计算到支撑模板结构的承重梁(或枋)为止。对于悬空建筑物、承重梁(或枋)以下的支撑结构以及使用拉模、滑模所需钢模台车的支撑、构架、滑轨等,未包括在本定额内。

六、混凝土拌制

(一)现浇混凝土定额各节,未列拌制混凝土所需的人工和机械,混凝土拌制按有关定额计算。

(二)搅拌机清洗用水已计入拌制定额的其他费用中。

(三)混凝土拌制定额均以半成品方为单位计算,不含施工损耗和运输损耗所消耗的人工、材料、机械的数量和费用。

七、混凝土运输

(一)“混凝土水平运输”是指混凝土自搅拌机出料口至混凝土浇筑仓面的全部水平运输;“混凝土垂直运输”是指混凝土浇筑过程中,运混凝土至浇筑仓面的全部垂直运输。

(二)混凝土的水平运输费用应根据设计选定的运输方式、设备类型,按有关运输定额计算其综合单价;混凝土的垂直运输费用已综合在定额中。

(三)混凝土构件的预制、运输及吊(安)装定额中,若预制混凝土构件重量超过定额中起重机械起重量时,可用相应起重量机械替换,台班数不作调整。

(四)混凝土运输定额均以半成品方为单位计算,不含施工损耗和运输损耗所消耗的人工、材料、机械的数量和费用。

八、混凝土配合比的各项材料用量应根据工程试验提供的资料计算,若无试验资料时,可参照附录的"混凝土配合比参考表"中的混凝土材料配合比计算。

九、钢筋制作安装定额,不分部位、规格型号均以"t"为计量单位综合计算。

十、预制混凝土构件运输

(一)双胶轮车运距不超过1km,当运距超过500m时,超过部分按1.05系数调整;

(二)当道路路面状态不同时,乘以表4-1系数。

表4-1

道路路面	混凝土	土	砂石	砂卵石	卵碎石
双胶轮车	0.8	1	1.1	1.15	1.2

(三)汽车运输,运距不超过10km。

十一、混凝土构件吊(安)装,仅是吊装过程中所需的人工、材料、机械的使用量。构件送达安装地的运输费用,根据设计选定的运输方式和设备类型,按有关定额子目计算。

十二、混凝土预制构件安装一节,仅是安装部分定额。制作和运输部分,已包括在预制构件的预算单价中。

4－1 溢流面

适用范围:溢流坝溢流面及圬工砌体外包混凝土溢流面。

工作内容:钢滑模安装、滑升、拆除混凝土浇筑、凿毛、清洗、抹面、养护等。

单位:$100m^3$

定额编号				40001
顺序号	名称		单位	溢流面
1	人工	甲类工	工日	48.5
2		乙类工	工日	153.6
3		合计	工日	202.1
4	材料	锯材	m^3	0.19
5		钢滑模	kg	302.00
6		组合钢模板	kg	7.13
7		型钢	kg	17.03
8		卡扣件	kg	22.13
9		铁件	kg	10.62
10		预埋铁件	kg	35.75
11		电焊条	kg	0.56
12		混凝土	m^3	103.00
13		水	m^3	120.00
14	机械	电焊机 直流 30kVA	台班	0.16
15		振捣器(插入式) 2.2kW	台班	4.11
16		风水(砂)枪	台班	1.89
17		油压滑模设备	台班	1.00
18	其他费用		%	5.0
19	混凝土拌制		m^3	103.00
20	混凝土运输		m^3	103.00

注:滑模按溢流面曲线长度 50m 计,曲线长度每增加 10m,滑模定额乘以下表系数。

曲线长度(m)	0～50	50～60	60～70	70～80	80～90	90～100
系数	1.00	0.78	0.75	0.72	0.70	0.68

4 -2 溢流堰、陡坡跌水

适用范围:溢洪道的溢流堰,渠道、沟及混凝土渡槽上的陡坡跌水。

工作内容:模板制作、安装、拆除,混凝土浇筑、振捣、养护等。

单位:100m³

定额编号				40002
顺序号	名称		单位	溢流堰、陡坡跌水
1	人工	甲类工	工日	45.4
2		乙类工	工日	143.6
3		合计	工日	189.0
4	材料	锯材	m^3	0.04
5		组合钢模板	kg	18.40
6		型钢	kg	44.10
7		卡扣件	kg	59.20
8		铁件	kg	9.50
9		预埋铁件	kg	71.30
10		电焊条	kg	1.50
11		混凝土	m^3	103.00
12		水	m^3	100.00
13	机械	电焊机 直流30kVA	台班	0.40
14		振捣器(插入式) 2.2kW	台班	7.80
15		风水(砂)枪	台班	2.25
16	其他费用		%	5.0
17	混凝土拌制		m^3	103.00
18	混凝土运输		m^3	103.00

4－3 消力坎

适用范围：低水头水工建筑物的消力坎。

工作内容：模板制作、安装、拆除，混凝土浇筑、振捣、养护等。

单位：100m³

定额编号				40003	40004
顺序号	名称		单位	有宽缝	无宽缝
1	人工	甲类工	工日	32.9	29.4
2		乙类工	工日	104.2	93.1
3		合计	工日	137.1	122.5
4	材料	锯材	m^3	0.84	0.82
5		组合钢模板	kg	17.84	11.70
6		型钢	kg	34.71	27.97
7		卡扣件	kg	57.24	37.55
8		铁件	kg	17.31	15.51
9		预埋铁件	kg	92.51	72.07
10		电焊条	kg	1.32	0.92
11		铁钉	kg	5.08	4.72
12		混凝土	m^3	103.00	103.00
13		水	m^3	100.00	90.00
14	机械	电焊机 直流30kVA	台班	0.36	0.27
15		振捣器(插入式) 2.2kW	台班	6.00	6.00
16		风水(砂)枪	台班	5.59	5.59
17	其他费用		%	5.0	5.0
18	混凝土拌制		m^3	103.00	103.00
19	混凝土运输		m^3	103.00	103.00

4－4 现浇混凝土垫层

适用范围：建筑物基础、垫层及辅助房屋地坪。

工作内容：模板制作、安装、拆除、混凝土浇筑、振捣、养护。

单位：100m³

定额编号				40005
顺序号	名称		单位	垫层
1	人工	甲类工	工日	16.1
2		乙类工	工日	46.7
3		合计	工日	62.8

续表

定额编号				40005
顺序号	名称		单位	垫层
4	材料	锯材	m^3	0.30
5		铁钉	kg	20.45
6		混凝土	m^3	103.00
7		水	m^3	82.00
8	机械	振捣器 （插入式） 2.2kW	台班	8.90
9	其他费用		%	1.0
10	混凝土拌制		m^3	103.00
11	混凝土运输		m^3	103.00

4－5 闸底板

适用范围：水闸、泄水闸、排沙闸底板。

工作内容：模板制作、安装、拆除，混凝土浇筑、振捣、养护等。

单位：100m^3

定额编号				40006	40007
顺序号	名称		单位	中孔底板	连底式岸墙底板直升门
1	人工	甲类工	工日	26.3	27.2
2		乙类工	工日	61.3	63.5
3		合计	工日	87.6	90.7
4	材料	锯材	m^3	0.16	0.33
5		组合钢模板	kg	3.59	8.54
6		型钢	kg	8.54	20.33
7		卡扣件	kg	9.76	23.23
8		铁件	kg	20.00	40.00
9		预埋铁件	kg	34.37	54.08
10		电焊条	kg	0.73	1.15
11		铁钉	kg	0.39	0.70
12		混凝土	m^3	103.00	103.00
13		水	m^3	100.00	100.00
14	机械	电焊机 直流30kVA	台班	0.21	0.33
15		振捣器(插入式) 2.2kW	台班	4.60	4.60
16		风水(砂)枪	台班	1.00	1.00
17	其他费用		%	5.0	5.0
18	混凝土拌制		m^3	103.00	103.00
19	混凝土运输		m^3	103.00	103.00

4－6　铺盖、护坦、消力池

适用范围：一般水闸前铺盖，闸后护坦、消力池。

工作内容：模板制作、安装、拆除，混凝土浇筑、振捣、养护等。

单位：$100m^3$

定额编号				40008	40009	40010	40011
顺序号	名称		单位	铺盖	护坦		消力池
					水平	陡坡	
1	人工	甲类工	工日	26.3	29.0	31.9	25.5
2		乙类工	工日	61.4	74.7	97.4	80.7
3		合计	工日	87.7	103.7	129.3	106.2
4	材料	锯材	m^3	0.15	0.16	0.18	0.30
5		组合钢模板	kg		5.61	0.92	5.61
6		预埋铁件	kg	0.07	4.05	12.70	4.05
7		铁钉	kg	0.36	0.18	2.66	0.18
8		混凝土	m^3	103.00	103.00	103.00	103.00
9		水	m^3	90.00	100.00	100.00	100.00
10	机械	振捣器(插入式) 2.2kW	台班	9.18	9.18	9.18	9.18
11	其他费用		%	5.0	5.0	5.0	5.0
12	混凝土拌制		m^3	103.00	103.00	103.00	103.00
13	混凝土运输		m^3	103.00	103.00	103.00	103.00

4-7 现浇混凝土渠道

4-7-1 明渠(边坡陡于1:1)

适用范围:边坡陡于1:1(含1:1)的引水、泄水灌溉渠道。

工作内容:模板制作、安装、拆除,混凝土浇筑、振捣、养护等。

单位:$100m^3$

顺序号	名称		单位	40012	40013	40014	40015	40016
				衬砌厚度(mm)				
				100~150	150~250	250~350	350~450	450以上
1	人工	甲类工	工日	29.3	23.8	20.4	20.1	19.4
2		乙类工	工日	92.8	75.5	64.7	63.7	61.6
3		合计	工日	122.1	99.3	85.1	83.8	81.0
4	材料	锯材	m^3	0.18	0.16	0.14	0.13	0.12
5		钢滑模	kg	78.40	49.00	32.60	24.50	19.60
6		混凝土	m^3	103.00	103.00	103.00	103.00	103.00
7		水	m^3	180.00	180.00	160.00	160.00	140.00
8	机械	振捣器(插入式) 2.2kW	台班	11.00	11.00	8.90	8.90	8.90
9		风水(砂)枪	台班	22.00	11.00	7.33	5.50	4.40
10	其他费用		%	5.0	5.0	5.0	5.0	5.0
11	混凝土拌制		m^3	103.00	103.00	103.00	103.00	103.00
12	混凝土运输		m^3	103.00	103.00	103.00	103.00	103.00

注:本定额不适用于渐变段和边墙为重力式的明渠。

4-7-2　明渠(边坡缓于1:1)

适用范围:边坡缓于1:1的引水、泄水灌溉渠道。

工作内容:模板制作、安装、拆除,混凝土浇筑、振捣、养护等。

单位:$100m^3$

定额编号				40017	40018	40019	40020
顺序号	名称		单位	衬砌厚度(mm)			
				≤100	100～150	150～250	250～350
1	人工	甲类工	工日	48.1	47.5	39.0	31.7
2		乙类工	工日	152.4	150.5	123.4	100.3
3		合计	工日	200.5	198.0	162.4	132.0
4	材料	锯材	m^3	0.80	0.70	0.60	0.60
5		组合钢模板	kg	36.72	36.72	36.72	36.72
6		混凝土	m^3	103.00	103.00	103.00	103.00
7		水	m^3	130.00	130.00	130.00	130.00
8	机械	振捣器(插入式)　2.2kW	台班	11.00	11.00	11.00	8.90
9		风水(砂)枪	台班	0.50	0.50	0.50	0.50
10	其他费用		%	5.0	5.0	5.0	5.0
11	混凝土拌制		m^3	103.00	103.00	103.00	103.00
12	混凝土运输		m^3	103.00	103.00	103.00	103.00

注:本定额不适用于渐变段和边墙为重力式的明渠。

4－7－3 矩形暗渠

适用范围:引水渠道。

工作内容:模板制作、安装、拆除,混凝土浇筑、振捣、养护等。

单位:100m³

定额编号				40021	40022	40023	40024	40025	40026
顺序号	名称		单位	双孔			单孔		
				衬砌厚度(mm)					
				250～400	400～600	≥600	250～400	400～600	≥600
1	人工	甲类工	工日	46.7	37.7	30.6	50.0	39.7	32.0
2		乙类工	工日	147.9	119.3	97.0	158.4	125.8	101.4
3		合计	工日	194.6	157.0	127.6	208.4	165.5	133.4
4	材料	锯材	m^3	0.14	0.14	0.12	0.22	0.17	0.14
5		组合钢模板	kg	181.36	120.74	90.18	199.00	134.77	100.20
6		型钢	kg	87.86	60.26	45.13	92.31	62.70	47.08
7		卡扣件	kg	88.14	58.89	44.02	93.12	62.82	46.74
8		预埋铁件	kg	126.06	86.46	65.01	133.61	90.83	68.20
9		电焊条	kg	0.46	0.32	0.25	0.46	0.32	0.25
10		铁钉	kg	0.50	0.50	0.43	0.80	0.60	0.50
11		混凝土	m^3	103.00	103.00	103.00	103.00	103.00	103.00
12		水	m^3	160.00	140.00	140.00	160.00	140.00	140.00
13	机械	电焊机 直流 30kVA	台班	0.13	0.09	0.07	0.13	0.09	0.07
14		振捣器(插入式) 2.2kW	台班	11.00	8.90	8.90	11.00	8.90	8.90
15		风水(砂)枪	台班	1.48	1.04	0.85	1.48	1.04	0.85
16		载重汽车 5t	台班	0.15	0.11	0.08	0.22	0.12	0.09
17	其他费用		%	5.0	5.0	5.0	5.0	5.0	5.0
18	混凝土拌制		m^3	103.00	103.00	103.00	103.00	103.00	103.00
19	混凝土运输		m^3	103.00	103.00	103.00	103.00	103.00	103.00

4-7-4 矩形明渠

适用范围:土壤基础上的槽形整体。

工作内容:模板制作、安装、拆除,混凝土浇筑、振捣、养护等。

单位:$100m^3$

定额编号				40027
顺序号	名称		单位	矩形明渠
1	人工	甲类工	工日	33.3
2		乙类工	工日	70.8
3		合计	工日	104.1
4	材料	锯材	m^3	0.21
5		组合钢模板	kg	10.26
6		型钢	kg	24.53
7		卡扣件	kg	32.96
8		铁件	kg	0.76
9		预埋铁件	kg	38.28
10		电焊条	kg	0.81
11		铁钉	kg	0.84
12		铁丝	kg	0.08
13		混凝土	m^3	103.00
14		水	m^3	100.00
15	机械	载重汽车 5t	台班	0.15
16		汽车起重机 5t	台班	0.01
17		电焊机 直流30kVA	台班	0.23
18		振捣器(插入式) 2.2kW	台班	8.90
19		风水(砂)枪	台班	3.73
20	其他费用		%	5.0
21	混凝土拌制		m^3	103.00
22	混凝土运输		m^3	103.00

4－8　混凝土护坡

适用范围：灌溉、引水、泄水沟渠边坡。

工作内容：模板制作、安装、拆除，混凝土浇筑、振捣、养护等。

单位：$100m^3$

定额编号				40028	40029
顺序号	名称		单位	厚度(mm)	
				≤150	>150
1	人工	甲类工	工日	76.5	58.9
2		乙类工	工日	130.2	100.3
3		合计	工日	206.7	159.2
4	材料	锯材	m^3	0.90	0.70
5		组合钢模板	kg	36.72	36.72
6		预埋铁件	kg	10.23	10.23
7		铁钉	kg	2.20	1.68
8		混凝土	m^3	103.00	103.00
9		水	m^3	130.00	130.00
10	机械	振捣器(插入式)　2.2kW	台班	9.18	9.18
11	其他费用		%	5.0	5.0
12	混凝土拌制		m^3	103.00	103.00
13	混凝土运输		m^3	103.00	103.00

4－9　涵洞顶板及底板

适用范围：一般涵洞顶、底板。

工作内容：模板制作、安装、拆除，混凝土浇筑、振捣、养护等。

单位：$100m^3$

定额编号				40030	40031	40032	40033	40034
顺序号	名称		单位	顶板				底板
				净跨(m)				
				≤2		2～3		
				洞顶填土高度(m)				
				≤2	>2	≤3	>3	
1	人工	甲类工	工日	31.9	30.8	29.9	29.5	27.9
2		乙类工	工日	113.0	109.1	106.0	104.5	98.8
3		合计	工日	144.9	139.9	135.9	134.0	126.7
4	材料	锯材	m^3	0.38	0.33	0.30	0.25	0.14
5		组合钢模板	kg	10.20	8.80	7.90	6.84	2.93
6		型钢	kg	24.56	21.03	18.70	16.34	7.00
7		卡扣件	kg	36.50	28.25	21.30	18.70	9.42
8		铁件	kg	0.76	0.65	0.58	0.51	0.22
9		电焊条	kg	0.50	0.36	0.36	0.22	0.08
10		混凝土	m^3	103.00	103.00	103.00	103.00	103.00
11		水	m^3	90.00	90.00	90.00	90.00	90.00
12	机械	电焊机　直流 30kVA	台班	0.22	0.19	0.17	0.15	0.06
13		振捣器(插入式) 2.2kW	台班	8.90	8.90	8.90	8.90	8.90
14		风水(砂)枪	台班	3.73	3.73	3.73	3.73	3.73
15	其他费用		%	5.0	5.0	5.0	5.0	5.0
16	混凝土拌制		m^3	103.00	103.00	103.00	103.00	103.00
17	混凝土运输		m^3	103.00	103.00	103.00	103.00	103.00

4-10 涵洞

适用范围:一般箱式、城门式涵洞。

工作内容:模板制作、安装、拆除,混凝土浇筑、振捣、养护等。

单位:$100m^3$

定额编号				40035	40036	40037
顺序号	名称		单位	箱式		拱式
				净面积(m^2) ≤2	净面积(m^2) >2	
1	人工	甲类工	工日	70.1	71.6	95.8
2		乙类工	工日	114.4	112.1	163.0
3		合计	工日	184.5	183.7	258.8
4	材料	锯材	m^3	0.66	0.61	0.81
5		组合钢模板	kg	128.22	119.26	86.50
6		预埋铁件	kg	57.56	53.55	38.82
7		铁钉	kg	1.72	1.60	1.16
8		混凝土	m^3	103.00	103.00	103.00
9		水	m^3	90.00	90.00	90.00
10	机械	振捣器(插入式) 2.2kW	台班	9.18	9.18	9.18
11	其他费用		%	5.0	5.0	5.0
12	混凝土拌制		m^3	103.00	103.00	103.00
13	混凝土运输		m^3	103.00	103.00	103.00

4－11 闸 墩

适用范围：水闸闸墩。

工作内容：模板制作、安装、拆除，混凝土浇筑、振捣、养护、抹面、清理、凿毛等。

单位：$100m^3$

定额编号				40038	40039	40040	40041	40042	40043	40044	40045
顺序号	名称		单位	整墩				半墩			
				墩厚（m 以下）							
				0.6	0.8	1.2	1.6	0.4	0.6	0.8	1.0
1	人工	甲类工	工日	72.5	66.7	56.0	46.0	77.0	73.0	69.0	59.0
2		乙类工	工日	114.9	106.1	88.5	72.7	125.0	116.2	109.4	93.6
3		合计	工日	187.4	173.1	144.5	118.7	202.0	189.2	178.4	152.6
4	材料	锯材	m^3	2.04	1.84	1.44	1.13	2.19	1.89	1.59	1.32
5		组合钢模板	kg	96.96	87.9	69.79	53.43	107.99	92.69	77.39	63.30
6		型钢	kg	231.33	209.19	164.91	127.17	256.99	220.59	184.19	150.64
7		卡扣件	kg	138.64	124.36	95.81	75.84	136.81	119.82	102.83	86.13
8		铁件	kg	212.83	191.35	148.4	115.05	211.60	182.70	153.80	126.00
9		预埋铁件	kg	316.58	286.70	226.95	175.20	368.00	313.50	259.00	210.00
10		电焊条	kg	9.03	8.14	6.37	5.02	10.41	8.77	7.13	5.90
11		混凝土	m^3	103.00	103.00	103.00	103.00	103.00	103.00	103.00	103.00
12		水	m^3	80.00	80.00	80.00	80.00	80.00	80.00	80.00	80.00
13	机械	电焊机 直流 30kVA	台班	2.39	2.19	1.8	1.42	2.46	2.24	2.02	1.66
14		振捣器（插入式） 2.2kW	台班	5.90	5.90	5.90	5.90	5.90	5.90	5.90	5.90
15		风水（砂）枪	台班	1.73	1.73	1.73	1.73	1.73	1.73	1.73	1.73
16	其他费用		%	5.0	5.0	5.0	5.0	5.0	5.0	5.0	5.0
17	混凝土拌制		m^3	103.00	103.00	103.00	103.00	103.00	103.00	103.00	103.00
18	混凝土运输		m^3	103.00	103.00	103.00	103.00	103.00	103.00	103.00	103.00

4－12　管道镇墩、支墩

适用范围：管道镇墩、支墩等。

工作内容：模板制作、安装、拆除，混凝土浇筑、振捣、养护等。

单位：$100m^3$

定额编号				40046	40047
顺序号	名称		单位	管道镇墩	管道支墩
1	人工	甲类工	工日	86.6	74.3
2		乙类工	工日	141.3	121.3
3		合计	工日	227.9	195.6
4	材料	锯材	m^3	0.83	0.10
5		组合钢模板	kg	103.85	123.36
6		型钢	kg	83.08	59.14
7		卡扣件	kg	51.93	68.50
8		预埋铁件	kg	328.90	84.00
9		铁钉	kg	4.40	4.40
10		电焊条	kg	6.91	8.90
11		混凝土	m^3	103.00	103.00
12		水	m^3	100.00	110.00
13	机械	振捣器（插入式）　2.2kW	台班	6.12	8.57
14		电焊机　直流30kVA	台班	2.01	2.37
15		风水（砂）枪	台班	2.55	2.55
16	其他费用		%	5.0	5.0
17	混凝土拌制		m^3	103.00	103.00
18	混凝土运输		m^3	103.00	103.00

4－13 挡土墙、岸墙、翼墙

适用范围：水闸及一般挡土墙、岸墙、翼墙。

工作内容：模板制作、安装、拆除，混凝土浇筑、振捣、养护、抹面、清理、凿毛等。

单位：100m^3

定额编号				40048	40049	40050	40051	40052
顺序号	名称		单位	重力式	悬臂式	扶垛式	空箱式	连底式岸墙直墙部分
1	人工	甲类工	工日	31.1	34.6	34.6	35.5	31.8
2		乙类工	工日	84.1	93.4	93.6	96.0	86.0
3		合计	工日	115.2	128.0	128.2	131.5	117.8
4	材料	锯材	m^3	0.26	0.57	0.60	0.73	0.37
5		组合钢模板	kg	9.35	19.06	20.04	17.60	0.75
6		型钢	kg	19.84	45.49	47.90	42.18	25.71
7		卡扣件	kg	26.68	61.20	64.34	56.49	34.52
8		铁件	kg	6.20	14.20	14.90	12.69	8.00
9		预埋铁件	kg	30.99	71.05	74.80	65.71	40.08
10		电焊条	kg	0.67	1.51	1.59	1.45	0.86
11		混凝土	m^3	103.00	103.00	103.00	103.00	103.00
12		水	m^3	70.00	70.00	70.00	70.00	70.00
13	机械	振捣器(插入式) 2.2kW	台班	8.85	8.85	8.85	8.85	8.85
14		电焊机　直流30kVA	台班	0.18	0.41	0.43	0.37	0.24
15		风水(砂)枪	台班	3.65	3.65	3.65	3.65	3.60
16	其他费用		%	5.0	5.0	5.0	5.0	5.0
17	混凝土拌制		m^3	103.00	103.00	103.00	103.00	103.00
18	混凝土运输		m^3	103.00	103.00	103.00	103.00	103.00

4-14 整体槽

适用范围:土壤基础上的整体槽。

工作内容:模板制作、安装、拆除,混凝土浇筑、振捣、养护等。

单位:$100m^3$

定额编号				40053
顺序号	名称		单位	整体槽
1	人工	甲类工	工日	33.3
2		乙类工	工日	70.8
3		合计	工日	104.1
4	材料	锯材	m^3	0.21
5		组合钢模板	kg	10.26
6		型钢	kg	24.53
7		卡扣件	kg	32.96
8		铁件	kg	0.76
9		预埋铁件	kg	38.28
10		电焊条	kg	0.81
11		铁钉	kg	0.84
12		铁丝	kg	0.08
13		预制混凝土柱	m^3	0.08
14		混凝土	m^3	103.00
15		水	m^3	100.00
16	机械	载重汽车 5t	台班	0.15
17		汽车起重机 5t	台班	0.01
18		电焊机 直流30kVA	台班	0.23
19		振捣器(插入式) 2.2kW	台班	8.90
20		风水(砂)枪	台班	3.73
21	其他费用		%	5.0
22	混凝土拌制		m^3	103.00
23	混凝土运输		m^3	103.00

4－15　渡槽槽身

适用范围:引水渠道。

工作内容:模板制作、安装、拆除,混凝土浇筑、振捣、养护等。

单位:100m³

定额编号				40054	40055	40056	40057	40058	40059	40060
顺序号	名称		单位	矩形渡槽槽身			U形渡槽槽身			箱形渡槽槽身
				平均壁厚(mm)						
				≤200	200～300	＞300	100～150	150～200	＞200	
1	人工	甲类工	工日	112.7	85.0	63.9	163.2	131.3	96.9	94.9
2		乙类工	工日	239.5	180.7	135.7	346.8	278.9	205.9	201.8
3		合计	工日	352.2	265.7	199.6	510	410.2	302.8	296.7
4	材料	锯材	m³	0.74	0.53	0.38	1.03	0.84	0.60	0.70
5		组合钢模板	kg	314.85	229.29	164.27	345.17	280.90	199.57	275.21
6		型钢	kg	238.74	173.87	124.56	351.93	221.49	156.18	144.15
7		卡扣件	kg	228.60	166.48	119.27	172.91	140.74	99.98	201.92
8		铁件	kg	20.42	14.87	10.66	256.81	209.09	148.61	6.84
9		预埋铁件	kg	329.5	226.38	148.00	215.77	166.38	103.79	184.92
10		电焊条	kg	1.34	0.98	0.68	0.92	0.76	0.53	0.82
11		铁钉	kg	2.46	1.79	1.28	5.77	4.71	3.35	2.12
12		混凝土	m³	103.00	103.00	103.00	103.00	103.00	103.00	103.00
13		水	m³	100.00	100.00	100.00	100.00	100.00	100.00	100.00
14	机械	振捣器(插入式) 2.2kW	台班	11.00	11.00	11.00	11.00	11.00	11.00	11.00
15		电焊机　直流30kVA	台班	0.38	0.28	0.20	0.26	0.22	0.15	0.23
16		卷扬机　5t	台班	4.90	3.57	2.56	8.89	7.24	5.15	4.70
17		风水(砂)枪	台班	0.50	0.50	0.50	0.50	0.50	0.50	0.50
18	其他费用		%	5.0	5.0	5.0	5.0	5.0	5.0	5.0
19	混凝土拌制		m³	103.00	103.00	103.00	103.00	103.00	103.00	103.00
20	混凝土运输		m³	103.00	103.00	103.00	103.00	103.00	103.00	103.00

4-16 拱

适用范围:渡槽、桥梁。

工作内容:模板制作、安装、拆除,混凝土浇筑、振捣、养护等。

单位:100m³

定额编号				40061	40062
顺序号	名称		单位	肋形拱（含横系梁）	板形拱
1	人工	甲类工	工日	80.5	68.0
2		乙类工	工日	229.2	193.5
3		合计	工日	309.7	261.5
4	材料	锯材	m^3	0.22	0.17
5		组合钢模板	kg	275.00	262.50
6		型钢	kg	178.06	128.89
7		卡扣件	kg	181.75	125.95
8		铁件	kg	8.14	
9		预埋铁件	kg	81.36	59.36
10		铁钉	kg	0.98	0.78
11		混凝土	m^3	103.00	103.00
12		水	m^3	120.00	120.00
13	机械	振捣器(插入式) 2.2kW	台班	11.00	11.00
14		风水(砂)枪	台班	0.50	0.50
15	其他费用		%	5.0	5.0
16	混凝土拌制		m^3	103.00	103.00
17	混凝土运输		m^3	103.00	103.00

4－17　排架及排架基础

适用范围：梁式渡槽、变电站、泵站、桥梁。

工作内容：模板制作、安装、拆除，混凝土浇筑、振捣、养护、抹面、清理、凿毛等。

单位：100m³

定额编号				40063	40064	40065	40066	40067	40068	40069	40070
顺序号	名称		单位	排架						排架基础	
				单排架				A 形排架		柔性基础	刚性基础
				单根立柱横截面面积（m²）							
				≤0.20	0.20～0.35	0.35～0.50	>0.50	0.20～0.25	0.25～0.30		
1	人工	甲类工	工日	204.7	165.2	142.8	130.4	192.0	144.3	46.9	34.6
2		乙类工	工日	307.1	247.8	214.3	195.5	288.1	216.4	70.3	51.9
3		合计	工日	511.8	413.0	357.1	325.9	480.1	360.7	117.2	86.5
4	材料	锯材	m³	0.72	0.56	0.40	0.39	0.60	0.40	0.72	0.05
5		组合钢模板	kg	435.16	356.83	279.23	246.53	383.32	277.03	60.25	81.75
6		型钢	kg	192.31	144.90	88.56	87.69	167.09	99.52	41.40	49.65
7		卡扣件	kg	302.05	274.00	186.50	116.95	262.80	166.79	31.83	64.01
8		铁件	kg			35.27		30.88	32.27	1.40	0.90
9		预埋铁件	kg			35.27	20.01	30.88	32.27	301.91	0.90
10		电焊条	kg							6.34	
11		铁钉	kg	2.73	2.09	1.54	1.52	2.26	1.76	2.90	0.15
12		混凝土	m³	103.00	103.00	103.00	103.00	103.00	103.00	103.00	103.00
13		水	m³	180.00	160.00	140.00	120.00	160.00	140.00	120.00	120.00
14	机械	振捣器（插入式）2.2kW	台班	10.96	10.96	8.90	8.90	11.00	11.00	4.00	4.00
15		电焊机　直流 30kVA	台班							1.81	
16		风水（砂）枪	台班	0.50	0.50	0.50	0.50	0.50	0.50	7.00	6.00
17	其他费用		%	5.0	5.0	5.0	5.0	5.0	5.0	5.0	5.0
18	混凝土拌制		m³	103.00	103.00	103.00	103.00	103.00	103.00	103.00	103.00
19	混凝土运输		m³	103.00	103.00	103.00	103.00	103.00	103.00	103.00	103.00

注：排架基础也适用于圆形管道基础。

4－18 交通桥

适用范围：交通桥。

工作内容：模板制作安装、拆除，混凝土浇筑、振捣、养护、抹面、清理、凿毛。

单位：100m³

定额编号				40071	40072	40073	40074	40075	40076	40077	40078	40079	40080
顺序号	名称		单位	桥墩		圆形桥柱	盖梁	墩帽	桥板		桥面混凝土铺装		灌注桩混凝土
				整墩	半墩				板梁式	板式	人行道	车行道	
1	人工	甲类工	工日	61.2	75.5	124.0	143.5	132.0	60.2	59.7	51.2	56.2	18.63
2		乙类工	工日	70.3	67.0	104.9	127.2	121.8	90.5	70.1	99.2	108.9	74.5
3		合计	工日	131.5	142.5	228.9	270.7	253.8	150.7	129.8	150.4	165.1	93.13
4	材料	锯材	m^3	1.91	2.24	0.20	3.96	0.72	1.72	1.12	0.07	0.17	
5		组合钢模板	kg	71.47	80.69	290.00	220.00	230.00	53.96	25.91			
6		型钢	kg	170.81	192.85	690.00	440.00	161.00	128.42	61.67			
7		卡扣件	kg	35.74	40.35	130.00	88.00	92.00	26.98	12.96			
8		铁件	kg	36.81	41.41	227.00	282.00	337.00	245.00	159.00			
9		预埋铁件	kg	276.25	311.89								
10		电焊条	kg	5.65	6.38	7.65			3.56	2.31			
11		铁钉	kg	13.75	15.52	0.80	15.84	2.88	3.34	2.17			
12		铁丝	kg	0.77	0.87								
13		混凝土	m^3	103.00	103.00	103.00	103.00	103.00	103.00	103.00	103.00	103.00	103.00
14		水	m^3	70.00	70.00	120.00	120.00	120.00	120.00	120.00	120.00	120.00	

续表

定额编号				40071	40072	40073	40074	40075	40076	40077	40078	40079	40080
顺序号	名称		单位	桥墩		圆形桥柱	盖梁	墩帽	桥板		桥面混凝土铺装		灌注桩混凝土
				整墩	半墩				板梁式	板式	人行道	车行道	
15	机械	搅拌机 0.4m³	台班										2.85
16		载重汽车 5t	台班	0.67	0.69	0.47			0.72	0.42			0.37
17		卷扬机 5t	台班										4.62
18		汽车起重机 5t	台班	0.26	0.26	0.26			0.04	0.02			
19		电焊机 直流 30kVA	台班	1.56	1.76	1.56			0.89	0.58			
20		振捣器(插入式) 2.2kW	台班	8.90	8.90	11.90	8.90	8.90	8.90	8.90	8.90	8.90	
21		风水(砂)枪	台班	1.20	1.23	1.26			0.50	0.50			
22		双胶轮车	台班				16.60	16.60					13.15
23	其他费用		%	2.0	2.0	2.0	2.0	2.0	2.0	2.0	2.0	2.0	2.0
24	混凝土拌制		m^3	103.00	103.00	103.00	103.00	103.00	103.00	103.00	103.00	103.00	
25	混凝土运输		m^3	103.00	103.00	103.00	103.00	103.00	103.00	103.00	103.00	103.00	103.00

4－19　混凝土压顶

适用范围:浆砌块石、干砌块石挡土墙压顶及U形槽压顶。

工作内容:模板制作、安装、拆除,混凝土浇筑、振捣、养护。

单位:100m^3

定额编号				40081	40082
顺序号	名称		单位	压顶	
				挡土墙	U形槽
1	人工	甲类工	工日	27.8	30.6
2		乙类工	工日	88.1	97.0
3		合计	工日	115.9	127.6
4	材料	锯材	m^3	1.30	1.30
5		组合钢模板	kg	194.70	214.20
6		铁件	kg	88.00	
7		混凝土	m^3	103.00	103.00
8	机械	振捣器(插入式) 2.2kW	台班	8.90	8.90
9	其他费用		%	1.0	1.0
10	混凝土拌制		m^3	103.00	103.00
11	混凝土运输		m^3	103.00	103.00

4－20　护坡混凝土框格和混凝土细部结构

适用范围：1. 堤、坝、河岸等护坡混凝土框格。

2. 细部结构：除本章其他现浇混凝土外的细部结构，小体积梁、板、柱等。

工作内容：模板制作、安装、拆除，混凝土浇筑、振捣、养护等。

单位：$100m^3$

定额编号				40083	40084
顺序号	名称		单位	护坡框架	细部结构
1	人工	甲类工	工日	52.7	68.8
2		乙类工	工日	149.9	133.6
3		合计	工日	202.6	202.4
4	材料	锯材	m^3	2.30	3.09
5		组合钢模板	kg	99.33	
6		型钢	kg	70.09	
7		卡扣件	kg	14.67	
8		铁件	kg	2.15	160.88
9		预埋铁件	kg	109.37	
10		电焊条	kg	2.32	
11		铁钉	kg	2.40	
12		混凝土	m^3	103.00	103.00
13		水	m^3	100.00	216.76
14	机械	振捣器(插入式)　2.2kW	台班	8.90	19.72
15		电焊机　直流30kVA	台班	0.64	
16		风水(砂)枪	台班	3.70	
17	其他费用		%	5.0	5.0
18	混凝土拌制		m^3	103.00	103.00
19	混凝土运输		m^3	103.00	103.00

4-21 预制混凝土构件

4-21-1 预制U形槽槽身

工作内容:模板制作、安装、拆除,混凝土拌制、运输、浇筑、振捣、养护,堆放等。

单位:100m^3

定额编号				40085	40086
顺序号	名称		单位	整体预制	
				平均壁厚(mm)	
				≤100	100~150
1	人工	甲类工	工日	276.4	237.2
2		乙类工	工日	513.3	440.4
3		合计	工日	789.7	677.6
4	材料	锯材	m^3	1.06	0.81
5		组合钢模板	kg	411.84	316.96
6		型钢	kg	895.70	689.02
7		卡扣件	kg	166.40	128.08
8		铁件	kg	260.00	200.01
9		预埋铁件	kg	423.80	326.01
10		电焊条	kg	1.48	1.13
11		铁钉	kg	4.68	4.23
12		混凝土	m^3	103.00	103.00
13		水	m^3	180.00	180.00
14	机械	搅拌机 0.4m^3	台班	4.00	4.00
15		振捣器(插入式) 2.2kW	台班	11.00	11.00
16		双胶轮车	台班	23.20	21.34
17		载重汽车 5t	台班	1.09	0.84
18		电焊机 交流20~25kVA	台班	0.65	0.35
19	其他费用		%	5.0	5.0

4 –21 –2　预制混凝土梁

适用范围：工作桥、公路桥。

工作内容：模板制作、安装、拆除，混凝土拌制、运输、浇筑、振捣、养护，堆放等。

单位：$100m^3$

定额编号				40087	40088
顺序号	名称		单位	T形梁	I形梁
1	人工	甲类工	工日	166.3	140.0
2		乙类工	工日	283.2	238.5
3		合计	工日	449.5	378.5
4	材料	锯材	m^3	0.91	0.88
5		组合钢模板	kg	700.00	680.00
6		型钢	kg	280.00	272.00
7		卡扣件	kg	420.00	408.00
8		铁件	kg	490.00	150.00
9		混凝土	m^3	103.00	103.00
10		水	m^3	120.00	120.00
11	机械	搅拌机　$0.4m^3$	台班	5.00	5.00
12		振捣器(插入式)　2.2kW	台班	10.50	10.50
13		双胶轮车	台班	20.00	20.00
14	其他费用		%	5.0	5.0

4-21-3 预制混凝土拱肋、横系梁、腹拱肋

工作内容：模板制作、安装、拆除，混凝土拌制、运输、浇筑、振捣、养护，堆放等。

单位：$100m^3$

定额编号				40089	40090	40091	40092	40093
顺序号	名称		单位	矩形拱肋			横系梁	腹拱肋
				断面面积(m^2)				
				0.1~0.2	0.2~0.4	0.4~0.6		
1	人工	甲类工	工日	77.8	59.3	54.3	81.9	109.4
2		乙类工	工日	132.4	101.0	92.5	139.4	186.2
3		合计	工日	210.2	160.3	146.8	221.3	295.6
4	材料	锯材	m^3		0.40	0.39	0.40	0.68
5		组合钢模板	kg		104.76	85.43		
6		专用钢模	kg	231.73			122.40	91.98
7		型钢	kg	117.91	71.37	59.20		70.35
8		卡扣件	kg		50.89	41.69		147.17
9		铁件	kg	27.32	36.33	30.13	40.90	
10		预埋铁件	kg		2372.90	1968.34	2735.00	
11		电焊条	kg		8.30	6.90	9.59	
12		铁钉	kg		1.52	1.49	1.80	2.03
13		混凝土	m^3	103.00	103.00	103.00	103.00	103.00
14		水	m^3	120.00	120.00	120.00	120.00	120.00
15	机械	电焊机 直流30kVA	台班		2.37	1.97	2.74	
16		搅拌机 $0.4m^3$	台班	4.00	4.00	4.00	4.00	4.00
17		振捣器(插入式) 2.2kW	台班	11.00	11.00	8.90	11.00	11.00
18		双胶轮车	台班	23.20	23.20	23.20	23.20	23.20
19	其他费用		%	5.0	5.0	5.0	5.0	5.0

4－21－4 预制混凝土板

适用范围：工作桥、房屋面板，暖气沟、地沟、电缆沟、排水盖板及交通设施盖板。

工作内容：模板制作、安装、拆除，混凝土拌制、运输、浇筑、振捣、养护，预制件吊移等。

单位：100m³

<table>
<tr><td colspan="4">定额编号</td><td>40094</td><td>40095</td><td>40096</td><td>40097</td><td>40098</td></tr>
<tr><td rowspan="3">顺序号</td><td rowspan="3" colspan="2">名称</td><td rowspan="3">单位</td><td colspan="2">空心板</td><td rowspan="3">平板</td><td rowspan="3">肋形或槽形板</td><td rowspan="3">地沟盖板</td></tr>
<tr><td colspan="2">构件孔数</td></tr>
<tr><td>2孔以下</td><td>2孔以上</td></tr>
<tr><td>1</td><td rowspan="3">人工</td><td>甲类工</td><td>工日</td><td>128.4</td><td>117.9</td><td>97.7</td><td>197.3</td><td>107.7</td></tr>
<tr><td>2</td><td>乙类工</td><td>工日</td><td>218.6</td><td>200.7</td><td>166.4</td><td>335.9</td><td>183.4</td></tr>
<tr><td>3</td><td>合计</td><td>工日</td><td>347.0</td><td>318.6</td><td>264.1</td><td>533.2</td><td>291.1</td></tr>
<tr><td>4</td><td rowspan="4">材料</td><td>锯材</td><td>m³</td><td>8.29</td><td>7.01</td><td>2.76</td><td>8.66</td><td>3.06</td></tr>
<tr><td>5</td><td>铁钉</td><td>kg</td><td>36.00</td><td>40.00</td><td>10.00</td><td>33.00</td><td>11.00</td></tr>
<tr><td>6</td><td>混凝土</td><td>m³</td><td>103.00</td><td>103.00</td><td>103.00</td><td>103.00</td><td>103.00</td></tr>
<tr><td>7</td><td>水</td><td>m³</td><td>248.00</td><td>240.00</td><td>240.00</td><td>230.00</td><td>266.00</td></tr>
<tr><td>8</td><td rowspan="5">机械</td><td>塔式起重机 10t</td><td>台班</td><td>5.00</td><td>5.00</td><td>5.00</td><td>5.00</td><td>5.00</td></tr>
<tr><td>9</td><td>搅拌机 0.4m³</td><td>台班</td><td>4.00</td><td>4.00</td><td>4.00</td><td>4.00</td><td>4.00</td></tr>
<tr><td>10</td><td>振捣器(插入式) 2.2kW</td><td>台班</td><td>12.90</td><td>12.00</td><td>12.60</td><td>13.20</td><td>13.80</td></tr>
<tr><td>11</td><td>双胶轮车</td><td>台班</td><td>23.20</td><td>23.20</td><td>23.20</td><td>23.20</td><td>23.20</td></tr>
<tr><td>12</td><td>载重汽车 5t</td><td>台班</td><td>0.36</td><td>0.36</td><td>0.36</td><td>0.36</td><td>0.36</td></tr>
<tr><td>13</td><td colspan="2">其他费用</td><td>%</td><td>3.0</td><td>3.0</td><td>3.0</td><td>3.0</td><td>3.0</td></tr>
</table>

4－21－5　渠道混凝土板预制

适用范围:渠道护坡、护底。

工作内容:模板制作、安装、拆除,混凝土拌制、运输、振捣、浇筑、养护,堆放等。

单位:$100m^3$

定额编号				40099	40100	40101	40102
顺序号	名称		单位	厚度(mm)			
				40～80	80～120	120～160	160～200
1	人工	甲 类 工	工日	121.6	119.6	116.2	112.4
2		乙 类 工	工日	131.7	129.6	125.9	121.7
3		合 计	工日	253.3	249.2	242.1	234.1
4	材料	组合钢模板	kg	116.41	91.94	81.16	75.67
5		铁 件	kg	24.59	17.79	14.83	13.25
6		混 凝 土	m^3	103.00	103.00	103.00	103.00
7		水	m^3	240.00	240.00	240.00	240.00
8	机械	搅拌机　$0.4m^3$	台班	4.00	4.00	4.00	4.00
9		振捣器(插入式)　2.2kW	台班	8.89	7.48	6.70	6.70
10		双胶轮车	台班	23.20	23.20	23.20	23.20
11		载重汽车　5t	台班	0.40	0.32	0.28	0.26
12	其他费用		%	2.0	2.0	2.0	2.0

注:预制混凝土板砌筑见“3－3－9　浆砌预制混凝土板”。

4－21－6　预制混凝土压力管

工作内容：模板制作、安装、拆除，混凝土拌制、运输、浇筑、振捣、养护，预制件吊移等。

单位：$100m^3$

顺序号		名称	单位	40103	40104	40105	40106	40107	40108	40109	40110	40111
		定额编号		40103	40104	40105	40106	40107	40108	40109	40110	40111
				管内径(mm)								
				≤750			750～1000			>1000		
				内水压力(MPa)								
				0～10	10～20	>20	0～10	10～20	>20	0～10	10～20	>20
1	人工	甲类工	工日	264.7	230.6	204.6	210.2	186.6	158.2	178.6	149.7	130.1
2	人工	乙类工	工日	450.7	392.6	348.3	357.9	317.8	269.3	304.0	255.0	221.4
3	人工	合计	工日	715.4	623.2	552.9	568.1	504.4	427.5	482.6	404.7	351.5
4	材料	锯材	m^3	7.14	6.52	5.94	4.55	4.11	3.25	3.03	2.68	2.41
5	材料	铁件	kg	610.00	560.00	510.00	390.00	350.00	320.00	260.00	230.00	210.00
6	材料	混凝土	m^3	103.00	103.00	103.00	103.00	103.00	103.00	103.00	103.00	103.00
7	材料	水	m^3	150.00	150.00	150.00	150.00	150.00	150.00	150.00	150.00	150.00
8	机械	塔式起重机　10t	台班	5.00	5.00	5.00	5.00	5.00	5.00	5.00	5.00	5.00
9	机械	搅拌机　$0.4m^3$	台班	5.00	5.00	5.00	5.00	5.00	5.00	5.00	5.00	5.00
10	机械	振捣器(插入式)　2.2kW	台班	12.00	12.00	12.00	12.00	12.00	12.00	12.00	12.00	12.00
11	机械	双胶轮车	台班	30.00	30.00	30.00	30.00	30.00	30.00	30.00	30.00	30.00
12	机械	载重汽车　5t	台班	0.36	0.36	0.36	0.36	0.36	0.36	0.36	0.36	0.36
13		其他费用	%	5.0	5.0	5.0	5.0	5.0	5.0	5.0	5.0	5.0

4－21－7　预制混凝土无压管

适用范围：无压或低压（水头5m以下）的涵。

工作内容：模板制作、安装、拆除，混凝土拌制、运输、浇筑、振捣、养护，预制件吊移等。

单位：$100m^3$

顺序号		名称	单位	40112	40113	40114	40115	40116	40117	40118	40119
		定额编号		管内径（mm）							
				≤1000				>1000			
				管顶以上填土高度（m）							
				0～1	1～2	2～3	>3	0～1	1～2	2～3	>3
1	人工	甲类工	工日	227.1	206.0	191.9	184.9	200.7	179.6	165.6	158.5
2		乙类工	工日	386.6	350.7	326.8	314.8	341.7	305.8	281.9	269.9
3		合计	工日	613.7	556.7	518.7	499.7	542.4	485.4	447.5	428.4
4	材料	锯材	m^3	5.36	5.36	5.36	5.36	4.11	4.11	4.11	4.11
5		铁件	kg	460.00	460.00	460.00	460.00	350.00	350.00	350.00	350.00
6		混凝土	m^3	103.00	103.00	103.00	103.00	103.00	103.00	103.00	103.00
7		水	m^3	150.00	150.00	150.00	150.00	150.00	150.00	150.00	150.00
8	机械	塔式起重机　10t	台班	5.00	5.00	5.00	5.00	5.00	5.00	5.00	5.00
9		搅拌机　$0.4m^3$	台班	5.00	5.00	5.00	5.00	5.00	5.00	5.00	5.00
10		振捣器（插入式）　2.2kW	台班	12.00	12.00	12.00	12.00	12.00	12.00	12.00	12.00
11		双胶轮车	台班	30.00	30.00	30.00	30.00	30.00	30.00	30.00	30.00
12		载重汽车　5t	台班	0.36	0.36	0.36	0.36	0.36	0.36	0.36	0.36
13		其他费用	%	5.0	5.0	5.0	5.0	5.0	5.0	5.0	5.0

4－21－8　预制混凝土闸门

工作内容：模板制作、安装、拆除，混凝土拌制、运输、浇筑、振捣、养护及场内材料运输等。

单位：$100m^3$

定额编号				40120	40121	40122
顺序号	名称		单位	钢筋混凝土闸门		
				体积(m^3)		
				≤0.3	0.5	1.0
1	人工	甲类工	工日	170.7	165.9	154.0
2		乙类工	工日	290.7	282.5	262.1
3		合计	工日	461.4	448.4	416.1
4	材料	锯材	m^3	6.57	6.45	6.15
5		组合钢模板	kg	606.80	602.00	590.00
6		预埋铁件	kg	2620.00	2600.00	2550.00
7		铁件	kg	26.40	26.00	25.00
8		电焊条	kg	18.20	18.00	17.50
9		混凝土	m^3	103.00	103.00	103.00
10		水	m^3	270.00	270.00	270.00
11	机械	塔式起重机　10t	台班	5.70	5.50	5.00
12		电焊机　直流30kVA	台班	4.00	4.00	4.00
13		搅拌机　$0.4m^3$	台班	5.16	5.00	4.60
14		振捣器(插入式)　2.2kW	台班	12.00	12.00	12.00
15		双胶轮车	台班	30.00	30.00	30.00
16		载重汽车　5t	台班	1.50	1.50	1.50
17	其他费用		%	5.0	5.0	5.0

4－21－9 预制混凝土小型构件

适用范围:人行道构件、栏杆扶手、路缘(帽)石及预制混凝土块护坡护底等。

工作内容:模板制作、安装、拆除,混凝土拌制、运输、浇筑、振捣、养护,堆放等。

单位:$100m^3$

定额编号				40123	40124	40125
顺序号	名称		单位	人行道构件	栏杆扶手	路缘(帽)石、预制混凝土块护坡护底
1	人工	甲类工	工日	206.7	330.4	202.5
2		乙类工	工日	351.9	562.6	344.7
3		合计	工日	558.6	893.0	547.2
4	材料	锯材	m^3	1.55	0.60	0.39
5		组合钢模板	kg	1080.00	1390.00	900.00
6		钢板	kg	1180.00		
7		铁件	kg	550.00	768.00	496.00
8		电焊条	kg	90.00		
9		混凝土	m^3	103.00	103.00	103.00
10		水	m^3	120.00	120.00	120.00
11	机械	电焊机 直流30kVA	台班	40.00		
12		搅拌机 $0.4m^3$	台班	4.00	4.00	
13		双胶轮车	台班	30.00	30.00	30.00
14	其他费用		%	5.0	5.0	5.0

注:预制混凝土块护坡护底砌筑见“3－3－8 砌混凝土预制块”之护坡、护底子目。

4-21-10　预制混凝土过梁、柱

适用范围：长度小于10m的梁、柱等。

工作内容：模板制作、安装、拆除，混凝土拌制、浇筑、振捣、养护，堆放等。

单位：$100m^3$

定额编号				40126	40127
顺序号	名称		单位	过梁	柱
1	人工	甲类工	工日	95.5	140.7
2		乙类工	工日	116.6	220.1
3		合计	工日	212.1	360.8
4	材料	锯材	m^3	0.49	0.17
5		组合钢模板	kg	114.38	160.98
6		预埋铁件及铁件	kg	512.00	710.00
7		铁钉	kg	9.22	0.71
8		混凝土	m^3	103.00	103.00
9		水	m^3	113.00	102.00
10	机械	搅拌机　$0.4m^3$	台班	4.90	4.90
11		振捣器(插入式)　2.2kW	台班	9.80	10.20
12		双胶轮车	台班	18.67	18.67
13		其他机械费	%	5.0	5.0

4－22　预制混凝土U形渠槽

工作内容：模板制作、安装、拆除，混凝土拌制、运输、浇筑、振捣、养护，堆放。

单位：$100m^3$

定额编号				40128	40129	40130	40131	40132	40133
顺序号	名称		单位	上口宽度(cm)					
				U30	U40	U50	U60	U70	U80
1	人工	甲类工	工日	167.8	127.7	101.4	96.6	87.3	82.8
2		乙类工	工日	285.7	217.7	161.3	158.7	148.6	140.8
3		合计	工日	453.5	345.4	262.7	255.3	235.9	223.6
4	材料	镀锌铁皮	kg	51.14	51.14	51.14	51.14	51.14	51.14
5		型钢	kg	6.26	4.90	4.35	3.94	3.40	2.99
6		混凝土	m^3	103.00	103.00	103.00	103.00	103.00	103.00
7		水	m^3	90.00	90.00	90.00	90.00	90.00	90.00
8	机械	强制式混凝土搅拌机 $0.35m^3$	台班	29.21	27.94	26.67	25.40	24.13	22.86
9		振捣器(平板) 2.2kW	台班	70.10	67.06	64.01	60.96	57.91	54.86
10		电动葫芦 0.5t	台班	29.21	27.94	26.67	25.40	24.13	22.86
11		双胶轮车	台班	58.42	55.88	53.34	50.80	48.26	45.72
12	其他费用		%	2.8	2.7	2.6	2.5	2.4	2.3

注：混凝土配合比按C30一级配拟定，可根据实际配合比资料进行调整。

4－23　预制混凝土构件运输

工作内容：装车、运输、卸车并按指定地点堆放等。

4－23－1　汽车运预制混凝土梁、柱

单位：100m³

顺序号		名称	单位	40134	40135	40136	40137	40138	40139	40140	40141	40142	40143	40144	40145	40146	40147
				体积(m³)													
				≤2							2～4						
				运距(km)													
				0.5	1	2	3	4	5	每增运1	0.5	1	2	3	4	5	每增运1
1	人工	甲类工	工日														
2		乙类工	工日	21.9	22.6	23.6	24.6	25.6	26.7	0.9	16.4	16.9	17.6	18.4	19.2	20.0	0.7
3		合计	工日	21.9	22.6	23.6	24.6	25.6	26.7	0.9	16.4	16.9	17.6	18.4	19.2	20.0	0.7
4	材料	锯材	m³	0.17	0.17	0.17	0.17	0.17	0.17		0.10	0.10	0.10	0.10	0.10	0.10	
5		铁件	kg	12.00	12.00	12.00	12.00	12.00	12.00		8.00	8.00	8.00	8.00	8.00	8.00	
6	机械	汽车起重机　10t	台班								3.50	3.90	4.70	5.50	6.30	7.10	0.80
7		汽车起重机　5t	台班	4.60	5.10	6.10	7.10	8.10	9.10	1.00							
8		汽车拖车头　20t	台班								3.50	3.90	4.70	5.50	6.30	7.10	0.80
9		平板挂车　20t	台班								3.50	3.90	4.70	5.50	6.30	7.10	0.80
10		载重汽车　10t	台班	4.60	5.10	6.10	7.10	8.10	9.10	1.00							
11		其他费用	%	2.2	2.2	2.2	2.2	2.2	2.2		1.5	1.5	1.5	1.5	1.5	1.5	

4－23－2　预制混凝土板运输

单位：$100m^3$

顺序号	名称		单位	40148	40149	40150	40151	40152	40153	40154	40155	40156	40157	40158	40159	40160	40161	40162	40163
				汽车运输														双胶轮车运输（m）	
				体积≤$0.6m^3$							$0.6m^3$＜体积≤$1.5m^3$								
				运距（km）															
				0.5	1	2	3	4	5	每增运1	0.5	1	2	3	4	5	每增运1	装运50m	增运50m
1	人工	甲类工	工日																
2		乙类工	工日	27.5	28.3	29.5	30.8	32.1	33.5	1.1	18.2	18.7	19.5	20.3	21.1	22.0	0.70	38.0	3.20
3		合计	工日	27.5	28.3	29.5	30.8	32.1	33.5	1.1	18.2	18.7	19.5	20.3	21.1	22.0	0.70	38.0	3.20
4	材料	锯材	m^3	0.15	0.15	0.15	0.15	0.15	0.15		0.30	0.30	0.30	0.30	0.30	0.30			
5	机械	汽车起重机5t	台班	6.00	6.70	8.00	9.30	10.60	11.90	1.30	4.40	4.90	5.90	6.90	7.90	8.90	1.00		
6		载重汽车10t	台班	6.00	6.70	8.00	9.30	10.60	11.90	1.30	4.40	4.90	5.90	6.90	7.90	8.90	1.00		
7		双胶轮车	台班															26.90	5.12
8	其他费用		%	1.5	1.5	1.5	1.5	1.5	1.5		1.5	1.5	1.5	1.5	1.5	1.5		3.0	

注：双胶轮车运输运距不超过200m。

4-23-3 预制混凝土小型构件运输

单位：$100m^3$

顺序号	名称		单位	40164	40165	40166	40167	40168	40169	40170	40171	40172	40173	40174	40175	40176	40177	40178	40179
				汽车运输														双胶轮车运输(m)	
				体积≤$0.6m^3$							$0.6m^3$＜体积≤$1.5m^3$								
				运距(km)															
				0.5	1	2	3	4	5	每增运1	0.5	1	2	3	4	5	每增运1	装运50m	增运50m
1	人工	甲类工	工日																
2	人工	乙类工	工日	30.3	31.2	32.5	33.9	35.3	36.8	1.2	20.0	20.6	21.5	22.4	23.3	24.3	0.8	41.8	3.9
3	人工	合计	工日	30.3	31.2	32.5	33.9	35.3	36.8	1.2	20.0	20.6	21.5	22.4	23.3	24.3	0.8	41.8	3.9
4	材料	锯材	m^3	0.17	0.17	0.17	0.17	0.17	0.17		0.33	0.33	0.33	0.33	0.33	0.33			
5	机械	汽车起重机 5t	台班	6.60	7.30	8.80	10.30	11.80	13.30	1.50	4.84	5.40	6.50	7.60	8.70	9.80	1.10		
6	机械	载重汽车 10t	台班	6.60	7.30	8.80	10.30	11.80	13.30	1.50	4.84	5.40	6.50	7.60	8.70	9.80	1.10		
7	机械	双胶轮车	台班															29.57	5.64
8	其他费用		%	1.5	1.5	1.5	1.5	1.5	1.5		1.5	1.5	1.5	1.5	1.5	1.5		3.0	

注：双胶轮车运输运距不超过200m。

4－23－4　预制混凝土U形渠槽运输

单位：$100m^3$

定额编号				40180	40181	40182	40183	40184	40185	40186	40187	40188
顺序号	名称		单位	汽车运输(km)							双胶轮车运输(m)	
				0.5	1	2	3	4	5	每增运1	50	每增运50
1	人工	甲类工	工日									
2		乙类工	工日	36.5	37.6	39.2	40.9	42.6	44.4	1.5	42.2	2.6
3		合计	工日	36.5	37.6	39.2	40.9	42.6	44.4	1.5	42.2	2.6
5	材料	板枋材	m^3	0.15	0.15	0.15	0.15	0.15	0.15			
6	机械	载重汽车 5t	台班	12.00	13.36	16.02	18.68	21.34	24.00	2.64		
7		双胶轮车	台班								41.40	2.60
8	其他费用		%	1.5	1.5	1.5	1.5	1.5	1.5		2.5	

注：双胶轮车运输运距不超过200m。

4－24　预制混凝土构件安装

适用范围：各型混凝土预制构件。

工作内容：连接铁件的安装，构件吊装校正、临时固定及焊接固定，填缝灌浆等。

4－24－1　预制混凝土梁、板安装

单位：100m³

定额编号				40189	40190	40191	40192	40193	40194	40195
顺序号	名称		单位	梁			板			
				单个构件体积（m³）						
				0～2	2～3	>3	0～0.2	0.2～0.4	0.4～0.6	0.6～2
1	人工	甲类工	工日	71.6	50.9	45.9	56.8	45.0	33.6	32.1
2		乙类工	工日	66.1	47.0	42.4	52.4	41.5	31.0	29.6
3		合计	工日	137.7	97.9	88.3	109.2	86.5	64.6	61.7
4	材料	锯材	m³	0.90	0.85	0.80	0.81	0.81	0.81	0.81
5		铁垫块	kg	98.00	65.00	43.00	85.00	80.00	71.00	71.00
6		电焊条	kg	278.00	241.00	160.00				
7		预制混凝土构件	m³	100.00	100.00	100.00	100.00	100.00	100.00	100.00
8		混凝土	m³	10.20	7.10	6.00	13.50	8.60	7.40	6.00
9		水泥砂浆	m³				1.80	1.60	1.40	1.10
10	机械	电焊机　直流 30kVA	台班	28.80	18.40	12.30				
11		搅拌机　0.4m³	台班	0.50	0.40	0.40	0.60	0.50	0.40	0.40
12		双胶轮车	台班	2.00	2.00	2.00	3.00	3.00	2.00	2.00
13		履带起重机　15t	台班	3.30			7.40	5.90		
14		履带起重机　20t	台班		2.60				3.50	
15		塔式起重机　25t	台班			2.10				2.40
16	其他费用		%	3.2	6.4	6.4	9.6	9.6	6.4	6.4

4-24-2　预制混凝土柱、管安装

单位:100m³

顺序号		名称	单位	40196	40197	40198	40199	40200	40201
				柱			管		
				单个构件体积(m^3)					
				0~0.2	0.2~0.5	>0.5	0~0.2	0.2~0.4	0.4~0.6
1	人工	甲类工	工日	48.4	44.0	42.0	60.3	51.9	36.6
2	人工	乙类工	工日	44.7	40.6	38.8	55.6	47.9	33.7
3	人工	合计	工日	93.1	84.6	80.8	115.9	99.8	70.3
4	材料	锯材	m^3	1.13	0.84	0.76	0.81	0.81	0.81
5	材料	预制混凝土构件	m^3	100.00	100.00	100.00	100.00	100.00	100.00
6	材料	混凝土	m^3	5.00	7.50	8.00	10.00	10.00	10.00
7	材料	水泥砂浆	m^3				2.00	2.00	2.00
8	机械	搅拌机　0.4m^3	台班	0.30	0.40	0.40	0.50	0.50	0.50
9	机械	双胶轮车	台班	2.00	2.00	2.00	2.00	2.00	2.00
10	机械	履带起重机　15t	台班				8.40	6.90	
11	机械	履带起重机　20t	台班	3.80	3.60	2.80			4.50
12		其他费用	%	6.4	6.4	6.4	6.4	6.4	6.4

4－24－3　预制混凝土U形渠槽安装

工作内容：槽座修整，槽体就位，槽背回填，砂浆（混凝土）拌制、勾缝，安装。

单位：$100m^3$

定额编号				40202	40203	40204	40205	40206	40207
顺序号	名称		单位	上口宽度（cm）					
				U30	U40	U50	U60	U70	U80
1	人工	甲类工	工日	67.0	63.0	60.0	58.0	55.0	52.0
2		乙类工	工日	113.0	108.0	103.0	98.0	93.0	88.0
3		合计	工日	180.0	171.0	163.0	156.0	148.0	140.0
4	材料	U形槽预制件	m^3	(99)	(99)	(99)	(99)	(99)	(99)
5		混凝土	m^3	4.00	4.00	4.00	4.00	4.00	4.00
6		砂浆	m^3	1.00	1.00	1.00	1.00	1.00	1.00
7	机械	双胶轮车	台班	38.00	38.00	38.00	38.00	38.00	38.00
8	其他费用		%	1.0	1.0	1.0	1.0	1.0	1.0

4－25　混凝土面喷浆

工作内容：凿毛、配料、上料、拌和、喷射，处理回弹料、养护及清理场地等。

单位：$100m^2$

定额编号				40208	40209	40210	40211	40212	40213	40214	40215	40216	40217
顺序号	名称		单位	有钢筋网					无钢筋网				
				喷射厚度（mm）									
				≤10	10～20	20～30	30～40	40～50	≤10	10～20	20～30	30～40	40～50
1	人工	甲类工	工日	10.5	11.2	12.0	12.7	13.5	9.0	9.7	10.4	11.1	11.9
2		乙类工	工日	37.3	39.9	42.5	45.2	47.9	31.8	34.3	36.8	39.4	41.9
3		合计	工日	47.8	51.1	54.5	57.9	61.4	40.8	44.0	47.2	50.5	53.8
4	材料	水泥	t	0.73	1.45	2.18	2.91	3.64	0.73	1.45	2.18	2.91	3.64
5		砂子	m^3	1.09	2.18	3.27	4.36	5.45	1.09	2.18	3.27	4.36	5.45
6		水	m^3	3.00	3.00	4.00	4.00	5.00	3.00	3.00	4.00	4.00	5.00
7		防水粉	kg	36.50	72.50	109.00	145.50	182.00	36.50	72.50	109.00	145.50	182.00
8	机械	双胶轮车	台班	0.13	0.31	0.42	0.55	0.68	0.13	0.31	0.42	0.55	0.68
9		喷浆机 75L	台班	1.30	1.57	1.83	2.12	2.39	1.15	1.42	1.67	1.93	2.18
10		风水（砂）枪	台班	1.18	1.18	1.18	1.18	1.18	0.82	0.82	0.82	0.82	0.82
11	其他费用		%	9.1	6.6	5.2	4.3	3.6	10.0	7.2	5.6	4.5	3.8

4－26　钢筋制作安装

适用范围：建筑物各部位及预制构件。

工作内容：回直、除锈、切断、弯制、焊接、绑扎及加工场至场地运输等。

单位：t

定额编号				40218	40219	40220	40221
顺序号	名称		单位	U形渡槽		其他	
				人工	机械	人工	机械
1	人工	甲类工	工日	7.2	6.1	6.5	5.7
2		乙类工	工日	10.8	9.1	9.7	8.6
3		合计	工日	18.0	15.2	16.2	14.3
4	材料	钢筋	t	1.02	1.02	1.02	1.02
5		铁丝	kg	4.00	4.00	4.00	4.00
6		电焊条	kg	7.22	7.22	7.22	7.22
7	机械	钢筋调直机　14kW	台班		0.12		0.12
8		风砂枪	台班		0.30		0.30
9		钢筋切断机　20kW	台班		0.08		0.08
10		钢筋弯曲机　Φ6～40	台班		0.09		0.08
11		电焊机　直流30kVA	台班	1.70	1.70	1.00	1.00
12		对焊机　电弧150kVA	台班		0.08		0.08
13		载重汽车　5t	台班	0.03	0.03	0.03	0.03
14	其他费用		%	1.0	1.0	1.0	1.0

4－27 搅拌机拌制混凝土

工作内容：配运水泥、骨料，投料、加水、加外加剂、搅拌、出料、清洗等。

单位：$100m^3$

定额编号				40222	40223
顺序号	名称		单位	搅拌出料(m^3)	
				0.4	0.8
1	人工	甲类工	工日	12.9	9.6
2		乙类工	工日	30.0	22.3
3		合计	工日	42.9	31.9
4	机械	搅拌机 $0.4m^3$	台班	4.00	
5		$0.8m^3$	台班		1.92
6		双胶轮车	台班	16.60	16.60
7	其他费用		%	1.0	1.0

注：双胶轮车斗容 $0.12m^3$ 左右，其他斗容近似的手推车，均适用本定额。

4－28 混凝土运输

4－28－1 人工运混凝土

工作内容：装、挑(抬)、运、卸、清洗。

单位：$100m^3$

定额编号				40224	40225	40226	40227	40228	40229	40230	40231	40232	40233	40234	40235
顺序号	名称		单位	运距(m)											每增运20m
				≤10	10～20	20～30	30～40	40～50	50～60	60～70	70～80	80～100	100～120	120～140	
1	人工	甲类工	工日												
2		乙类工	工日	26.3	32.8	39.3	45.6	52.2	58.7	65.5	72.2	83.8	98.4	110.4	11.9
3		合计	工日	26.3	32.8	39.3	45.6	52.2	58.7	65.5	72.2	83.8	98.4	110.4	11.9
4	其他费用		%	14.0	11.3	9.4	8.1	7.1	6.3	5.6	5.1	4.4	3.8	3.4	

注：洞内运输，人工定额乘 1.2 系数。

4－28－2　双胶轮车运混凝土

工作内容:装、运、卸、清洗。

单位:100m³

定额编号				40236	40237	40238	40239	40240	40241	40242	40243	40244
顺序号	名称		单位	运距(m)								每增运20m
				≤10	10～20	20～30	30～40	40～50	50～60	60～80	80～100	
1	人工	甲类工	工日									
2		乙类工	工日	7.8	8.3	9.3	10.2	11.2	12.1	13.0	15.0	1.7
3		合计	工日	7.8	8.3	9.3	10.2	11.2	12.1	13.0	15.0	1.7
4	机械	双胶轮车	台班	7.80	8.30	9.30	10.20	11.20	12.10	13.00	15.00	1.70
5	其他费用		%	10.0	10.0	10.0	10.0	10.0	10.0	10.0	10.0	

注:洞内运输,人工、双胶轮车定额乘1.2系数。

4－28－3　机动翻斗车运混凝土

工作内容:装、运、卸、空回。

单位:100m³

定额编号				40245	40246	40247	40248	40249	40250
顺序号	名称		单位	运距(m)					每增运100m
				100	200	300	400	500	
1	人工	甲　类　工	工日	0.7	0.7	0.7	0.7	0.7	
2		乙　类　工	工日	12.4	12.4	12.4	12.4	12.4	
3		合　　计	工日	13.1	13.1	13.1	13.1	13.1	
4	机械	机动翻斗车	台班	3.87	4.52	5.13	5.69	6.24	0.53
5	其 他 费 用		%	3.0	3.0	3.0	3.0	3.0	

4－29 混凝土拆除

适用范围:混凝土或钢筋混凝土拆除。

工作内容:拆除、清渣、转移等。

单位:100m³

定额编号				40251	40252	40253	40254	40255	40256
顺序号	名称		单位	人工拆除		机械拆除		爆破拆除	
				无钢筋	有钢筋	无钢筋	有钢筋	无钢筋	有钢筋
1	人工	甲类工	工日	1.0	1.3				
2		乙类工	工日	541.5	704.0	181.0	266.0	135.0	170.0
3		合计	工日	542.5	705.3	181.0	266.0	135.0	170.0
4	材料	合金钻头	个	23.81	30.95			13.00	20.00
5		空心钢	kg	43.61	56.69			5.00	7.00
6		乳化炸药	kg	24.76	32.19			63.13	71.69
7		雷管	个					256.00	310.00
8		导电线	m					454.00	520.00
9	机械	电动空气压缩机 3m³/min	台班			36.00	54.00		
10		风镐	台班	5.79	7.52	72.00	108.00		
11		手风钻	台班	23.15	30.09			19.00	28.00
12		修钎设备	台班					0.50	0.60
13	其他费用		%	5.0	5.0	5.0	5.0	5.0	5.0

4－30 液压岩石破碎机拆除混凝土

工作内容:破碎、撬移、解小、翻渣、清面。

单位:100m³

定额编号				40257
顺序号	名称		单位	数量
1	人工	甲类工	工日	
2		乙类工	工日	1.7
3		合计	工日	1.7
4	机械	液压挖掘机 0.6m³	台班	11.46
5		1.0m³	台班	8.34
6		1.6m³	台班	6.00
7	其他费用		%	5.0

4－31 止 水

4－31－1 止 水

适用范围：坝、闸、渡槽、渠道等。

工作内容：清洗缝面、制作、安装或焊接等。

单位：100m

定额编号				40258	40259	40260	40261
顺序号	名称		单位	铜片止水	铁片止水	塑料止水	橡胶止水
1	人工	甲类工	工日	35.1	12.3	10.2	11.2
2		乙类工	工日	38.0	13.3	11.0	12.2
3		合计	工日	73.1	25.6	21.2	23.4
4	材料	沥青	t	1.70	1.70		
5		木柴	m^3	0.57	0.57		
6		紫铜片 厚15mm	kg	561.00			
7		白铁皮 厚0.82mm	kg		203.00		
8		塑料止水带	m			103.00	
9		橡胶止水带	m				103.00
10		铜电焊条	kg	3.12			
11	机械	电焊机 直流30kVA	台班	3.37			
12		双胶轮车	台班	2.20	1.90		
13	其他费用		%	0.2	3.5	1.0	0.5

注：紫铜片规格0.0015m×0.4m×1.5m，耗损率5%。

4－31－2　渡槽止水

工作内容：模板制作、拆除、修理，填料配制、填塞、养护等。

单位：100m

定额编号				40262	40263	40264
顺序号	名称		单位	环氧粘橡皮	木屑水泥	胶泥填料
1	人工	甲类工	工日	57.5	18.3	21.5
2		乙类工	工日	62.2	19.9	23.4
3		合计	工日	119.7	38.2	44.9
4	材料	锯材	m^3	0.30	0.88	
5		预埋铁件	kg		83.00	
6		铁钉	kg		2.60	
7		环氧树脂	kg	65.92		
8		甲苯	kg	9.95		
9		二丁脂	kg	9.95		27.24
10		乙二胺	kg	5.84		
11		沥青	kg	136.00		
12		煤焦油	kg			272.40
13		水	m^3	37.00	6.00	
14		聚氧乙烯粉	kg			27.24
15		硬脂酸钙	kg			2.72
16		粉煤灰	kg			27.24
17		木屑	kg		804.00	
18		麻丝	kg		13.40	
19		水泥	kg	168.00	1770.00	
20		砂	m^3	0.25		
21		麻絮	kg	92.00		
22		橡胶止水带	m	105.00		
23	其他费用		%	0.5	0.5	0.5

4－32 防水层

适用范围:建筑物相关部位。

工作内容:1. 抹水泥砂浆:清洗、拌和、抹面等。

2. 涂沥青:清洗、熔化、浇涂、搭拆跳板等。

3. 麻布沥青:清洗、熔化、裁铺麻布、浇涂、搭拆跳板等。

4. 青麻沥青:清洗、熔化、浸刷塞缝、涂沥青等。

单位:100m^2

定额编号				40265	40266	40267	40268	40269	40270	40271	40272
顺序号	名称		单位	抹水泥砂浆			涂沥青		麻布沥青		青麻沥青
				立面	平面	拱面	立面、拱面	平面	一布二油	二布三油	
1	人工	甲类工	工日	10.2	7.1	17.9	7.7	5.7	11.7	17.0	41.7
2		乙类工	工日	2.6	1.8	4.5	1.9	1.4	2.9	4.3	10.4
3		合计	工日	12.8	8.9	22.4	9.6	7.1	14.6	21.3	52.1
4	材料	沥青	t				0.29	0.26	0.59	0.77	0.87
5		麻布	m^2						120.00	240.00	
6		煤沥青	kg								1.73
7		木柴	m^3				0.10	0.09	0.16	0.21	0.91
8		麻刀	kg								0.44
9		砂	m^3	3.33	2.61	2.61					
10		水泥	t	1.52	1.14	1.14					
11		水	m^3	1.00	1.00	1.00					
12	机械	双胶轮车	台班	1.36	1.07	1.07					
13	其他费用		%	1.5	1.5	1.5	4.9	4.9	1.5	1.5	1.5

4－33　高聚物改性沥青卷材防水层

工作内容:清理基层、刷基层处理剂、防水薄弱处贴2mm改性沥青卷材附加层、粘贴卷材、卷材接缝贴120mm宽加强层、做收头。

单位:100m²

定额编号				40273	40274	40275	40276
顺序号	名称		单位	高聚物改性沥青卷材防水层(冷贴)			
				厚3mm		厚4mm	
				平面	立面	平面	立面
1	人工	甲类工	工日	6.1	9.6	6.1	9.6
2		乙类工	工日	2.7	4.1	2.7	4.1
3		合计	工日	8.8	13.7	8.8	13.7
4	材料	高聚物改性沥青卷材2mm	m²	8.8	8.8	8.8	8.8
5		高聚物改性沥青卷材3mm	m²	126.54	126.54		
6		高聚物改性沥青卷材4mm	m²			129.54	129.54
7		改性沥青基层处理剂	kg	12.22	12.22	12.22	12.22
8		改性沥青黏结剂	kg	50.62	50.62	50.62	50.62
9		石油液化气	kg	22.00	26.00	22.00	26.00
10	其他费用		%	1.5	1.5	1.5	1.5

注:高聚物改性沥青卷材采用热熔施工时,相应冷贴子目扣除改性沥青黏结剂,改性沥青处理剂用量调整为40 kg、石油液化气用量调整为48 kg,其他不变。

4－34　支　座

适用范围:桥梁。

工作内容:预埋钢板、预埋钢筋、电焊、砂浆拌制、接触面抹平、支座安装。

单位:1dm³

定额编号				40277	40278
序号	名称		单位	板式橡胶支座	四氟板式橡胶支座
1	人工	甲类工	工日	0.1	0.1
2		乙类工	工日	0.2	0.2
3		合计	工日	0.3	0.3
4	材料	钢筋	kg		1.00
5		钢板	kg		11.00
6		电焊条	kg		0.10
7		四氟板式橡胶支座	dm³		1.00
8		板式橡胶支座	dm³	1.00	
9	机械	电焊机　交流30kVA	台班		0.13
10	其他费用		%	0.5	1.0

4－35　伸缩缝

适用范围：坝、闸、渡槽、渠道、建筑物等。

工作内容：1. 沥青油毡：清洗缝面、熔化、涂刷沥青、铺贴油毡等。

2. 沥青木板：木板制作、熔化、涂刷沥青、安装等。

3. 沥青砂板：熔化、烤砂、拌和、清洗表面、洗换安装、拆模等。

4. 闭孔低发泡沫塑料板：切割、安装、固定。

单位：$100m^2$

定额编号				40279	40280	40281	40282	40283	40284	40285
顺序号	名称		单位	沥青油毡			沥青木板	沥青砂板	闭孔低发泡沫塑料板	
				一毡二油	二毡三油	三毡四油			平面	曲面
1	人工	甲类工	工日	3.5	5.1	6.8	6.6	8.9	2.9	3.2
2		乙类工	工日	13.8	20.4	27.1	26.3	26.5	4.1	5.2
3		合计	工日	17.3	25.5	33.9	32.9	35.4	7.0	8.4
4	材料	锯材	m^3				2.20			
5		油毡	m^2	115.00	226.00	340.00				
6		沥青	t	1.22	1.83	2.44	1.24	1.47		
7		木柴	m^3	0.42	0.63	0.84	0.42	1.01		
8		铁钉	kg					4.10		
9		铁丝	kg					10.30		
10		砂	m^3					2.09		
11		闭孔低发泡沫塑料板	m^2						102.00	110.00
12	机械	双胶轮车	台班	0.42	0.67	0.87	0.84	0.92	0.30	0.30
13	其他费用		%	1.2	0.8	0.6	0.6	0.5	0.5	0.5

第5章

管道安装工程

说　明

一、本章包括铸铁管安装、钢管安装、塑料管(PVC(UPVC)管、PP管、PE管)安装、管道附件安装、混凝土管安装、管道防腐等共6节,179个子目。

二、管道铺设均考虑了沟槽两边堆土的影响因素,使用时不论沟槽两边有无堆土,都不作调整。

三、管道的闭水试验用水已综合考虑在定额内。

四、管道安装均按施工图中心线的长度计算(支管长度从主管中心开始计算到支管末端交接处的中心),管件、阀门所占长度已综合考虑,计算工程量时均不扣除其所占长度。

五、管道安装按材质、连接形式分别列项。

六、管件连接中已综合考虑了弯头、三通、异径管、管帽、管接头等管口含量的差异。

七、金属管道安装总工程量不足50m时,管径≤300mm的,其人工、机械台班耗用量乘1.67系数;管径>300mm的,其人工、机械台班耗用量乘2系数。

八、PVC(UPVC)管道粘接和管件的安装定额子目亦适用于PE管道和管件。

九、本章定额中的管材属装置性材料,只计取材料费(含损耗)和税金。

十、管道防腐包括铸铁管、钢管的地面离心机械内涂防腐和氯磺化聚乙烯(三油两布)外防腐,地面防腐综合考虑了现场和厂内集中防腐两种施工方法。

5－1 铸铁管安装

5－1－1 铸铁管安装(青铅接口)

工作内容:检查及清扫管材、切管、管道安装、化铅、打麻、打铅口、水压试验等。

单位:10m

顺序号		名称	单位	50001	50002	50003	50004	50005	50006	50007
		定额编号		公称直径(mm以内)						
				75	100	150	200	300	400	500
1	人工	甲类工	工日	0.3	0.3	0.4	0.6	0.7	0.9	1.2
2	人工	乙类工	工日	0.5	0.5	0.7	0.9	1.0	1.3	1.7
3	人工	合计	工日	0.8	0.8	1.1	1.5	1.7	2.2	2.9
4	材料	铸铁管	m	10.00	10.00	10.00	10.00	10.00	10.00	10.00
5	材料	青铅	kg	6.21	7.73	11.38	14.64	19.61	26.89	37.92
6	材料	木柴	kg	0.21	0.26	0.52	0.64	0.84	1.05	1.26
7	材料	氧气	m^3	0.05	0.10	0.13	0.23	0.26	0.49	0.62
8	材料	乙炔气	kg	0.02	0.03	0.04	0.07	0.08	0.16	0.21
9	材料	焦炭	kg	2.62	3.09	4.44	5.70	7.09	9.74	12.66
10	材料	油麻	kg	0.23	0.28	0.42	0.54	0.72	0.98	1.39
11	机械	汽车起重机 5t	台班					0.06	0.08	0.10
12	机械	载重汽车 5t	台班					0.38	0.38	0.38
13		其他费用	%	1.0	1.0	1.0	1.0	1.0	1.0	1.0

5－1－2　铸铁管件安装(青铅接口)

工作内容:检查及清扫管件、切管、管口处理、管件安装、化铅、接口等。

单位:1个

定额编号				50008	50009	50010	50011	50012	50013	50014
顺序号	名称		单位	公称直径(mm以内)						
				75	100	150	200	300	400	500
1	人工	甲类工	工日	0.2	0.2	0.3	0.4	0.5	0.7	1.0
2		乙类工	工日	0.3	0.4	0.5	0.6	0.7	1.1	1.5
3		合计	工日	0.5	0.6	0.8	1.0	1.2	1.8	2.5
4	材料	铸铁管件	个	1.00	1.00	1.00	1.00	1.00	1.00	1.00
5		青铅	kg	4.97	6.19	9.10	11.71	19.62	26.89	37.92
6		木柴	kg	0.18	0.22	0.44	0.66	0.88	1.10	1.32
7		氧气	m^3	0.04	0.07	0.10	0.18	0.26	0.50	0.63
8		乙炔气	kg	0.01	0.02	0.03	0.06	0.09	0.16	0.21
9		焦炭	kg	2.10	2.48	3.55	4.56	7.10	9.74	12.66
10		油麻	kg	0.18	0.23	0.33	0.43	0.72	0.99	1.39
11	机械	汽车起重机 5t	台班					0.01	0.02	0.03
12		载重汽车 5t	台班					0.01	0.01	0.01
13	其他费用		%	1.0	1.0	1.0	1.0	1.0	1.0	1.0

5－1－3 铸铁管安装(膨胀水泥接口)

工作内容:检查及清扫管材、切管、管道安装、调制接口材料、接口、养护、水压试验等。

单位:10m

顺序号		名称	单位	75	100	150	200	300	400	500
定额编号				50015	50016	50017	50018	50019	50020	50021
				公称直径(mm 以内)						
1	人工	甲类工	工日	0.3	0.3	0.4	0.5	0.6	0.7	0.8
2		乙类工	工日	0.4	0.4	0.5	0.7	0.9	1.0	1.3
3		合计	工日	0.7	0.7	0.9	1.2	1.5	1.7	2.1
4	材料	铸铁管	m	10.00	10.00	10.00	10.00	10.00	10.00	10.00
5		膨胀水泥	kg	1.75	2.18	3.20	4.11	5.50	7.55	10.65
6		氧气	m^3	0.05	0.10	0.13	0.23	0.26	0.49	0.62
7		乙炔气	kg	0.02	0.03	0.04	0.07	0.08	0.16	0.21
8		油麻	kg	0.23	0.28	0.42	0.54	0.72	0.98	1.39
9	机械	汽车起重机 5t	台班					0.06	0.08	0.10
10		载重汽车 5t	台班					0.38	0.38	0.38
11		其他费用	%	1.0	1.0	1.0	1.0	1.0	1.0	1.0

5-1-4 铸铁管件安装(膨胀水泥接口)

工作内容:检查及清扫管件、切管、管口处理、管件安装、调制接口材料、接口、养护等。

单位:1个

定额编号				50022	50023	50024	50025	50026	50027	50028
顺序号	名称		单位	公称直径(mm以内)						
				75	100	150	200	300	400	500
1	人工	甲类工	工日	0.2	0.2	0.2	0.3	0.4	0.5	0.7
2		乙类工	工日	0.3	0.3	0.4	0.5	0.5	0.7	1.0
3		合计	工日	0.5	0.5	0.6	0.8	0.9	1.2	1.7
4	材料	铸铁管件	个	1.00	1.00	1.00	1.00	1.00	1.00	1.00
5		膨胀水泥	kg	1.40	1.74	2.56	3.29	5.50	7.55	10.65
6		氧气	m^3	0.04	0.07	0.10	0.18	0.26	0.50	0.63
7		乙炔气	kg	0.01	0.02	0.03	0.06	0.09	0.16	0.21
8		油麻	kg	0.18	0.23	0.33	0.43	0.72	0.99	1.39
9	机械	汽车起重机 5t	台班					0.01	0.02	0.03
10		载重汽车 5t	台班					0.01	0.01	0.01
11	其他费用		%	1.0	1.0	1.0	1.0	1.0	1.0	1.0

5-1-5　铸铁管安装(石棉水泥接口)

工作内容:检查及清扫管材、切管、管道安装、调制接口材料、接口、养护、水压试验等。

单位:10m

定额编号				50029	50030	50031	50032	50033	50034	50035
顺序号	名称		单位	公称直径(mm 以内)						
				75	100	150	200	300	400	500
1	人工	甲类工	工日	0.3	0.3	0.4	0.5	0.6	0.7	0.9
2		乙类工	工日	0.5	0.5	0.6	0.8	0.9	1.1	1.4
3		合计	工日	0.8	0.8	1.0	1.3	1.5	1.8	2.3
4	材料	铸铁管	m	10.00	10.00	10.00	10.00	10.00	10.00	10.00
5		水泥	kg	1.14	1.42	2.09	2.68	3.59	4.93	6.95
6		氧气	m^3	0.05	0.10	0.13	0.23	0.26	0.49	0.62
7		乙炔气	kg	0.02	0.03	0.04	0.07	0.08	0.16	0.21
8		石棉绒	kg	0.50	0.61	0.90	1.16	1.55	2.13	3.00
9		油麻	kg	0.23	0.28	0.42	0.54	0.72	0.98	1.39
10	机械	汽车起重机 5t	台班					0.06	0.08	0.10
11		载重汽车 5t	台班					0.38	0.38	0.38
12	其他费用		%	1.0	1.0	1.0	1.0	1.0	1.0	1.0

5-1-6 铸铁管件安装(石棉水泥接口)

工作内容:检查及清扫管件、切管、管口处理、管件安装、调制接口材料、接口、养护等。

单位:1个

定额编号				50036	50037	50038	50039	50040	50041	50042
顺序号	名称		单位	公称直径(mm以内)						
				75	100	150	200	300	400	500
1	人工	甲类工	工日	0.2	0.2	0.3	0.4	0.5	0.6	0.8
2		乙类工	工日	0.3	0.3	0.4	0.5	0.7	0.9	1.2
3		合计	工日	0.5	0.5	0.7	0.9	1.2	1.5	2.0
4	材料	铸铁管件	个	1.00	1.00	1.00	1.00	1.00	1.00	1.00
5		水泥	kg	0.91	1.13	1.67	2.15	3.60	4.93	6.95
6		氧气	m^3	0.04	0.07	0.10	0.18	0.26	0.50	0.63
7		乙炔气	kg	0.01	0.02	0.03	0.06	0.09	0.16	0.21
8		石棉绒	kg	0.36	0.45	0.66	0.86	1.43	1.97	2.78
9		油麻	kg	0.18	0.23	0.33	0.43	0.72	0.99	1.39
10	机械	汽车起重机 5t	台班					0.01	0.02	0.03
11		载重汽车 5t	台班					0.01	0.01	0.01
12	其他费用		%	1.0	1.0	1.0	1.0	1.0	1.0	1.0

5-1-7 铸铁管安装(胶圈接口)

工作内容:检查及清扫管材、切管、管道安装、上胶圈、水压试验等。

单位:10m

顺序号	名称		单位	50043	50044	50045	50046	50047	50048	50049
	定额编号			公称直径(mm 以内)						
				75	100	150	200	300	400	500
1	人工	甲类工	工日	0.3	0.4	0.4	0.6	0.6	0.8	1.0
2		乙类工	工日	0.5	0.6	0.6	0.8	0.9	1.2	1.5
3		合计	工日	0.8	1.0	1.0	1.4	1.5	2.0	2.5
4	材料	铸铁管	m	10.00	10.00	10.00	10.00	10.00	10.00	10.00
5		橡胶圈	个	2.57	2.57	2.57	2.57	2.06	2.06	2.06
6		氧气	m^3	0.05	0.10	0.13	0.23	0.26	0.49	0.62
7		乙炔气	kg	0.02	0.03	0.04	0.07	0.08	0.16	0.21
8		润滑油	kg	0.08	0.10	0.12	0.14	0.16	0.18	0.22
9	机械	汽车起重机 5t	台班					0.06	0.08	0.10
10		载重汽车 5t	台班					0.38	0.38	0.38
11	其他费用		%	1.0	1.0	1.0	1.0	1.0	1.0	1.0

5－1－8　铸铁管件安装(胶圈接口)

工作内容:选胶圈、清洗管口、上胶圈等。

单位:1个

定额编号				50050	50051	50052	50053	50054	50055	50056
顺序号	名称		单位	公称直径(mm以内)						
				75	100	150	200	300	400	500
1	人工	甲类工	工日	0.2	0.2	0.3	0.4	0.4	0.7	0.9
2		乙类工	工日	0.3	0.4	0.5	0.5	0.7	1.0	1.3
3		合计	工日	0.5	0.6	0.8	0.9	1.1	1.7	2.2
4	材料	铸铁管件	个	1.00	1.00	1.00	1.00	1.00	1.00	1.00
5		橡胶圈	个	2.06	2.06	2.06	2.06	2.06	2.06	2.06
6		氧气	m^3	0.04	0.07	0.10	0.18	0.26	0.50	0.63
7		乙炔气	kg	0.01	0.02	0.03	0.06	0.09	0.16	0.21
8		润滑油	kg	0.08	0.10	0.12	0.14	0.16	0.18	0.22
9	机械	汽车起重机 5t	台班					0.01	0.02	0.03
10		载重汽车 5t	台班					0.01	0.01	0.01
11	其他费用		%	1.0	1.0	1.0	1.0	1.0	1.0	1.0

5－2 钢管安装

工作内容：管道铺设、附件制安、水压试验等。

单位：10m

定额编号				50057	50058	50059	50060	50061	50062	50063
顺序号	名称		单位	公称直径（mm 以内）						
				80	100	150	200	250	300	400
1	人工	甲类工	工日	0.4	0.6	0.8	1.1	1.4	1.7	2.4
2		乙类工	工日	0.6	0.9	1.2	1.6	2.1	2.5	3.6
3		合计	工日	1.0	1.5	2.0	2.7	3.5	4.2	6.0
4	材料	钢管	m	10.10	10.10	10.10	10.10	10.10	10.10	10.10
5		管件	kg	0.32	0.42	0.63	1.33	1.74	2.22	4.26
6		阀门	个	0.07	0.07	0.03	0.03	0.02	0.02	0.02
7		法兰盘	副	0.07	0.07	0.03	0.03	0.02	0.02	0.02
8		电焊条	kg	0.24	0.29	0.76	1.36	1.85	2.20	3.78
9		氧气	m^3	0.46	0.54	1.02	1.35	1.64	2.01	2.97
10		乙炔气	kg	0.25	0.25	0.47	0.73	0.88	1.08	1.60
11	机械	电焊机 交流 20～25kVA	台班	1.05	1.05	1.52	2.52	2.80	2.90	3.80
12		履带式起重机 15t	台班			0.43	0.43	0.68	0.68	0.86
13		载重汽车 5t	台班	0.04	0.05	0.10	0.13	0.17	0.26	0.34
14	其他费用		%	0.4	0.4	0.4	0.4	0.4	0.4	0.4

5-3 塑料管安装

5-3-1 PVC(UPVC)管道安装(密封胶接口)

工作内容:切管、对口、粘接、管道的田间运输与安装、灌水试验等。

单位:100m

定额编号				50064	50065	50066	50067	50068	50069	50070	50071
顺序号	名称		单位	公称直径(mm 以内)							
				50	75	90	110	125	140	160	200
1	人工	甲类工	工日	0.2	0.2	0.2	0.2	0.3	0.4	0.5	0.6
2		乙类工	工日	0.2	0.3	0.4	0.4	0.5	0.6	0.7	0.8
3		合计	工日	0.4	0.5	0.6	0.6	0.8	1.0	1.2	1.4
4	材料	PVC(UPVC)管道	m	102.00	102.00	102.00	102.00	102.00	102.00	102.00	102.00
5		密封胶	kg	0.17	0.35	0.49	0.72	0.91	1.14	1.47	2.26
6	其他费用		%	8.0	8.0	8.0	8.0	8.0	8.0	8.0	8.0

5-3-2 PVC(UPVC)管件安装(密封胶接口)

工作内容:对口、粘接、管件的田间运输与安装等。

单位:10 个

定额编号				50072	50073	50074	50075	50076	50077	50078	50079
顺序号	名称		单位	公称直径(mm 以内)							
				50	75	90	110	125	140	160	200
1	人工	甲类工	工日	0.1	0.2	0.2	0.2	0.2	0.3	0.3	0.4
2		乙类工	工日	0.2	0.2	0.2	0.3	0.4	0.4	0.4	0.5
3		合计	工日	0.3	0.4	0.4	0.5	0.6	0.7	0.7	0.9
4	材料	PVC(UPVC)管件	个	10.20	10.20	10.20	10.20	10.20	10.20	10.20	10.20
5		密封胶	kg	0.25	0.52	0.74	1.07	1.37	1.70	2.21	3.40
6	其他费用		%	0.6	0.6	0.6	0.6	0.6	0.6	0.6	0.6

注:本定额按三接口考虑;若为四接口的管件,人工工日和密封胶在此基础上增加 35%;若为二接口的管件,人工工日和密封胶在此基础上减少 30%,其他不变。

5-3-3　PVC(UPVC)管道安装(橡胶圈接口)

工作内容:切管、对口、粘接、管道的田间运输与安装、灌水试验等。

单位:100m

定额编号				50080	50081	50082	50083	50084	50085	50086	50087
顺序号	名称		单位	公称直径(mm 以内)							
				50	75	90	110	125	140	160	200
1	人工	甲类工	工日	0.2	0.2	0.2	0.3	0.3	0.4	0.5	0.6
2		乙类工	工日	0.2	0.3	0.4	0.4	0.5	0.6	0.7	0.8
3		合计	工日	0.4	0.5	0.6	0.7	0.8	1.0	1.2	1.4
4	材料	PVC(UPVC)管道	m	102.00	102.00	102.00	102.00	102.00	102.00	102.00	102.00
5		橡胶圈	个	17.00	17.00	17.00	17.00	17.00	17.00	17.00	17.00
6	其他费用		%	8.0	8.0	8.0	8.0	8.0	8.0	8.0	8.0

5-3-4　PVC(UPVC)管件安装(橡胶圈接口)

工作内容:对口、粘接、管件的田间运输与安装等。

单位:10 个

定额编号				50088	50089	50090	50091	50092	50093	50094	50095
顺序号	名称		单位	公称直径(mm 以内)							
				50	75	90	110	125	140	160	200
1	人工	甲类工	工日	0.1	0.2	0.2	0.2	0.2	0.3	0.4	0.4
2		乙类工	工日	0.2	0.3	0.2	0.3	0.4	0.4	0.4	0.5
3		合计	工日	0.3	0.5	0.4	0.5	0.6	0.7	0.8	0.9
4	材料	PVC(UPVC)管件	个	10.20	10.20	10.20	10.20	10.20	10.20	10.20	10.20
5		橡胶圈	个	30.90	30.90	30.90	30.90	30.90	30.90	30.90	30.90
6	其他费用		%	0.6	0.6	0.6	0.6	0.6	0.6	0.6	0.6

注:本定额按三接口考虑;若为四接口的管件,人工工日和橡胶圈在此基础上增加35%;若为二接口的管件,人工工日和橡胶圈在此基础上减少30%,其他不变。

5-3-5 PP管道安装

工作内容：切管、对口、粘接、管道的田间运输与安装、灌水试验等。

单位:100m

定额编号				50096	50097	50098	50099	50100	50101	50102	50103
顺序号	名称		单位	公称直径(mm以内)							
				50	75	90	110	125	140	160	210
1	人工	甲类工	工日	0.1	0.2	0.2	0.2	0.3	0.4	0.4	0.5
2		乙类工	工日	0.2	0.2	0.3	0.3	0.4	0.5	0.7	0.8
3		合计	工日	0.3	0.4	0.5	0.5	0.7	0.9	1.1	1.3
4	材料	PP管道	m	102.00	102.00	102.00	102.00	102.00	102.00	102.00	102.00
5		煤油	kg	0.10	0.10	0.10	0.15	0.15	0.15	0.15	0.20
6	其他费用		%	8.0	8.0	8.0	8.0	8.0	8.0	8.0	8.0

5-3-6 PP管件安装

工作内容：对口、粘接、管件的田间运输与安装等。

单位:10个

定额编号				50104	50105	50106	50107	50108	50109	50110	50111
顺序号	名称		单位	公称直径(mm以内)							
				50	75	90	110	125	140	160	210
1	人工	甲类工	工日	0.1	0.1	0.1	0.2	0.2	0.2	0.2	0.3
2		乙类工	工日	0.1	0.2	0.2	0.2	0.3	0.4	0.4	0.5
3		合计	工日	0.2	0.3	0.3	0.4	0.5	0.6	0.6	0.8
4	材料	PP管件	个	10.20	10.20	10.20	10.20	10.20	10.20	10.20	10.20
5		煤油	kg	0.10	0.10	0.10	0.15	0.15	0.15	0.15	0.20
6	其他费用		%	0.6	0.6	0.6	0.6	0.6	0.6	0.6	0.6

注：本定额按三接口考虑；若为四接口的管件，人工工日和煤油在此基础上增加35%；若为二接口的管件，人工工日和煤油在此基础上减少30%，其他不变。

5-3-7 PE管道安装(热熔电熔连接)

工作内容:切管、对口、粘接、管道的田间运输与安装、灌水试验等。

单位:100m

定额编号				50112	50113	50114	50115	50116	50117	50118	50119
顺序号	名称		单位	公称直径(mm以内)							
				50	75	90	110	125	140	160	200
1	人工	甲类工	工日	0.3	0.4	0.5	0.5	0.7	0.8	1.0	1.2
2		乙类工	工日	0.5	0.6	0.6	0.7	0.9	1.2	1.4	1.6
3		合计	工日	0.8	1.0	1.1	1.2	1.6	2.0	2.4	2.8
4	材料	PE管道	m	102.00	102.00	102.00	102.00	102.00	102.00	102.00	102.00
5		锯条	根	0.12	0.23	0.32	0.37	0.40	0.42	0.69	0.91
6	机械	热熔电熔焊机	台班	0.08	0.15	0.21	0.31	0.40	0.51	0.67	1.03
7	其他费用		%	8.0	8.0	8.0	8.0	8.0	8.0	8.0	8.0

5-3-8 PE管件安装(热熔电熔连接)

工作内容:对口、粘接、管件的田间运输与安装等。

单位:10个

定额编号				50120	50121	50122	50123	50124	50125	50126	50127
顺序号	名称		单位	公称直径(mm以内)							
				50	75	90	110	125	140	160	200
1	人工	甲类工	工日	0.3	0.4	0.4	0.4	0.5	0.6	0.7	0.8
2		乙类工	工日	0.3	0.4	0.5	0.6	0.7	0.7	0.7	1.0
3		合计	工日	0.6	0.8	0.9	1.0	1.2	1.3	1.4	1.8
4	材料	PE管件	个	10.20	10.20	10.20	10.20	10.20	10.20	10.20	10.20
5		锯条	根	0.12	0.23	0.32	0.37	0.40	0.42	0.69	0.91
6	机械	热熔电熔焊机	台班	0.14	0.27	0.37	0.56	0.72	0.92	1.21	1.85
7	其他费用		%	8.0	8.0	8.0	8.0	8.0	8.0	8.0	8.0

注:本定额按三接口考虑;若为四接口的管件,人工和机械在此基础上增加35%;若为二接口的管件,人工和机械在此基础上减少30%,其他不变。

5－4　管道附件安装

5－4－1　螺纹阀安装

工作内容:切管、套丝、制垫、加垫、上阀门、水压试验等。

单位:个

定额编号				50128	50129	50130	50131
顺序号	名称		单位	公称直径(mm 以内)			
				50	65	80	100
1	人工	甲类工	工日	0.1	0.1	0.2	0.2
2		乙类工	工日	0.1	0.2	0.2	0.3
3		合计	工日	0.2	0.3	0.4	0.5
4	材料	螺纹阀门	个	1.01	1.01	1.01	1.01
5		钢锯条	根	0.32	0.42	0.50	0.70
6		钢活接头	个	1.01	1.01	1.01	1.01
7		机油	kg	0.02	0.02	0.02	0.02
8		铅油	kg	0.02	0.02	0.03	0.04
9		橡胶板	kg	0.01	0.02	0.03	0.04
10		棉丝	kg	0.03	0.04	0.04	0.05
11		砂纸	件	0.03	0.37	0.44	0.52
12	其他费用		%	1.0	1.0	1.0	1.0

5－4－2　焊接法兰安装

工作内容:切管、焊接法兰、制垫、加垫、螺栓、水压试验等。

单位:个

定额编号				50132	50133	50134	50135	50136	50137
顺序号	名称		单位	公称直径(mm 以内)					
				50	65	80	100	150	200
1	人工	甲类工	工日	0.1	0.1	0.1	0.1	0.2	0.3
2		乙类工	工日	0.1	0.1	0.2	0.2	0.3	0.4
3		合计	工日	0.2	0.2	0.3	0.3	0.5	0.7
4	材料	法兰阀门	个	1.01	1.01	1.01	1.01	1.01	1.01
5		焊接法兰	副	1.01	1.01	1.01	1.01	1.01	1.01
6		电焊条	kg	0.21	0.42	0.49	0.59	0.88	2.35
7		精制六角螺栓	套	8.24	8.24	16.48	16.48	16.48	24.72
8		氧气	m^3		0.04	0.06	0.07	0.11	0.15
9		铅油	kg	0.08	0.09	0.12	0.15	0.28	0.34
10		清油	kg	0.01	0.01	0.02	0.02	0.03	0.03
11		棉丝	kg	0.04	0.05	0.05	0.06	0.07	0.08
12		乙炔气	kg		0.01	0.02	0.02	0.04	0.05
13		砂纸	件	0.40	0.50	0.50	0.50	0.80	1.00
14		石棉橡胶板	kg	0.14	0.18	0.26	0.35	0.55	0.66
15	机械	电焊机 直流30kVA	台班	0.13	0.23	0.23	0.27	0.30	0.66
16	其他费用		%	1.0	1.0	1.0	1.0	1.0	1.0

5－4－3　焊接法兰式套筒伸缩器安装

工作内容：切管、检修盘根、对口、焊接法兰、制垫、加垫、安装、水压试验等。

单位：个

定额编号				50138	50139	50140	50141	50142
顺序号	名称		单位	公称直径(mm 以内)				
				80	100	150	200	300
1	人工	甲类工	工日	0.1	0.2	0.4	0.5	0.7
2		乙类工	工日	0.2	0.4	0.7	0.8	1.0
3		合计	工日	0.3	0.6	1.1	1.3	1.7
4	材料	法兰套筒式伸缩器	个	1.01	1.01	1.01	1.01	1.01
5		钢锯条	根	0.20	0.20	0.80	1.00	1.50
6		钢板平焊法兰	片	2.00	2.00	2.00	2.00	2.00
7		电焊条	kg	0.49	0.59	0.88	2.35	5.79
8		机油	kg	0.05	0.05	0.07	0.09	0.10
9		精制六角螺栓	套	16.48	16.48	16.48	24.72	24.72
10		氧气	m^3	0.06	0.07	0.12	0.17	0.29
11		铅油	kg	0.10	0.10	0.20	0.30	0.50
12		清油	kg	0.06	0.06	0.08	0.08	0.08
13		乙炔气	kg	0.02	0.02	0.04	0.06	0.10
14		石棉橡胶板	kg	0.26	0.35	0.55	0.66	0.80
15	机械	弧焊机 交流 20kVA	台班	0.23	0.27	0.30	0.66	1.17
16	其他费用		%	1.0	1.0	1.0	1.0	1.0

5－4－4 法兰阀(带短管甲乙)青铅接口安装

工作内容:管口除沥青、制垫、加垫、化铅、打麻、接口、紧螺栓、水压试验等。

单位:个

定额编号				50143	50144	50145	50146	50147	50148
顺序号		名称	单位	公称直径(mm 以内)					
				80	100	150	200	300	400
1	人工	甲类工	工日	0.3	0.3	0.4	0.6	1.4	2.0
2		乙类工	工日	0.4	0.6	0.8	0.9	2.2	3.0
3		合计	工日	0.7	0.9	1.2	1.5	3.6	5.0
4	材料	法兰阀门	个	1.01	1.01	1.01	1.01	1.01	1.01
5		青铅	kg	4.97	6.19	9.10	11.71	19.62	26.89
6		铸铁短管甲	个	1.01	1.01	1.01	1.01	1.01	1.01
7		铸铁短管乙	个	1.01	1.01	1.01	1.01	1.01	1.01
8		精制六角螺栓带栓帽,垫片	套	16.48	16.48	16.48	24.72	27.72	32.96
9		焦炭	kg	2.10	2.48	3.55	4.56	7.10	9.74
10		氧气	m^3	0.04	0.07	0.10	0.18	0.26	0.50
11		油麻	kg	0.18	0.23	0.33	0.43	0.72	0.99
12		石棉橡胶板	kg	0.26	0.35	0.55	0.66	0.80	1.38
13	机械	卷扬机 5t	台班					0.10	0.15
14		载重汽车 5t	台班					0.01	0.02
15		汽车起重机 5t	台班					0.01	0.01
16		其他费用	%	1.0	1.0	1.0	1.0	1.0	1.0

5-4-5　法兰阀(带短管甲乙)膨胀水泥接口安装

工作内容:管口除沥青、制垫、加垫、调制接口材料、接口养护、紧螺栓、水压试验等。

单位:个

定额编号				50149	50150	50151	50152	50153	50154
顺序号	名称		单位	公称直径(mm 以内)					
				80	100	150	200	300	400
1	人工	甲类工	工日	0.3	0.3	0.4	0.5	0.7	1.0
2		乙类工	工日	0.4	0.5	0.6	0.9	1.1	2.0
3		合计	工日	0.7	0.8	1.0	1.4	1.8	3.0
4	材料	法兰阀门	个	1.01	1.01	1.01	1.01	1.01	1.01
5		铸铁短管甲	个	1.01	1.01	1.01	1.01	1.01	1.01
6		铸铁短管乙	个	1.01	1.01	1.01	1.01	1.01	1.01
7		清油	kg	0.01	0.02	0.03	0.03	0.05	0.06
8		精制六角螺栓带栓帽,垫片	套	16.48	16.48	16.48	24.72	24.72	32.96
9		膨胀水泥	kg	1.40	1.74	2.56	3.29	5.50	7.55
10		氧气	m^3	0.05	0.07	0.09	0.16	0.24	0.45
11		乙炔气	kg	0.02	0.03	0.04	0.06	0.09	0.17
12		油麻	kg	0.18	0.23	0.33	0.43	0.72	0.99
13		石棉橡胶板	kg	0.26	0.35	0.55	0.66	0.80	1.36
14	机械	卷扬机 5t	台班					0.10	0.15
15		载重汽车 5t	台班					0.06	0.06
16	其他费用		%	1.0	1.0	1.0	1.0	1.0	1.0

5-4-6 法兰阀(带短管甲乙)石棉普通水泥接口安装

工作内容:管口除沥青、制垫、加垫、调制接口材料、接口养护、紧螺栓、水压试验等。

单位:个

定额编号				50155	50156	50157	50158	50159	50160
顺序号	名称		单位	公称直径(mm 以内)					
				80	100	150	200	300	400
1	人工	甲类工	工日	0.3	0.3	0.4	0.5	0.7	1.0
2		乙类工	工日	0.4	0.5	0.6	0.9	1.0	2.0
3		合计	工日	0.7	0.8	1.0	1.4	1.7	3.0
4	材料	法兰阀门	个	1.01	1.01	1.01	1.01	1.01	1.01
5		铸铁短管甲	个	1.01	1.01	1.01	1.01	1.01	1.01
6		铸铁短管乙	个	1.01	1.01	1.01	1.01	1.01	1.01
7		清油	kg	0.02	0.02	0.03	0.03	0.05	0.06
8		精制六角螺栓带栓帽,垫片	套	16.48	16.48	16.48	24.72	24.72	32.96
9		水泥	kg	0.91	1.13	1.67	2.15	3.60	4.93
10		氧气	m^3	0.05	0.07	0.09	0.16	0.24	0.45
11		乙炔气	kg	0.04	0.07	0.10	0.18	0.26	0.50
12		石棉绒	kg	0.36	0.45	0.66	0.86	1.43	1.97
13		油麻	kg	0.18	0.23	0.33	0.43	0.72	0.99
14		石棉橡胶板	kg	0.26	0.35	0.55	0.66	0.80	1.36
15	机械	卷扬机 5t	台班					0.10	0.15
16		载重汽车 5t	台班					0.06	0.06
17	其他费用		%	1.0	1.0	1.0	1.0	1.0	1.0

5－5　混凝土管安装

适用范围：露天铺设的水泵站出水管、倒虹管及其他低压输水管。

工作内容：测量、就位、探测砂浆、安装等。

单位：10m

定额编号				50161	50162	50163	50164	50165	50166	50167	50168	50169	50170
顺序号	名称		单位	平段					斜段				
				公称直径(mm 以内)									
				400	600	800	1000	1200	400	600	800	1000	1200
1	人工	甲类工	工日	1.2	2.0	2.4	3.2	3.6	2.0	2.8	3.6	5.2	5.6
2		乙类工	工日	1.8	3.0	3.6	4.8	5.4	3.0	4.2	5.4	7.8	8.4
3		合计	工日	3.0	5.0	6.0	8.0	9.0	5.0	7.0	9.0	13.0	14.0
4	材料	预应力混凝土管	m	10.10	10.10	10.10	10.10	10.10	10.10	10.10	10.10	10.10	10.10
5		锯材	m^3	0.07	0.07	0.10	0.10	0.10	0.10	0.10	0.10	0.20	0.20
6		型钢	kg	0.40	0.60	0.80	1.00	1.20	0.60	0.90	1.20	1.60	1.90
7		铁丝	kg	1.40	2.10	2.70	3.40	4.00	2.00	3.10	4.00	5.20	6.10
8		水泥砂浆	m^3	0.10	0.10	0.10	0.10	0.10	0.10	0.10	0.10	0.10	0.10
9		橡胶止水圈	根	2.10	2.10	2.10	2.10	2.10	2.10	2.10	2.10	2.10	2.10
10	机械	卷扬机 3t	台班	0.30	0.50	0.60	0.80	0.90	0.50	0.70	0.80	1.10	1.30
11		电动葫芦 3t	台班	0.70	0.80	1.10	1.50	1.70	1.00	1.40	1.70	2.30	2.50
12	其他费用		%	2.8	2.8	2.8	2.8	2.8	3.2	3.2	3.2	3.2	3.2

5－6　管道防腐

5－6－1　铸铁管(钢管)地面离心机械内涂

工作内容:刮管、冲洗、内涂、搭拆工作台。

单位:10m

定额编号				50171	50172	50173	50174	50175
顺序号	名称		单位	公称直径(mm 以内)				
				150	200	300	400	500
1	人工	甲类工	工日	0.2	0.3	0.4	0.8	0.8
2		乙类工	工日	0.4	0.4	0.5	1.1	1.3
3		合计	工日	0.6	0.7	0.9	1.9	2.1
4		水	m^3	0.06	0.08	0.13	0.20	0.25
5		中粗砂	m^3	0.03	0.04	0.05	0.08	0.11
6		水泥	kg	20.00	27.00	41.00	64.00	81.00
7	机械	涂料机　中型	台班				0.11	0.12
8		涂料机　小型	台班	0.03	0.04	0.05		
9		砂浆搅拌机 $0.2m^3$	台班	0.02	0.03	0.04	0.07	0.08
10		汽车起重机　5t	台班			0.03	0.04	0.05
11	其他费用		%	1.0	1.0	1.0	1.0	1.0

5-6-2 氯磺化聚乙烯(三油二布)外防腐

工作内容:除锈、清扫底漆、填嵌、缠布、刷油。

单位:10m

定额编号				50176	50177	50178	50179
顺序号	名称		单位	公称直径(mm 以内)			
				200	300	400	500
1	人工	甲类工	工日	0.8	1.1	1.4	1.8
2		乙类工	工日	1.1	1.6	2.2	2.7
3		合计	工日	1.9	2.7	3.6	4.5
4	材料	氯磺化聚乙烯面漆	kg	16.99	24.99	32.91	40.89
5		盐酸 31%合成	kg	14.17	20.75	27.43	34.07
6		中和材料	kg	3.55	5.19	6.86	8.52
7		槽制材料	m^2	6.92	10.12	13.38	16.62
8		玻璃布	m	16.73	24.83	32.54	40.42
9	其他费用		%	2.0	2.0	2.0	2.0

第6章

农用井工程

说　明

一、本章包括松散层、基岩农用井成孔、井管安装、填封、洗井等共21节，122个子目，适用于河南省土地开发整理中的水源工程。

二、本章定额中的地层划分执行《水文地质钻探地层分类》标准，松散层分为7类、基岩分为5类；大口井、多管井和冲击锥造井执行《一般工程土类分级表》。

三、钻井中的综合工日包括安装、拆卸钻塔以及挖泥浆坑等工日。

四、松散层和基岩钻井：

（一）定额是按地质钻机300型拟定的，采用的地质钻机型号不同时，其定额中的钻机台班消耗数量可按表6－1系数进行调整。

表6－1

钻机型号	600型	400型	300型	200型	150型
系　数	0.94	0.98	1.00	1.06	1.10

（二）定额是按钻井深度80～100m拟定的，若钻井深度不同，本章第一节至第十八节的人工和机械台班等消耗量均应乘表6－2系数进行调整：

表6－2

钻井深度(m)	≤40	40～60	60～80	80～100	100～150
系　数	0.7	0.8	0.9	1	1.07
钻井深度(m)	150～200	200～250	250～300	300～350	350～400
系　数	1.13	1.2	1.27	1.40	1.52

若钻井深度大于400m，每增加50m，增加0.2的调整系数。

（三）钻机是按电动考虑的，若采用油料作为动力燃料，其钻机台班消耗数量应乘1.05的调整系数。

（四）钻井孔径是按450～750mm考虑的。当钻井孔径为750～850mm时，按钻井孔径为700～750mm定额乘1.06系数；当钻井孔径大于850mm时，按钻井孔径为700～750mm定额乘1.10系数。

五、基岩破碎钻进取芯时，地层分类提高一级计算。

六、大口井人工水下挖土是指表面有水，且无法排、抽、掏干情况下的人工挖运井底部土方工程。其定额应乘表6－3水下系数：

表6－3

水深(m)	0.1以下	0.1～0.3
水下系数	1.2	1.7

七、本章定额不包括以下工作内容：

（一）井位的选定；

（二）施工场地总电源开关以上（含总电源开关）的供电线路架设和维护；

（三）井口工程；

（四）井房；

（五）农用井的供电线路架设。

6-1 农用井成孔——松散层Ⅰ类

适用范围:泥浆固壁钻进。

工作内容:钻机就位,泥浆制备,钻进,转移。

单位:10m

定额编号				60001	60002	60003	60004	60005	60006
顺序号	名称		单位	孔径(mm)					
				450~500	500~550	550~600	600~650	650~700	700~750
1	人工	甲类工	工日	5.9	6.1	6.2	6.4	6.5	6.6
2		乙类工	工日	2.0	2.2	2.4	2.7	3.0	3.2
3		合计	工日	7.9	8.3	8.6	9.1	9.5	9.8
4	材料	刮刀钻头	个	0.06	0.08	0.09	0.11	0.12	0.13
5		钻杆	m	0.08	0.14	0.14	0.15	0.15	0.15
6		黏土	m^3	0.36	0.41	0.48	0.55	0.60	0.72
7		水	m^3	1.92	2.19	2.55	2.93	3.33	3.82
8	机械	钻机 300型	台班	1.34	1.41	1.55	1.67	1.81	1.98
9		泥浆搅拌机	台班	0.05	0.05	0.06	0.08	0.09	0.10
10		泥浆泵	台班	1.04	1.06	1.11	1.15	1.19	1.22
11	其他费用		%	0.5	0.5	0.5	0.5	0.5	0.5

6-2 农用井成孔——松散层Ⅱ类

适用范围:泥浆固壁钻进。

工作内容:钻机就位,泥浆制备,钻进,转移。

单位:10m

定额编号				60007	60008	60009	60010	60011	60012
顺序号	名称		单位	孔径(mm)					
				450~500	500~550	550~600	600~650	650~700	700~750
1	人工	甲类工	工日	7	7.1	7.2	7.3	7.4	7.5
2		乙类工	工日	2.2	2.4	2.5	2.8	3.1	3.2
3		合计	工日	9.2	9.5	9.7	10.1	10.5	10.7
4	材料	刮刀钻头	个	0.08	0.10	0.11	0.12	0.13	0.15
5		钻杆	m	0.11	0.12	0.13	0.13	0.14	0.14
6		黏土	m^3	0.52	0.56	0.64	0.73	0.81	0.93
7		水	m^3	2.62	2.82	3.22	3.63	4.03	4.63
8	机械	钻机 300型	台班	1.55	1.62	1.69	1.75	1.97	2.08
9		泥浆搅拌机	台班	0.08	0.08	0.10	0.11	0.12	0.14
10		泥浆泵	台班	1.06	1.10	1.14	1.19	1.22	1.24
11	其他费用		%	0.5	0.5	0.5	0.5	0.5	0.5

6-3 农用井成孔——松散层Ⅲ类

适用范围:泥浆固壁钻进。

工作内容:钻机就位,泥浆制备,钻进,转移。

单位:10m

定额编号				60013	60014	60015	60016	60017	60018
顺序号	名称		单位	孔径(mm)					
				450~500	500~550	550~600	600~650	650~700	700~750
1	人工	甲类工	工日	8.2	8.3	8.4	8.5	8.6	8.7
2		乙类工	工日	2.9	3.0	3.1	3.3	3.5	3.8
3		合计	工日	11.1	11.3	11.5	11.8	12.1	12.5
4	材料	牙轮钻头	个	0.12	0.13	0.15	0.16	0.17	0.19
5		钻杆	m	0.15	0.16	0.18	0.19	0.20	0.22
6		黏土	m^3	0.70	0.75	0.86	0.97	1.07	1.24
7		水	m^3	3.49	3.76	4.30	4.83	5.37	6.18
8	机械	钻机 300型	台班	1.71	1.77	1.84	1.90	1.96	2.03
9		泥浆搅拌机	台班	0.11	0.11	0.13	0.15	0.16	0.19
10		泥浆泵	台班	1.16	1.16	1.21	1.25	1.30	1.34
11	其他费用		%	0.5	0.5	0.5	0.5	0.5	0.5

6－4 农用井成孔——松散层Ⅳ类

适用范围：泥浆固壁钻进。

工作内容：钻机就位，泥浆制备，钻进，转移。

单位：10m

定额编号				60019	60020	60021	60022	60023	60024
顺序号	名称		单位	孔径(mm)					
				450～500	500～550	550～600	600～650	650～700	700～750
1	人工	甲类工	工日	8.6	8.7	8.8	8.9	9.0	9.2
2		乙类工	工日	3.0	3.1	3.2	3.4	3.6	3.9
3		合计	工日	11.6	11.8	12.0	12.3	12.6	13.1
4	材料	牙轮钻头	个	0.15	0.17	0.18	0.19	0.20	0.22
5		钻杆	m	0.17	0.18	0.20	0.21	0.22	0.24
6		黏土	m^3	0.87	0.94	1.07	1.21	1.34	1.54
7		水	m^3	4.36	4.70	5.37	6.04	6.71	7.72
8	机械	钻机 300型	台班	1.60	1.66	1.91	1.97	2.03	2.07
9		泥浆搅拌机	台班	0.13	0.14	0.16	0.18	0.20	0.23
10		泥浆泵	台班	1.06	1.09	1.27	1.31	1.36	1.40
11	其他费用		%	0.5	0.5	0.5	0.5	0.5	0.5

6-5 农用井成孔——松散层V类

适用范围:泥浆固壁钻进。

工作内容:钻机就位,泥浆制备,钻进,转移。

单位:10m

定额编号				60025	60026	60027	60028	60029	60030
顺序号	名称		单位	孔径(mm)					
				450~500	500~550	550~600	600~650	650~700	700~750
1	人工	甲类工	工日	8.9	9.0	9.1	9.2	9.3	9.4
2		乙类工	工日	3.2	3.3	3.5	3.7	3.9	4.1
3		合计	工日	12.1	12.3	12.6	12.9	13.2	13.5
4	材料	牙轮钻头	个	0.17	0.19	0.21	0.22	0.23	0.25
5		钻杆	m	0.19	0.20	0.22	0.23	0.24	0.26
6		黏土	m^3	1.05	1.13	1.29	1.45	1.61	1.85
7		水	m^3	5.24	5.64	6.45	7.25	8.06	9.27
8	机械	钻机 300型	台班	1.83	1.90	1.96	2.03	2.09	2.16
9		泥浆搅拌机	台班	0.16	0.17	0.19	0.22	0.24	0.28
10		泥浆泵	台班	1.17	1.29	1.33	1.38	1.42	1.47
11	其他费用		%	0.5	0.5	0.5	0.5	0.5	0.5

6-6 农用井成孔——松散层Ⅵ类

适用范围:泥浆固壁钻进。

工作内容:钻机就位,泥浆制备,钻进,转移。

单位:10m

定额编号				60031	60032	60033	60034	60035	60036
顺序号	名称		单位	孔径(mm)					
				450~500	500~550	550~600	600~650	650~700	700~750
1	人工	甲类工	工日	9.4	9.5	9.6	9.7	9.8	9.9
2		乙类工	工日	3.9	4.0	4.1	4.2	4.3	4.5
3		合计	工日	13.3	13.5	13.7	13.9	14.1	14.4
4	材料	牙轮钻头	个	0.19	0.21	0.23	0.24	0.25	0.26
5		钻杆	m	0.21	0.22	0.24	0.26	0.27	0.28
6		黏土	m^3	1.26	1.35	1.55	1.74	1.93	2.22
7		水	m^3	6.28	6.77	7.73	8.70	9.67	11.12
8	机械	钻机 300型	台班	2.12	2.17	2.22	2.27	2.32	2.38
9		泥浆搅拌机	台班	0.19	0.20	0.23	0.26	0.29	0.33
10		泥浆泵	台班	1.46	1.51	1.56	1.61	1.66	1.71
11	其他费用		%	0.5	0.5	0.5	0.5	0.5	0.5

6-7 农用井成孔——松散层Ⅶ类

适用范围:泥浆固壁钻进。

工作内容:钻机就位,泥浆制备,钻进,转移。

单位:10m

定额编号				60037	60038	60039	60040	60041	60042
顺序号	名称		单位	孔径(mm)					
				450~500	500~550	550~600	600~650	650~700	700~750
1	人工	甲类工	工日	9.9	10.0	10.2	10.3	10.4	10.5
2		乙类工	工日	4.2	4.3	4.4	4.5	4.6	4.7
3		合计	工日	14.1	14.3	14.6	14.8	15.0	15.2
4	材料	牙轮钻头	个	0.21	0.23	0.25	0.27	0.29	0.32
5		钻杆	m	0.23	0.24	0.26	0.28	0.30	0.32
6		黏土	m^3	1.68	1.80	2.06	2.32	2.58	2.97
7		水	m^3	8.38	9.02	10.31	11.6	12.89	14.83
8	机械	钻机 300型	台班	2.20	2.25	2.30	2.35	2.40	2.45
9		泥浆搅拌机	台班	0.25	0.27	0.31	0.35	0.39	0.45
10		泥浆泵	台班	1.56	1.61	1.66	1.71	1.76	1.81
11	其他费用		%	0.5	0.5	0.5	0.5	0.5	0.5

6-8 农用井成孔——基岩I类

工作内容:钻机就位、钻进、转移。

单位:10m

定额编号				60043	60044	60045	60046	60047	60048
顺序号	名称		单位	孔径(mm)					
				250~300	300~350	350~400	400~450	450~500	500~550
1	人工	甲类工	工日	11.6	12.7	13.8	14.9	16.1	17.2
2		乙类工	工日	2.7	2.9	3.1	3.3	3.5	3.8
3		合计	工日	14.3	15.6	16.9	18.2	19.6	21.0
4	材料	铁砂钻头	个	0.65	0.67	0.69	0.71	0.73	0.75
5		铁砂	kg	24.30	26.50	29.20	31.90	34.30	37.60
6		岩芯管	m	0.32	0.32	0.32	0.32	0.32	0.32
7		钻杆	m	0.36	0.37	0.38	0.39	0.40	0.41
8		水	m^3	1.11	1.20	1.37	1.67	2.06	2.51
9	机械	钻机 300型	台班	3.21	3.52	3.85	4.17	4.49	4.83
10	其他费用		%	0.6	0.6	0.6	0.6	0.6	0.6

6－9　农用井成孔——基岩Ⅱ类

工作内容：钻机就位、钻进、转移。

单位：10m

定额编号				60049	60050	60051	60052	60053	60054
顺序号	名称		单位	孔径(mm)					
				250～300	300～350	350～400	400～450	450～500	500～550
1	人工	甲类工	工日	12.9	14.1	15.0	16.2	17.3	18.4
2		乙类工	工日	2.9	3.1	3.3	3.5	3.7	3.9
3		合计	工日	15.8	17.2	18.3	19.7	21.0	22.3
4	材料	铁砂钻头	个	0.81	0.83	0.85	0.87	0.88	0.89
5		铁砂	kg	31.20	33.40	35.60	37.80	40.00	42.20
6		岩芯管	m	0.36	0.36	0.36	0.36	0.36	0.36
7		钻杆	m	0.39	0.40	0.41	0.42	0.43	0.44
8		水	m^3	1.61	1.73	1.98	2.22	2.47	3.25
9	机械	钻机　300型	台班	4.26	4.58	4.81	5.13	5.46	5.79
10	其他费用		%	0.6	0.6	0.6	0.6	0.6	0.6

6－10 农用井成孔——基岩Ⅲ类

工作内容：钻机就位、钻进、转移。

单位：10m

顺序号	名称		单位	孔径(mm)					
	定额编号			60055	60056	60057	60058	60059	60060
				250～300	300～350	350～400	400～450	450～500	500～550
1	人工	甲类工	工日	14.8	16.1	17.9	19.9	21.9	24.6
2	人工	乙类工	工日	3.1	3.3	3.5	3.7	3.9	4.1
3	人工	合计	工日	17.9	19.4	21.4	23.6	25.8	27.2
4	材料	铁砂钻头	个	1.09	1.11	1.13	1.15	1.17	1.19
5	材料	铁砂	kg	40.30	45.70	51.20	56.50	61.60	71.20
6	材料	岩芯管	m	0.39	0.39	0.39	0.39	0.39	0.39
7	材料	钻杆	m	0.51	0.52	0.53	0.54	0.55	0.56
8	材料	水	m^3	2.10	2.26	2.59	2.91	3.23	4.25
9	机械	钻机 300型	台班	4.69	5.11	5.64	6.26	6.89	7.76
10	其他费用		%	0.6	0.6	0.6	0.6	0.6	0.6

6-11　农用井成孔——基岩Ⅳ类

工作内容:钻机就位、钻进、转移。

单位:10m

定额编号				60061	60062	60063	60064	60065	60066
顺序号	名称		单位	孔径(mm)					
				250~300	300~350	350~400	400~450	450~500	500~550
1	人工	甲类工	工日	16.3	17.4	19.5	21.6	23.7	25.8
2		乙类工	工日	3.3	3.5	3.7	3.9	4.1	4.3
3		合计	工日	19.6	20.9	23.2	25.5	27.8	30.1
4	材料	铁砂钻头	个	1.42	1.43	1.45	1.47	1.49	1.51
5		铁砂	kg	53.30	57.20	63.60	68.30	74.90	82.30
6		岩芯管	m	0.52	0.53	0.54	0.55	0.56	0.57
7		钻杆	m	0.62	0.63	0.64	0.65	0.66	0.67
8		水	m^3	2.59	2.79	3.19	3.59	3.99	5.25
9	机械	钻机　300型	台班	5.43	5.96	6.55	7.32	8.19	9.87
10	其他费用		%	0.6	0.6	0.6	0.6	0.6	0.6

6－12　农用井成孔——基岩V类

工作内容:钻机就位、钻进、转移。

单位:10m

定额编号				60067	60068	60069	60070	60071	60072
顺序号	名称		单位	孔径(mm)					
				250～300	300～350	350～400	400～450	450～500	500～550
1	人工	甲类工	工日	18.9	20.9	22.9	25.1	26.6	31.6
2		乙类工	工日	3.5	3.7	3.9	4.1	4.3	4.5
3		合计	工日	22.4	24.6	26.8	29.2	30.9	36.1
4	材料	铁砂钻头	个	1.63	1.65	1.67	1.69	1.71	1.73
5		铁砂	kg	58.60	62.30	69.60	77.30	84.40	93.20
6		岩芯管	m	0.60	0.61	0.62	0.63	0.64	0.65
7		钻杆	m	0.71	0.72	0.73	0.74	0.75	0.76
8		水	m^3	3.09	3.33	3.80	4.28	4.75	6.25
9	机械	钻机 300型	台班	6.26	6.92	7.71	8.63	9.99	11.46
10	其他费用		%	0.6	0.6	0.6	0.6	0.6	0.6

6-13 农用井井管安装——钢管

工作内容:配管、下管、联接。

单位:10m

定额编号				60073	60074	60075	60076	60077	60078
顺序号	名称		单位	井管内径(mm)					
				250~300	300~350	350~400	400~450	450~500	500~550
1	人工	甲类工	工日	1.86	2.04	2.34	2.64	2.88	3.36
2		乙类工	工日	0.42	0.42	0.48	0.60	0.66	0.72
3		合计	工日	2.28	2.46	2.82	3.24	3.54	4.08
4	材料	井壁管	m	10.30	10.30	10.30	10.30	10.30	10.30
5		滤水管	m						
6	机械	钻机 300型	台班	0.37	0.41	0.47	0.52	0.59	0.67
7	其他费用		%	0.1	0.1	0.1	0.1	0.1	0.1

注:井壁管和滤水管的比例由设计确定,并根据各井的地质情况调整。

6-14 农用井井管安装——铸铁管

工作内容:配管、下管、联接。

单位:10m

定额编号				60079	60080	60081	60082	60083	60084
顺序号	名称		单位	井管内径(mm)					
				250~300	300~350	350~400	400~450	450~500	500~550
1	人工	甲类工	工日	1.8	1.92	2.22	2.52	2.76	3.18
2		乙类工	工日	0.84	0.90	1.02	1.20	1.32	1.50
3		合计	工日	2.64	2.82	3.24	3.72	4.08	4.68
4	材料	井壁管	m	10.30	10.30	10.30	10.30	10.30	10.30
5		滤水管	m						
6	机械	钻机 300型	台班	0.39	0.41	0.48	0.53	0.61	0.69
7	其他费用		%	0.1	0.1	0.1	0.1	0.1	0.1

注:井壁管和滤水管的比例由设计确定,并根据各井的地质情况调整。

6－15 农用井井管安装——(钢筋)混凝土管或无砂混凝土管

工作内容:配管、下管、联接。

单位:10m

定额编号				60085	60086	60087	60088	60089	60090
顺序号	名称		单位	井管内径(mm)					
				250～300	300～350	350～400	400～450	450～500	500～550
1	人工	甲类工	工日	2.10	2.24	2.56	2.88	3.21	3.7
2		乙类工	工日	0.49	0.53	0.63	0.68	0.77	0.87
3		合计	工日	2.59	2.77	3.19	3.56	3.98	4.57
4	材料	井壁管	m	10.30	10.30	10.30	10.30	10.30	10.30
5		滤水管	m						
6	机械	钻机 300型	台班	0.47	0.50	0.56	0.64	0.72	0.79
7	其他费用		%	0.1	0.1	0.1	0.1	0.1	0.1

注:1. 井壁管和滤水管的比例由设计确定,并根据各井的地质情况调整。

2. 采用钢筋混凝土管时,定额人工和机械乘1.05系数。

6－16 农用井填封——透水层

工作内容:滤料的运输、填封。

单位:10m

定额编号				60091	60092	60093	60094	60095	60096
顺序号	名称		单位	孔径(mm)					
				450～500	500～550	550～600	600～650	650～700	700～750
1	人工	甲类工	工日	0.05	0.05	0.05	0.05	0.05	0.05
2		乙类工	工日	0.33	0.36	0.39	0.45	0.51	0.57
3		合计	工日	0.38	0.41	0.44	0.50	0.56	0.62
4	材料	滤料	m^3	1.18	1.33	1.49	1.65	1.81	1.96
5	其他费用		%	0.5	0.5	0.5	0.5	0.5	0.5

6-17　农用井填封——非透水层

工作内容：黏土球的运输、填封。

单位：10m

定额编号				60097	60098	60099	60100	60101	60102
顺序号	名称		单位	孔径（mm）					
				450~500	500~550	550~600	600~650	650~700	700~750
1	人工	甲类工	工日	0.05	0.05	0.05	0.05	0.05	0.05
2		乙类工	工日	0.40	0.40	0.45	0.55	0.60	0.65
3		合计	工日	0.45	0.45	0.50	0.60	0.65	0.70
4	材料	黏土球	m^3	1.30	1.47	1.64	1.81	1.99	2.16
5	其他费用		%	0.5	0.5	0.5	0.5	0.5	0.5

6-18　农用井洗井——抽水洗井

适用范围：泥浆固壁钻孔，空气扬水设备洗井。

工作内容：孔位转移，接风管，冲洗，分段洗井，抽水试验。

单位：10m

定额编号				60103	60104	60105	60106	60107	60108
顺序号	名称		单位	井管内径（mm）					
				250~300	300~350	350~400	400~450	450~500	500~550
1	人工	甲类工	工日	0.2	0.2	0.2	0.2	0.2	0.2
2		乙类工	工日	0.1	0.1	0.1	0.2	0.2	0.2
3		合计	工日	0.3	0.3	0.3	0.4	0.4	0.4
4	机械	潜水泵　2.2kW	台班	1.40	1.60	1.90	2.20	2.50	2.80
5	其他费用		%	0.5	0.5	0.5	0.5	0.5	0.5

注：洗井长度为透水段长度。

6-19 大口井

工作内容:1. 人工挖土包括人工挖、装，卷扬机吊运，边挖边沉，随时校正。

2. 封底包括砂石料填塞——漏斗和套管的安装，拆除，封底填塞。

3. 混凝土封底包括混凝土搅拌、浇筑、养护，井壁结合部位混凝土凿毛。

4. 沉井包括刃脚制作、安装，模板制作、安装、拆除，钢筋绑扎，混凝土拌制、浇筑、养护。

单位:100m³

定额编号				60109	60110	60111	60112	60113	60114	60115	60116
顺序号	名称		单位	人工挖土			封底			沉井	
				土类级别			砂卵石填塞	碎石填塞	混凝土封底	方形	圆形
				Ⅰ、Ⅱ	Ⅲ	Ⅳ					
1	人工	甲类工	工日	2.2	2.2	2.2	2.5	2.5	3.2	56.9	63.7
2		乙类工	工日	29.6	32.5	36.7	26.8	27.1	42.6	121.8	155.6
3		合计	工日	31.8	34.7	38.9	29.3	29.6	45.8	178.7	219.3
4	材料	碎石	m³					137.20			
5		卵石	m³				52.53				
6		砂子	m³				74.10				
7		板枋材	m³							2.20	2.80
8		组合钢模板	kg							180.00	234.00
9		卡扣件及联杆	kg							270.00	351.00
10		型钢	kg							450.00	580.00
11		铁件	kg							125.00	130.00
12		预埋铁件	kg							220.00	250.00
13		铁钉	kg							30.00	40.00
14		混凝土（无砂混凝土）	m³						103.00	103.00	103.00
15		水	m³						90.00	90.00	90.00
16	机械	单筒卷扬机 5t	台班	3.68	3.99	5.81					
17		离心水泵 7kW	台班	3.68	3.99	5.81					
18		搅拌机 0.4 m³	台班						2.70	3.80	3.80
19		振捣器(插入式) 2.2kW	台班						5.50	7.60	7.60
20		双胶轮车	台班						4.60	17.50	17.50
21		汽车起重机 10t	台班							0.40	0.40
22		载重汽车 5t	台班							0.30	0.30
23	其他费用		%	0.5	0.5	0.5	0.5	0.5	0.5	0.5	0.5

注:1. 透水层段采用无砂混凝土。

2. 此定额为水面以上施工定额，如遇到水下施工，其定额要进行修正，具体系数详见本章说明。

6-20 多管井

适用范围：井深20m以内。

工作内容：定位，钻孔，缠尼纶纱，绑扎，下管，护井设施。

单位：眼

定额编号				60117	60118	60119
顺序号	名称		单位	成井		护井设施
				100mm	150mm	
1	人工	甲类工	工日	1.3	2.2	14.5
2		乙类工	工日	11.3	19.5	3.6
3		合计	工日	12.6	21.7	18.1
4	材料	支管 Φ38mm 塑料管	m	80.00	176.00	
5		滤水管 Φ38mm 塑料管	m	80.00	144.00	
6		集水管 DN100	m	1.20		
7		集水管 DN150	m		1.20	
8		尼纶纱 60目	m	50.00	100.00	
9		线绳	kg	6.50	10.50	
10		机砖	千块			5.50
11		木材	m^3			0.20
12		水泥	t			1.20
13		砂子	m^3			4.00
14		钢筋	kg			28.00
15	其他费用		%	5.0	5.0	5.0

注：1. 多管井是指由多根塑料管组成的组合井。

2. 井型100mm(4英寸)与150mm(6英寸)是指集水管直径。

6－21 冲击锥造井

工作内容：定位、搭拆三角架、装拆滑轮、钻孔（干钻）、取土、做口盖、养护。

单位：10m

定额编号				60120	60121	60122
顺序号	名称		单位	土类级别		
				Ⅰ、Ⅱ	Ⅲ	Ⅳ
1	人工	甲类工	工日	2.9	3.7	4.4
2		乙类工	工日	2.9	3.7	4.4
3		合计	工日	5.8	7.4	8.8
4	机械	冲击锥	台班	1.40	1.60	1.80
5	其他费用		%	0.5	0.5	0.5

第7章

设备安装工程

说　明

一、本章包括闸门与构件、起重设备、喷(微)灌设备、水泵、电力变压器系统、配电箱、配电屏(台)、起动器、隔离开关、避雷器和熔断器等设备安装共9节,149个子目。

二、闸门与构件安装一节是以"t"为计量单位,包括本体及其附件的全部质量,按设计量进行计算。

(一)平面钢闸门安装定额按焊接方式考虑;

(二)闸门埋设件安装按垂直位置计算,如在倾斜位置(≥10°)安装,人工乘1.2系数。

三、起重设备安装一节中固定式启闭机安装以"台"为计量单位,包括本体及其附件等全部质量,按设计量进行计算。启闭机为单吊点和双吊点卷扬式及手动或手、电两用螺杆式,如为台车式,则安装费等于本节相应子目的1.2系数。

四、喷(微)灌设备安装一节中设备类型分别以"套、台、个"为计量单位,按设计量进行计算。

五、水泵安装一节根据水泵类型以"台"为计量单位,按设计量进行计算。

六、电力变压器安装:

(一)电力变压器安装中的枕木、绝缘导线、石棉布是按一定的折旧率摊销,实际摊销量与定额不符时,不作换算;

(二)电力变压器系统的调试已包括避雷器、自动装置、特殊保护装置和接地网的调试;

(三)电力变压器如有"带负荷调整装置"的调试,定额乘1.12系数,单相变压器如带一台备用变压器,定额乘1.2系数。

七、本章所涉及的构件的制作,均不包括镀锌;所涉及的设备安装定额均不包括二次重新喷漆。

7－1 闸门与构件

7－1－1 平面钢闸门

工作内容：闸门拼装焊接、焊缝透视检查及处理、闸门主行走支承装置安装、侧反支承行走轮安装、闸门在门槽内组合连接、闸门吊杆及其他附件安装、闸门锁锭安装、闸门吊装试验等。

单位：t

定额编号				70001	70002	70003
顺序号	名称		单位	闸门自重(t)		
				≤1	≤3	≤5
1	人工	甲类工	工日	14.8	13.5	12.2
2		乙类工	工日	5.0	4.5	4.0
3		合计	工日	19.8	18.0	16.2
4	材料	钢板	kg	4.00	4.00	3.60
5		氧气	m^3	2.00	2.00	2.00
6		乙炔气	kg	0.82	0.82	0.82
7		电焊条	kg	2.00	2.00	2.00
8		黄油	kg	0.20	0.20	0.20
9		油漆	kg	3.00	3.00	3.00
10	机械	桅杆起重机 5t	台班	0.42	0.50	0.58
11		电焊机 交流30kVA	台班	0.38	0.38	0.38
12		摇臂钻床 Φ35～50	台班	0.40	0.30	0.20
13	其他费用		%	5.0	5.0	5.0

7-1-2 平面铸铁闸门

工作内容：基础划线、场内运输、检查及处理、闸门安装、找平、找正、试验等。

单位：扇

定额编号				70004	70005	70006
顺序号	名称		单位	闸门尺寸(m^2)		
				≤0.3	≤0.7	≤1.2
1	人工	甲类工	工日	9.5	11.6	13.7
2		乙类工	工日	3.2	3.9	4.5
3		合计	工日	12.7	15.5	18.2
4	材料	煤油	kg	0.45	0.61	0.75
5		机油	kg	0.18	0.22	0.25
6		黄油	kg	0.45	0.83	1.20
7		电焊条	kg	0.16	0.20	0.24
8		微膨胀混凝土	m^3	0.14	0.24	0.34
9		平垫铁	kg	31.00	36.00	41.00
10		斜垫铁	kg	9.00	10.50	12.00
11		棉纱	kg	0.50	0.55	0.60
12		板枋材	m^3	0.01	0.02	0.02
13		铁丝	kg	2.00	2.00	2.00
14	机械	桅杆起重机 10t	台班	0.11	0.14	0.17
15		电焊机 交流30kVA	台班	0.04	0.07	0.09
16		载重汽车 5t	台班	0.03	0.04	0.05
17	其他费用		%	2.0	2.0	2.0

7-1-3 钢筋混凝土闸门

工作内容：基础划线、场内运输、检查及处理、闸门安装、找平、找正、试验等。

单位：t

定额编号				70007	70008
顺序号	名称		单位	闸门自重(t)	
				≤5	≤10
1	人工	甲类工	工日	2.3	2.0
2		乙类工	工日	0.8	0.7
3		合计	工日	3.1	2.7
4	材料	钢板	kg	5.20	4.60
5		氧气	m^3	1.10	1.10
6		乙炔气	kg	0.36	0.36
7		电焊条	kg	2.10	1.90
8	机械	桅杆起重机 10t	台班	0.09	0.08
9		电焊机 交流 30 kVA	台班	0.24	0.24
10	其他费用		%	5.0	5.0

7－1－4　闸门埋设件

工作内容：基础螺栓及锚钩埋设，主轨、反轨、侧轨、底槛、门楣、胸墙、水封底板、护角、侧导板、锁锭及其他埋件等安装。

单位：t

定额编号				70009	70010	70011
顺序号	名称		单位	闸门埋设件自重(t)		
				≤1	≤3	≤5
1	人工	甲类工	工日	17.8	17.5	17.2
2		乙类工	工日	6.0	5.9	5.8
3		合计	工日	23.8	23.4	23.0
4	材料	钢板	kg	14.00	14.00	14.00
5		氧气	m^3	10.00	10.00	10.00
6		乙炔气	kg	3.91	3.91	3.91
7		电焊条	kg	13.00	12.50	12.00
8		汽油	kg	2.00	2.00	2.00
9		油漆	kg	2.00	2.00	2.00
10	机械	卷扬机　5t	台班	3.30	3.30	3.30
11		电焊机　交流 30kVA	台班	3.80	3.80	3.80
12	其他费用		%	6.0	6.0	6.0

7-1-5 拦污栅

工作内容：1. 栅槽安装包括现场搬运、就位、校正吊装和固定等。

2. 栅体安装包括现场搬运、就位、吊入栅槽、吊杆及附件安装等。

单位：t

定额编号				70012	70013
顺序号	名称		单位	栅槽安装	栅体安装
1	人工	甲类工	工日	16.2	3.4
2		乙类工	工日	5.4	1.1
3		合计	工日	21.6	4.5
4	材料	钢板	kg	40.00	
5		氧气	m^3	9.00	
6		乙炔气	kg	3.55	
7		电焊条	kg	16.00	
8		油漆	kg	2.00	
9	机械	载重汽车 5t	台班	0.36	0.36
10		电焊机 交流 30kVA	台班	2.83	
11	其他费用		%	8.0	6.0

7-1-6　小型金属结构构件

适用范围：1t以下的小型金属构件安装。

工作内容：基础埋设、清洗检查、找正固定、打洞、抹灰、刷漆等。

单位：t

定额编号				70014
顺序号	名称		单位	小型金属结构
1	人工	甲类工	工日	22.5
2		乙类工	工日	7.5
3		合计	工日	30.0
4	材料	氧气	m^3	18.00
5		乙炔气	kg	7.28
6		电焊条	kg	10.00
7		油漆	kg	15.00
8	机械	汽车起重机　5t	台班	0.30
9		电焊机　交流30kVA	台班	1.88
10	其他费用		%	10.0

7 – 2 起重设备

7 – 2 – 1 固定式启闭机

工作内容：设备检查，埋件、本体及附件安装，电气设备安装，试验等。

单位：台

定额编号				70015	70016	70017	70018	70019	70020
顺序号	名称		单位	螺杆式启闭机设备自重(t)				卷扬机式启闭机设备自重(t)	
				0.5	1	2	3	2	5
1	人工	甲类工	工日	23.0	28.4	33.8	39.2	35.1	47.3
2		乙类工	工日	7.7	9.5	11.3	13.1	11.7	15.8
3		合计	工日	30.7	37.9	45.1	52.3	46.8	63.1
4	材料	钢板	kg	20.00	25.00	30.00	35.00	20.00	30.00
5		氧气	m^3	5.00	6.00	8.00	10.00	8.00	10.00
6		乙炔气	kg	2.00	2.37	3.19	4.00	3.19	4.00
7		电焊条	kg	1.00	1.25	1.50	1.75	3.00	4.00
8		汽油	kg	1.50	1.50	2.00	2.00	3.00	5.00
9		油漆	kg	1.80	2.00	2.30	2.50	4.00	5.00
10		木材	m^3					0.20	0.30
11	机械	载重汽车 5t	台班	0.34	0.51	0.72	0.93		
12		桅杆起重机 5t	台班					2.38	2.78
13		电焊机 交流30kVA	台班	0.46	0.58	0.69	0.81	1.39	1.84
14	其他费用		%	8.0	8.0	8.0	8.0	8.0	8.0

7-2-2 电动葫芦及单轨小车

工作内容：安装、调试等。

单位：台

定额编号				70021	70022	70023	70024	70025	70026
顺序号	名称		单位	电动葫芦(起重量t)				单轨小车(起重量t)	
				≤1	≤3	≤5	≤10	≤5	≤10
1	人工	甲类工	工日	6.8	10.1	14.2	23.6	4.2	5.1
2		乙类工	工日	2.3	3.4	4.7	7.9	1.4	1.7
3		合计	工日	9.1	13.5	18.9	31.5	5.6	6.8
4	材料	汽油	kg	0.90	1.05	1.20	1.73	0.52	0.70
5		黄油	kg	1.45	1.47	1.49	1.50	1.31	1.40
6		油漆	kg	1.00	1.40	1.70	2.00	1.00	1.20
7		木材	m^3	0.10	0.10	0.10	0.10	0.10	0.10
8		电	kWh	19.20	19.20	19.20	19.20		
9		绝缘线	m	12.00	12.00	12.00	12.00		
10	机械	汽车起重机 5t	台班	0.10	0.10	0.15	0.20	0.10	0.10
11		卷扬机 3t	台班	1.00	1.00	1.50	2.00	1.00	1.00
12		载重汽车 5t	台班	0.10	0.10	0.15	0.20	0.10	0.10
13	其他费用		%	8.0	8.0	8.0	8.0	8.0	8.0

注：本定额未包括轨道的安装。

7－2－3 轨　道

适用范围:起重设备等所用轨道的安装。

工作内容:基础埋设、轨道及附件安装等。

(1)钢轨轨道

单位:2×10m

定额编号				70027	70028	70029	70030	70031	70032
顺序号	名称		单位	轨道型号					
				24kg/m	38kg/m	43kg/m	50kg/m	QU70	QU80
1	人工	甲类工	工日	18.2	23.4	25.7	27.7	30.2	33.8
2		乙类工	工日	6.1	7.8	8.6	9.2	10.1	11.3
3		合计	工日	24.3	31.2	34.3	36.9	40.3	45.1
4	材料	钢板	kg	25.00	29.50	31.50	35.00	38.50	50.00
5		型钢	kg	25.00	25.00	26.70	30.00	33.00	35.00
6		氧气	m^3	6.00	7.60	8.10	9.00	9.90	12.00
7		乙炔气	kg	2.37	3.00	3.19	3.55	3.91	4.73
8		电焊条	kg	4.00	5.10	5.40	6.00	6.60	8.00
9	机械	汽车起重机　5t	台班	0.30	0.30	0.30	0.30	0.30	0.40
10		电焊机　交流 20～25kVA	台班	1.30	1.30	1.30	1.30	1.30	2.00
11	其他费用		%	2.5	2.5	2.5	2.5	2.5	2.5

注:本定额未包括轨道及主要附件等装置性材料。

(2)I字钢轨道

单位:10m

定额编号				70033	70034	70035	70036
顺序号	名称		单位	I字钢型号			
				I_{18}	I_{22}	I_{28}	I_{36}
1	人工	甲类工	工日	6.8	7.7	8.6	10.0
2		乙类工	工日	2.3	2.6	2.9	3.3
3		合计	工日	9.1	10.3	11.5	13.3
4	材料	钢板	kg	3.40	4.90	6.70	11.30
5		氧气	m^3	1.35	1.80	2.25	2.70
6		乙炔气	kg	0.55	0.73	0.91	1.09
7		电焊条	kg	2.67	3.92	4.95	7.84
8		油漆	kg	2.77	3.29	3.93	4.79
9		木材	m^3	0.10	0.10	0.10	0.10
10	机械	电焊机 交流 20~25kVA	台班	0.50	0.71	0.89	1.42
11		卷扬机 5t	台班	0.23	0.25	0.28	0.31
12	其他费用		%	2.5	2.5	2.5	2.5

注:本定额未包括轨道及主要附件等装置性材料。

7-2-4 滑触线

工作内容:基础埋设、支架及绝缘瓷瓶安装、滑触线及附件校正安装、连接电缆及轨道接零、辅助母线安装等。

单位:三相10m

定额编号				70037	70038
顺序号	名称		单位	起重能力(t以内)	
				50	100
1	人工	甲类工	工日	8.3	10.5
2		乙类工	工日	2.8	3.5
3		合计	工日	11.1	14
4	材料	型钢	kg	25.00	30.00
5		氧气	m^3	4.00	5.00
6		乙炔气	kg	1.55	2.00
7		电焊条	kg	3.50	5.00
8	机械	电焊机 交流30kVA	台班	0.60	0.80
9		摇臂钻床 Φ20~35	台班	0.50	0.50
10	其他费用		%	9.7	7.9

注:本定额未包括滑触线、辅助母线及主要附件等装置性材料。

7-3 喷(微)灌设备

7-3-1 离心过滤器

工作内容:安装、调试等。

单位:10套

定额编号				70039	70040	70041
顺序号	名称		单位	管径(mm)		
				≤100	≤200	>200
1	人工	甲类工	工日	0.7	0.8	1.0
2		乙类工	工日	6.3	7.2	9.0
3		合计	工日	7.0	8.0	10.0
4	材料	离心过滤器	套	10.00	10.00	10.00
5		橡胶圈	个	80.00	80.00	80.00
6	其他费用		%	1.0	1.0	1.0

7－3－2　砂石过滤器

工作内容:安装、调试等。

单位:10 套

定额编号				70042	70043
顺序号	名称		单位	管径(mm)	
				≤100	>100
1	人工	甲类工	工日	0.7	0.9
2		乙类工	工日	6.3	8.1
3		合计	工日	7.0	9.0
4	材料	砂石过滤器	套	10.00	10.00
5		橡胶圈	个	60.00	60.00
6	其他费用		%	1.0	1.0

7－3－3　筛网、叠片过滤器

工作内容:安装、调试等。

单位:10 套

定额编号				70044	70045
顺序号	名称		单位	筛网型	叠片型
				流量(10～50m^3/h)	流量(5～40m^3/h)
1	人工	甲类工	工日	0.5	0.8
2		乙类工	工日	4.5	6.7
3		合计	工日	5.0	7.5
4	材料	筛网过滤器	套	10.00	
5		叠片过滤器	套		10.00
6		橡胶圈	个	60.00	
7	其他费用		%	1.0	1.0

7－3－4　施肥设备

工作内容：安装、调试等。

单位：10套

定额编号				70046	70047	70048	70049
顺序号	名称		单位	流量(L/h)			
				200～600	600～1000	1000～1200	1200～1600
1	人工	甲类工	工日	0.6	0.8	1.0	1.2
2		乙类工	工日	5.4	7.2	9.0	10.8
3		合计	工日	6.0	8.0	10.0	12.0
4	材料	施肥设备	套	10.00	10.00	10.00	10.00
5	其他费用		%	1.0	1.0	1.0	1.0

7－3－5　水表、压力测量设备

工作内容：安装、调试等。

单位：10套

定额编号				70050	70051
顺序号	名称		单位	水表 公称直径(mm) 15～40	压力(真空)表
1	人工	甲类工	工日	0.1	0.2
2		乙类工	工日	1.2	1.3
3		合计	工日	1.3	1.5
4	材料	水表	块	10.00	
5		压力测量设备	套		10.00
6		接头	套		10.00
7	其他费用		%	1.0	1.0

7-3-6 喷　头

工作内容:安装、调试等。

单位:100 个

定额编号				70052	70053
顺序号	名称		单位	工作压力(kPa)	
				微压~中压	高压
1	人工	甲类工	工日	0.1	0.2
2		乙类工	工日	0.9	1.8
3		合计	工日	1.0	2.0
4	材料	喷头	个	102.00	102.00
5	其他费用		%	1.0	1.0

注:喷头是以工作压力的不同分为四类:微压为 50~100kPa、低压为 100~200kPa、中压为 200~500kPa、高压为 >500kPa。

7-3-7 喷头支架

工作内容:安装、调试等。

单位:100 套

定额编号				70054	70055	70056
顺序号	名称		单位	高度(m)		
				≤1.0	≤2.0	>2.0
1	人工	甲类工	工日	0.2	0.2	0.2
2		乙类工	工日	1.3	1.6	1.8
3		合计	工日	1.5	1.8	2.0
4	材料	支架	套	102.00	102.00	102.00
5	其他费用		%	1.0	1.0	1.0

7-3-8 微喷头

工作内容:安装、调试等。

单位:100 个

定额编号				70057	70058	70059
顺序号	名称		单位	湿润半径(m)		
				≤0.5	≤2	>2.0
1	人工	甲类工	工日	0.1	0.1	0.2
2		乙类工	工日	0.9	1.1	1.3
3		合计	工日	1.0	1.2	1.5
4	材料	微喷头	个	102.00	102.00	102.00
5	其他费用		%	1.0	1.0	1.0

7-3-9 微喷头插杆

工作内容:安装、调试等。

单位:100 个

定额编号				70060	70061	70062
顺序号	名称		单位	高度(m)		
				≤0.5	≤1	>1
1	人工	甲类工	工日	0.1	0.1	0.2
2		乙类工	工日	0.9	1.1	1.3
3		合计	工日	1.0	1.2	1.5
4	材料	微喷头插杆	个	102.00	102.00	102.00
5	其他费用		%	1.0	1.0	1.0

7－3－10 滴 头

工作内容：安装、调试等。

单位：100 个

定额编号				70063	70064	70065
顺序号	名称		单位	流量（L/h）		
				≤1.5	≤3	>3
1	人工	甲类工	工日	0.8	1.0	1.0
2		乙类工	工日	7.2	9.0	11.0
3		合计	工日	8.0	10.0	12.0
4	材料	滴头	个	102.00	102.00	102.00
5	其他费用		%	1.0	1.0	1.0

7－3－11 滴（微、渗）灌带（管）

工作内容：安装、调试等。

单位：1000m

定额编号				70066
顺序号	名称		单位	滴（微、渗）灌带（管）
1	人工	甲类工	工日	0.1
2		乙类工	工日	0.9
3		合计	工日	1.0
4	材料	滴（微、渗）灌带（管）	m	1050.00
5	其他费用		%	1.0

7-4 水 泵

7-4-1 单级离心泵

工作内容:安装、调试等。

单位:台

定额编号				70067	70068	70069	70070	70071
顺序号	名称		单位	设备重量(t以内)				
				0.2	0.5	1.0	1.5	3.0
1	人工	甲类工	工日	0.7	1.3	2.3	3.2	4.5
2		乙类工	工日	0.2	0.5	0.8	1.1	1.5
3		合计	工日	0.9	1.8	3.1	4.3	6.0
4	材料	平垫铁	kg	1.80	2.03	3.05	3.05	4.06
5		斜垫铁	kg	1.20	2.04	3.06	3.06	4.08
6		电焊条	kg	0.10	0.13	0.19	0.24	0.36
7		汽油	kg	0.05	0.08	0.10	0.15	0.26
8		煤油	kg	0.56	0.79	0.95	1.26	1.89
9		机油	kg	0.41	0.61	0.86	1.09	1.36
10		氧气	m^3	0.13	0.20	0.26	0.31	0.41
11		乙炔气	kg	0.05	0.07	0.07	0.07	0.14
12		铅油	kg			0.30	0.34	0.50
13		油浸石棉盘根	kg	0.25	0.35	0.35	0.70	0.94
14		水泥	kg	38.50	50.75	66.12	83.38	126.30
15		砂子	m^3	0.06	0.09	0.12	0.15	0.22
16		碎石	m^3	0.06	0.09	0.13	0.16	0.24
17	机械	汽车式起重机 5t	台班	0.10	0.10	0.20	0.30	
18		汽车式起重机 8t	台班					0.40
19		弧焊机 交流 20kVA	台班	0.10	0.10	0.10	0.20	0.30
20	其他费用		%	5.0	5.0	5.0	5.0	5.0

7-4-2 多级离心泵

工作内容：安装、调试等。

单位：台

定额编号				70072	70073	70074	70075	70076	70077	70078
顺序号	名称		单位	设备重量（t以内）						
				0.1	0.3	0.5	1	2	3	4
1	人工	甲类工	工日	0.7	1.3	1.7	2.4	3.9	5.2	6.0
2		乙类工	工日	0.2	0.4	0.6	0.8	1.3	1.7	2.0
3		合计	工日	0.9	1.7	2.3	3.2	5.2	6.9	8.0
4	材料	平垫铁	kg	2.55	3.45	4.06	5.08	7.11	8.13	8.13
5		斜垫铁	kg	2.23	3.00	4.08	5.10	7.14	8.16	8.16
6		电焊条	kg	0.22	0.30	0.33	0.41	0.63	0.71	0.74
7		煤油	kg	0.80	1.30	1.42	1.73	2.36	3.15	3.78
8		机油	kg	0.40	0.60	0.86	0.98	1.21	1.49	1.72
9		氧气	m^3	0.15	0.20	0.28	0.35	0.67	0.77	0.77
10		乙炔气	kg	0.05	0.07	0.09	0.12	0.22	0.26	0.26
11		铅油	kg	0.08	0.10	0.15	0.20	0.30	0.35	0.35
12		石棉橡胶板	kg					0.40	0.50	0.60
13		油浸石棉盘根	kg	0.20	0.30	0.50	0.50	0.70	0.85	1.05
14		水泥	kg	20.00	36.00	54.97	66.16	88.55	102.81	137.42
15		砂子	m^3	0.04	0.07	0.10	0.12	0.16	0.18	0.24
16		碎石	m^3	0.04	0.08	0.11	0.14	0.18	0.20	0.27
17	机械	弧焊机 交流 20kVA	台班	0.10	0.10	0.20	0.20	0.30	0.30	0.40
18		汽车式起重机 5t	台班		0.10	0.15	0.20			
19		汽车式起重机 8t	台班					0.30	0.40	0.50
20	其他费用		%	5.0	5.0	5.0	5.0	5.0	5.0	5.0

7－4－3 离心式深水泵

工作内容:安装、调试等。

单位:台

定额编号				70079	70080	70081	70082
顺序号	名称		单位	设备重量(t以内)			
				1	2	3.5	5.5
1	人工	甲类工	工日	6.5	7.5	11.1	14.0
2		乙类工	工日	2.2	2.5	3.7	4.7
3		合计	工日	8.7	10.0	14.8	18.7
4	材料	平垫铁	kg	4.06	4.06	4.06	7.74
5		斜垫铁	kg	4.08	4.08	4.08	7.23
6		电焊条	kg	0.33	0.33	0.33	0.36
7		煤油	kg	3.41	3.78	4.20	4.88
8		机油	kg	1.11	1.21	1.57	2.07
9		氧气	m^3	0.28	0.28	0.48	0.90
10		乙炔气	kg	0.09	0.09	0.16	0.30
11		铅油	kg	0.40	0.45	0.62	0.95
12		油浸石棉盘根	kg	1.60	1.80	2.20	3.00
13		水泥42.5#	kg	37.70	39.15	49.30	63.80
14		砂子	m^3	0.07	0.07	0.09	0.11
15		碎石	m^3	0.07	0.07	0.09	0.12
16	机械	汽车式起重机 5t	台班	0.20	0.30		
17		汽车式起重机 8t	台班			0.40	0.50
18		电动卷扬机(单筒慢速)5t	台班			0.50	0.50
19		弧焊机 交流20kVA	台班	0.20	0.20	0.40	0.50
20	其他费用		%	5.0	5.0	5.0	5.0

7-4-4 井用潜水泵

工作内容：安装、调试等。

单位：台

定额编号				70083	70084	70085	70086	70087	70088	70089	70090	70091	70092
顺序号	名称		单位	井深≤100m					井深＞100m				
				泵管公称规格(mm)					泵管公称规格(mm)				
				50	75	100	150	200	50	75	100	150	200
1	人工	甲类工	工日	4.4	5.5	6.5	7.6	8.7	6.2	7.2	8.2	9.6	10.6
2		乙类工	工日	1.5	1.8	2.2	2.6	2.9	2.0	2.4	2.7	3.2	3.5
3		合计	工日	5.9	7.3	8.7	10.2	11.6	8.2	9.6	10.9	12.8	14.1
4	材料	螺丝	套	156.00	156.00	156.00	156.00	156.00	156.00	156.00	156.00	156.00	156.00
5		胶垫	支	42.00	42.00	42.00	42.00	42.00	42.00	42.00	42.00	42.00	42.00
6		铅油	kg	1.30	1.60	1.60	1.60	2.00	1.30	1.60	2.00	2.00	2.20
7	机械	电动葫芦 5t	台班	1.30	1.60	1.80	2.10	2.60	1.60	1.80	2.30	2.60	3.20
8	其他费用		%	5.0	5.0	5.0	5.0	5.0	5.0	5.0	5.0	5.0	5.0

注：长轴深井泵安装时，定额应乘1.2系数。

7-4-5 真空泵

工作内容:安装、调试等。

单位:台

顺序号		名称	单位	70093	70094	70095	70096	70097	70098
				设备重量(t以内)					
				0.5	1.0	2.0	3.5	5.0	7.0
1	人工	甲类工	工日	1.7	2.6	4.1	7.8	10.2	13.5
2		乙类工	工日	0.6	0.8	1.4	2.6	3.4	4.5
3		合计	工日	2.3	3.4	5.5	10.4	13.6	18.0
4	材料	平垫铁	kg	2.03	3.05	3.05	7.74	7.74	11.62
5		斜垫铁	kg	2.04	3.06	3.06	7.23	7.23	10.85
6		电焊条	kg	0.13	0.19	0.24	0.32	0.42	0.53
7		煤油	kg	0.84	1.05	1.37	3.15	5.25	7.35
8		机油	kg	0.61	0.71	0.91	1.52	2.02	3.03
9		氧气	m^3	0.12	0.18	0.21	0.51	0.71	0.92
10		乙炔气	kg	0.04	0.06	0.07	0.17	0.24	0.31
11		铅油	kg	0.23	0.25	0.32	0.50	0.90	1.20
12		油浸石棉盘根	kg	0.30	0.37	0.60	0.70	0.70	1.00
13		水泥	kg	38.13	66.16	95.18	110.20	159.50	203.00
14		砂子	m^3	0.07	0.10	0.17	0.18	0.28	0.34
15		碎石	m^3	0.07	0.13	0.18	0.19	0.30	0.38
16	机械	载重汽车 8t	台班					0.50	0.50
17		汽车式起重机 5t	台班	0.10	0.20	0.30			
18		汽车式起重机 8t	台班				0.40	0.50	
19		汽车式起重机 12t	台班						0.50
20		卷扬机(单筒慢速) 5t	台班				1.00	1.50	2.00
21		弧焊机 交流20kVA	台班	0.10	0.10	0.20	0.40	0.50	0.70
22		其他费用	%	5.0	5.0	5.0	5.0	5.0	5.0

7－5 电力变压器系统

7－5－1 10kV 油浸变压器

工作内容：检查、组合、固定及调整、滤油、干燥、注油、接地、配合电气调试等。

单位：台

定额编号				70099	70100	70101	70102	70103
顺序号	名称		单位	电压等级 10 kV				
				变压器容量(kVA)				
				50	100	250	500	1000
1	人工	甲类工	工日	7.6	15.1	19.4	23.8	43.2
2		乙类工	工日	1.9	3.8	4.9	5.9	10.8
3		合计	工日	9.5	18.9	24.3	29.7	54.0
4	材料	钢垫板	kg	1.80	3.60	4.50	4.50	5.40
5		型钢	kg	1.58	3.15	4.05	4.05	4.05
6		变压器油	kg	2.25	4.50	6.30	9.00	11.70
7		滤油纸	张	29.25	58.50	63.00	72.00	90.00
8		橡胶绝缘线	m	6.75	13.50	13.50	13.50	18.00
9		塑料绝缘线	m				9.00	13.50
10		石棉织布	m^2	0.45	0.90	1.08	1.17	1.44
11		酚醛层压板	m^2				0.09	0.09
12		油漆	kg	0.68	1.35	1.44	1.89	2.79
13		螺栓	kg	0.90	1.80	1.80	1.80	1.80
14		电	kWh	45.00	90.00	135.00	198.00	270.00
15		木材	m^3			0.05	0.05	0.09
16	机械	压力滤油机	台班	0.45	0.90	1.13	1.58	2.43
17		载重汽车 5t	台班	0.09	0.18	0.27	0.36	0.54
18		汽车起重机 5t	台班	0.09	0.18	0.18	0.18	0.36
19	其他费用		%	5.0	5.0	5.0	5.0	5.0

7－5－2 10kV 干式变压器

工作内容：检查、就位、调整、附件制作安装、接地、补漆、配合电气调试等。

单位：台

定额编号				70104	70105	70106	70107	70108
顺序号	名称		单位	电压等级 10kV				
				变压器容量（kVA）				
				50	100	250	500	1000
1	人工	甲类工	工日	3.1	3.5	4.3	5.9	8.4
2		乙类工	工日	2.1	2.4	2.9	4.0	5.6
3		合计	工日	5.2	5.9	7.2	9.9	14.0
4	材料	钢垫板	kg	4.00	4.00	4.00	4.00	6.00
5		型钢	kg	4.20	4.20	4.50	4.50	4.50
6		电焊条	kg	0.84	0.84	0.84	0.84	0.84
7		螺栓	kg	1.45	1.45	1.45	1.45	1.45
8		汽油	kg	0.15	0.20	0.30	0.50	1.00
9		砂轮切割片 Φ400	片	0.10	0.10	0.10	0.10	0.10
10		电力复合脂	kg	0.04	0.04	0.05	0.05	0.05
11		铁丝	kg	1.00	1.00	1.00	1.00	1.00
12		油漆	kg	0.93	1.03	1.13	1.33	2.00
13		棉纱头	kg	0.40	0.50	0.50	0.50	0.50
14	机械	电焊机 交流 20～25kVA	台班	0.30	0.30	0.30	0.30	0.30
15		载重汽车 5t	台班	0.03	0.04	0.05	0.06	
16		载重汽车 8t	台班					0.11
17		汽车起重机 8t	台班	0.06	0.07	0.08	0.10	0.40
18	其他费用		%	5.0	5.0	5.0	5.0	5.0

7－5－3　杆上变压器

工作内容：支架、横担、撑铁安装，检查、配线、接线、接地、配合电气调试等。

单位：台

定额编号				70109	70110	70111	70112
顺序号	名称		单位	变压器容量(kVA)			
				50	100	180	320
1	人工	甲类工	工日	4.1	5.3	7.0	8.7
2		乙类工	工日	1.0	1.3	1.7	2.2
3		合计	工日	5.1	6.6	8.7	10.9
4	材料	镀锌槽钢　14×3000	根		2.10		
5		镀锌槽钢　16×3000	根			2.10	
6		镀锌槽钢　18×3000	根				2.10
7		镀锌角钢 50×5×500	根	4.20	2.10	2.10	2.10
8		镀锌角钢 50×5×1500	根	1.05	1.05	1.05	1.05
9		镀锌角钢 50×5×1700	根		4.20	4.20	4.20
10		镀锌角钢 65×5×1500	根	3.15			
11		镀锌角钢 65×6×1500	根		1.05	1.05	1.05
12		镀锌角钢 75×6×1200	根	2.10			
13		镀锌角钢 75×6×2500	根		1.05	1.05	1.05
14		镀锌支撑　50×5×1440	根	4.20	4.20	4.20	4.20
15		镀锌角钢抱箍　63×6	副		2.04	2.04	2.04
16		镀锌铁丝	kg	10.15			
17		镀锌圆钢　Φ5.5～9	kg	8.85	4.02	4.02	4.02
18		变压器固定板(40～50)×(4～6)×(80～100)	kg	1.02	4.08	4.08	4.08
19		镀锌U形抱箍	套	4.08	2.04	2.04	2.04
20		精制六角带帽螺栓 M16×(14～60)	套	4.10	8.20	8.20	8.20
21		精制六角带帽螺栓 M16×(65～80)	套	4.10	12.20	12.20	12.20
22		精制六角带帽螺栓 M16×(260～275)	套	5.10			
23		精制六角带帽螺栓 M16×(350～370)	套	5.10	14.30	14.30	14.30

续表

定额编号				70109	70110	70111	70112
顺序号	名称		单位	变压器容量(kVA)			
				50	100	180	320
24	材料	裸铝线　LJ－25	m	20.26	30.39	30.39	30.39
25		橡皮绝缘线　BLX－25	m	12.22			
26		橡皮绝缘线　BLX－50	m		12.22		
27		橡皮绝缘线　BLX－120	m			12.22	
28		橡皮绝缘线　BLX－240	m				12.22
29		羊角熔断器　100A	个	3.03			
30		羊角熔断器　200A	个		3.03		
31		羊角熔断器　300A	个			3.03	
32		羊角熔断器　500A	个				3.03
33		针式绝缘子　PD－3T	个	4.08			
34		针式绝缘子　PD－2T	个		4.08		
35		针式绝缘子　PD－1T	个			4.08	4.08
36		高压针式绝缘子　10kV	个	7.14	12.24	12.24	12.24
37		并沟线夹　16～35mm^2	个	7.07	3.03	3.03	3.03
38		并沟线夹　50～70mm^2	个		4.04		
39		并沟线夹　150mm^2	个			4.04	
40		并沟线夹　240mm^2	个				4.04
41		铝接线端子 16～35mm^2	个	12.06	12.06	12.06	12.06
42		混凝土杆	根	2.00	2.00	2.00	2.00
43	机械	汽车起重机　5t	台班	0.87	0.87	0.87	0.87
44	其他费用		%	3.0	3.0	3.0	3.0

7－5－4　电力变压器系统调试

工作内容：变压器、断电器、互感器、隔离开关、风冷及油循环装置等一、二次回路的调试。

单位：台·系统

定额编号				70113	70114	70115	70116	70117
顺序号	名称		单位	电压等级 10kV				
				容量(kVA)				
				100	560	1250	1600	3150
1	人工	甲类工	工日	17.3	24.5	43.2	46.8	50.4
2		乙类工	工日	4.3	6.1	10.8	11.7	12.6
3		合计	工日	21.6	30.6	54.0	58.5	63.0
4	其他费用		%	5.0	5.0	5.0	5.0	5.0

7－5－5　10kV 电流互感器

工作内容：检查、安装、接地、试验等。

单位：台

定额编号				70118	70119	70120
顺序号	名称		单位	10～20kV 电流(A)		
				2000	8000	15000
1	人工	甲类工	工日	0.7	0.9	1.3
2		乙类工	工日	0.2	0.2	0.3
3		合计	工日	0.9	1.1	1.6
4	材料	扁钢	kg	1.22	2.20	3.50
5		钢板垫板	kg		0.50	1.00
6		精制六角带帽螺栓 M14×(14～70)	套	2.20	2.20	2.20
7		电焊条	kg	0.67	1.02	1.35
8		汽油	kg	0.20	0.50	1.10
9		防锈漆	kg	0.12	0.25	0.25
10		调和漆	kg		0.10	0.25
11		变压器油	kg			0.50
12	机械	弧焊机　交流 20kVA	台班	0.10	0.10	0.15
13	其他费用		%	5.0	5.0	5.0

7-5-6 接地装置

工作内容：制作、安装。

单位：表列单位

定额编号				70121	70122	70123
顺序号	名称		单位	接地极制作安装（根）		接地母线敷设（10m）
				钢管	角钢	
1	人工	甲类工	工日	0.5	0.3	1.6
2		乙类工	工日	0.1	0.1	0.4
3		合计	工日	0.6	0.4	2.0
4	材料	钢管	根	1.10		
5		角钢	根		1.10	
6		镀锌扁钢	m			11.00
7		电焊条	kg	0.10	0.10	0.20
8		锯条	根	1.50	1.00	1.00
9		型钢	kg	0.30	0.30	0.50
10	机械	电焊机 交流30kVA	台班	0.12	0.09	0.22
11	其他费用		%	5.0	5.0	5.0

7－6　配电箱

工作内容：检查、安装，表计等附件的拆装，送交检验，箱内整理，一次接线等。

单位：台

定额编号				70124	70125	70126	70127	70128	70129
顺序号	名称		单位	配电箱			事故照明切换盘	小型配电板（半周长）	
				动力		照明		1m 以内	2m 以内
				落地	杆上				
1	人工	甲类工	工日	2.8	2.4	2.4	2.7	0.5	1.1
2		乙类工	工日	0.9	0.8	0.8	0.9	0.2	0.4
3		合计	工日	3.7	3.2	3.2	3.6	0.7	1.5
4	材料	镀锌圆钢　Φ5.5～9	kg		4.00			0.13	0.27
5		钢板垫板	kg	0.30		0.30	0.30		
6		镀锌扁钢	kg	1.50		1.50	1.50		
7		精制六角带帽螺栓 M16×(65～80)	套		6.10				
8		精制六角带帽螺栓 M10×(14～70)	套	6.10		6.10	6.10		
9		精制六角带帽螺栓 M8×(80～120)	套					4.10	4.10
10		防锈漆	kg		0.20				
11		调和漆	kg		0.40				
12		电焊条	kg	0.15	0.15	0.15	0.15	0.10	0.10
13	机械	弧焊机　交流 20kVA	台班	0.10	0.10	0.10	0.10	0.05	0.08
14		汽车起重机　5t	台班	0.06	0.06	0.06	0.06		
15		载重汽车　5t	台班	0.06	0.06	0.05	0.06		
16		卷扬机(单筒慢速)　3t	台班	0.06	0.06	0.06	0.06		
17	其他费用		%	5.0	5.0	5.0	5.0	7.0	7.0

7－7 配电屏(台)

适用范围:10kV 及以下配电装置。

工作内容:检查、安装,电器、表计、送交试验,箱内整理及一、二次校线、接线等。

单位:台

定额编号				70130	70131	70132	70133	70134	70135	70136	70137
顺序号	名称		单位	控制屏	继电、信号屏	弱电控制返回屏	同期小屏控制箱	电源屏	控制台		集中控制台
									1m以内	2m以内	2～4m
1	人工	甲类工	工日	3.6	4.4	3.8	1.5	3.5	4.3	7.2	13.5
2		乙类工	工日	1.1	1.4	1.2	0.5	1.2	1.4	2.4	4.5
3		合计	工日	4.7	5.8	5.0	2.0	4.7	5.7	9.6	18.0
4	材料	钢垫板	kg	0.20	0.20	0.20	0.10	0.20	0.30	0.30	12.00
5		镀锌扁钢	kg	1.50	1.50	1.50	1.00	1.50	3.00	3.00	10.00
6		镀锌螺栓 M70×(14～17)	套	6.10	6.10	6.10	4.10	6.10	4.10	6.10	
7		电焊条	kg	0.15	0.15	0.15	0.10	0.15	0.10	0.10	0.50
8		胶木线夹	个	10.00	15.00	6.00	6.00	6.00	8.00	12.00	20.00
9		塑料软管	kg	1.20	1.50	0.50		0.50	0.50	1.50	3.00
10		塑料异型管 $D=5$	个	6.00	6.00	6.00		6.00	6.00	12.00	20.00
11		塑料带 20×40m	卷	0.50	0.50	0.30		0.30	0.30	0.60	1.00
12	机械	弧焊机 交流 20kVA	台班	0.10	0.10	0.10	0.05	0.10	0.10	0.10	0.10
13		汽车起重机 5t	台班	0.06	0.06	0.06		0.06	0.06	0.10	0.17
14		载重汽车 5t	台班	0.06	0.06	0.06		0.06	0.06	0.10	0.17
15		卷扬机 3t	台班	0.06	0.06	0.06		0.06	0.06	0.10	
16	其他费用		%	5.0	5.0	5.0	5.0	5.0	5.0	5.0	5.0

7－8 起动器

适用范围:磁力起动器、Y－△起动器、自耦减压起动器。

工作内容:检查、安装、触头调整、注油、接线、接地等。

单位:个

定额编号				70138	70139
顺序号	名称		单位	磁力起动器	Y－△起动器（自耦减压起动器）
1	人工	甲类工	工日	0.6	1.5
2		乙类工	工日	0.2	0.5
3		合计	工日	0.8	2.0
4	材料	型钢	kg		0.80
5		裸铜线 $10m^2$	m	0.62	5.00
6		铜接线端子 DT－10	个	2.03	2.10
7		镀锌螺栓 M10×75	套		1.00
8		镀锌螺栓 M12×75	套	0.35	
9		镀锌螺栓 M12×120	套		41.00
10	机械	电焊机 交流20～25kVA	台班		0.10
11	其他费用		%	5.0	5.0

7-9 隔离开关、避雷器、熔断器

7-9-1 隔离开关、避雷器、熔断器(非杆上)

工作内容:检查、安装、触头调整、注油、接线、接地等。

单位:个

定额编号				70140	70141	70142	70143	70144
顺序号	名称		单位	隔离开关		避雷器		熔断器
				10kV		电压(kV)		
				600A	2000A	1	10	10
1	人工	甲类工	工日	2.0	2.6	0.5	1.1	1.1
2		乙类工	工日	0.6	0.9	0.2	0.4	0.4
3		合计	工日	2.6	3.5	0.7	1.5	1.5
4	材料	钢垫板	kg	1.00	1.00	1.20		0.30
5		型钢	kg	2.45	3.10	2.00	1.40	2.20
6		钢管	kg	4.80	4.80			
7		螺栓	kg	2.68	5.77	0.10	1.30	1.25
8		电焊条	kg	0.30	0.30	0.10	0.06	0.15
9		汽油	kg	0.20	0.20			0.10
10		油漆	kg	0.20	0.20			0.20
11	机械	电焊机 交流20~25kVA	台班	0.25	0.25	0.05	0.10	0.10
12	其他费用		%	5.0	5.0	5.0	5.0	5.0

7－9－2 杆上隔离开关、避雷器、熔断器

工作内容：检查、安装、设备绝缘子清扫、检查、配线、接线、接地等。

单位：组

定额编号				70145	70146	70147	70148	70149
顺序号	名称		单位	隔离开关		避雷器		熔断器
				低压	10kV	低压	10kV	跌落式
1	人工	甲类工	工日	0.8	1.3	0.8	1.3	1.2
2		乙类工	工日	0.2	0.4	0.2	0.4	0.4
3		合计	工日	1.0	1.7	1.0	1.7	1.6
4	材料	型钢	kg	35.70	39.15			40.17
5		平行挂板 40×5×100	块			3.02	3.02	
6		螺栓	个	4.10	4.10	4.10	4.10	4.10
7		镀锌角钢抱箍 16×550	副					2.01
8		安普线夹 JXC－35	个					3.01
9		高压针式绝缘子 P－15	个					8.04
10		铜铝接线端子 DTL/JY－2	个	6.12	6.12			
11		绝缘导线 BX－4	m			2.03		
12		绝缘导线 JKYJ－16	m				12.18	18.27
13		镀锌铁丝	kg				0.13	
14		铜绑丝 Φ2.0	m				5.03	
15		接地用镀锌卡子 20	个				1.02	
16		低压保险片 400A	片	3.00				
17		高压熔丝 30A	根					3.00
18	其他费用		%	5.0	5.0	5.0	5.0	5.0

第8章

道路工程

说　明

一、本章包括路床(槽)压实、软土地基处理、路基、路面、培路肩、挖除旧路面等定额，共6节,49个子目。

二、本章定额的计量单位,除注明外,按1000m^2计算。

三、本定额中已包括拌和、运输、摊铺作业时的耗损因素。

四、定额子目中发生的零星材料和部分机械,已综合在其他费用中。

五、软土地基处理的工程量按图示面积乘以处理厚度,以100m^3计算。路床(槽)压实、路基、路面工程量按设计图示计算。

8-1 路床(槽)压实

工作内容:放样、挖高填低、推土机整平、找平、碾压、检验、人机配合处理机械碾压不到之处。

单位:1000m²

定额编号				80001
顺序号	名称		单位	路床(槽)压实
				路床碾压
1	人工	甲类工	工日	0.3
2		乙类工	工日	3.3
3		合计	工日	3.6
4	机械	内燃压路机 12t	台班	1.30
5		推土机 74kW	台班	0.90
6	其他费用		%	1.0

8-2 软土地基处理

工作内容:放样、挖土、掺料或换(抛)填、整平、压实、找平、清理杂物等。

单位:100m³

定额编号				80002	80003	80004
顺序号	名称		单位	软土地基处理		
				人工操作		抛石挤淤
				5%~8%掺灰量	换填碎石	
1	人工	甲类工	工日	4.5	8.8	5.9
2		乙类工	工日	51.5	100.7	68.1
3		合计	工日	56.0	109.5	74.0
4	材料	黏土	m³	140.00		
5		生石灰	t	10.00		
6		水	m³	10.00		
7		碎石	m³		119.30	
8		块石	m³			102.00
9	其他费用		%	0.4	0.4	0.4

8－3 路 基

工作内容：放样、清理路床、取料、运料、上料、摊铺、洒水、找平、碾压。

单位：1000m^2

定额编号				80005	80006	80007	80008	80009	80010	80011	80012
顺序号	名称		单位	素土路基		灰土路基		水泥土路基		水泥稳定碎石路基	
				厚度 100mm	每增减 10mm	厚度 100mm	每增减 10mm	厚度 100mm	每增减 10mm	厚度 100mm	每增减 10mm
1	人工	甲类工	工日	3.5	0.4	3.7	0.4	3.0	0.3	5.3	0.6
2		乙类工	工日	39.8	4.0	48.6	4.9	39.8	4.0	69.5	7.2
3		合计	工日	43.3	4.4	52.3	5.3	42.8	4.3	74.8	7.8
4	材料	水泥	t					8.40	0.90	11.60	1.10
5		白灰	t			16.20	1.62			17.50	1.80
6		黏土	m^3	152.00	15.20	131.00	13.10	144.40	14.50	57.70	5.80
7		中（粗）砂	m^3								
8		砾石 40mm	m^3								
9		碎石	m^3							54.30	5.60
10		煤矸石	m^3								
11	机械	内燃压路机 10t	台班	1.45		1.45		1.45		1.45	
12	其他费用		%	1.0		1.5		1.5		1.5	

续表

定额编号				80013	80014	80015	80016	80017	80018	80019	80020
顺序号	名称		单位	砂路基		砾石路基		碎石路基		煤矸石(矿渣)路基	
				厚度 100mm	每增减 10mm	厚度 100mm	每增减 10mm	厚度 100mm	每增减 10mm	厚度 100mm	每增减 10mm
1	人工	甲类工	工日	3.7	0.4	4.3	0.4	5.1	0.5	4.0	0.4
2		乙类工	工日	42.3	4.2	50.0	4.9	58.9	5.4	46.0	4.6
3		合计	工日	46.0	4.6	54.3	5.3	64.0	5.9	50.0	5.0
4	材料	水泥	t								
5		白灰	t								
6		黏土	m^3								
7		中(粗)砂	m^3	130.00	13.00						
8		砾石 40mm	m^3			122.40	12.20				
9		碎石	m^3					162.00	16.00		
10		煤矸石	m^3							122.40	12.00
11	机械	内燃压路机 10t	台班	1.50		1.70		2.20		1.90	
12	其他费用		%	1.5		1.5		1.5		1.5	

注:1. 素土路基若采用原土,不计黏土费用。

2. 灰土路基中灰土比为2:8,水泥土路基中水泥含量为5%,水泥稳定碎石路基中水泥、石灰、碎石、土比例为7:10:40:43,不同时可按设计调整定额材料消耗量。

8－4　路　面

8－4－1　素土路面

工作内容：推土、碾压、整平。

单位：$1000m^2$

定额编号				80021	80022	80023	80024
顺序号	名称		单位	人工摊铺		机械摊铺	
				压实厚度200mm	每增减50mm	压实厚度200mm	每增减50mm
1	人工	甲类工	工日	2.1	0.2	0.4	0.1
2		乙类工	工日	24.2	2.4	4.1	0.4
3		合计	工日	26.3	2.6	4.5	0.5
4	机械	内燃压路机　6～8t	台班	1.60		1.60	
5		自行式平地机　118kW	台班			0.50	
6	其他费用		%	1.0		1.0	

8－4－2　泥结碎石路面

工作内容：运料、拌和、摊铺、找平、洒水、碾压。

单位：$1000m^2$

定额编号				80025	80026	80027	80028
顺序号	名称		单位	人工摊铺		机械摊铺	
				压实厚度100mm	每增减10mm	压实厚度100mm	每增减10mm
1	人工	甲类工	工日	6.4	0.4	4.9	0.2
2		乙类工	工日	74.1	4.2	56.4	2.6
3		合计	工日	80.5	4.6	61.3	2.8
4	材料	水	m^3	32.00	3.20	32.00	3.20
5		中（粗）砂	m^3	28.79		28.79	
6		碎石	m^3	128.55	12.85	128.55	12.85
7		黏土	m^3	29.0	0.30	2.90	0.30
8	机械	内燃压路机　6～8t	台班	1.24		1.24	
9		自行式平地机　118kW	台班			0.60	
10	其他费用		%	2.5		2.5	

8-4-3　砂砾石路面

工作内容：运料、拌和、摊铺、找平、洒水、碾压。

单位：1000m²

定额编号				80029	80030	80031	80032	80033	80034
顺序号	名称		单位	砂路面		砂砾石路面			
						人工铺筑		机械铺筑	
				压实厚度50mm	每增减10mm	压实厚度100mm	每增减10mm	压实厚度100mm	每增减10mm
1	人工	甲类工	工日	1.6	0.2	3.2	0.3	1.5	0.1
2		乙类工	工日	18.4	1.8	36.8	3.0	17.5	1.2
3		合计	工日	20.0	2.0	40.0	3.3	19.0	1.3
4	材料	水	m^3	40.0		40.0		40.0	
5		中（粗）砂	m^3			36.0	3.60	36.0	3.60
6		石屑	m^3	65.00	6.50				
7		砾石	m^3			94.10	9.40	94.10	9.40
8	机械	内燃压路机　8t	台班	2.30		2.30		2.30	
9		自行式平地机 118kW	台班	0.40				0.40	
10		洒水车　4800L	台班	0.40		0.40		0.40	
11	其他费用		%	2.5		2.5		2.5	

8－4－4　煤矸石(矿渣)路面

工作内容:运料、拌和、摊铺、找平、洒水、碾压。

单位:1000m²

定额编号				80035	80036	80037	80038
顺序号	名称		单位	人工铺筑		机械铺筑	
				压实厚度100mm	每增减10mm	压实厚度100mm	每增减10mm
1	人工	甲类工	工日	3.5	0.3	1.7	0.1
2		乙类工	工日	40.0	3.5	19.3	1.4
3		合计	工日	43.5	3.8	21.0	1.5
4	材料	水	m^3	13.00	1.30	13.00	1.30
5		中（粗）砂	m^3	5.00	0.50	5.00	0.50
6		煤矸石(矿渣)	m^3	132.60	13.26	132.60	13.26
7	机械	内燃压路机　6～8t	台班	1.00		1.00	
8		履带式拖拉机　74kW	台班	0.40		0.40	
9		自行式平地机　118kW	台班			0.60	
10		洒水车　4800L	台班	0.60		0.60	
11	其他费用		%	6.2		6.2	

8－4－5　沥青碎石、沥青混凝土、水泥混凝土路面

工作内容：1. 沥青碎石包括沥青加热、洒布、铺料、碾压、铺保护层。

2. 沥青混凝土包括沥青及骨料加热、配料、拌和、运输、摊铺碾压等。

3. 水泥混凝土包括模板安装、混凝土配料、拌和、运输、浇筑、振捣、养护等。

单位：$1000m^2$

顺序号	名称		单位	80039	80040	80041	80042	80043	80044
				沥青碎石路面		沥青混凝土路面		水泥混凝土	
				厚度(cm)					
				80mm	每增减10mm	60mm	每增减10mm	150mm	每增减10mm
1	人工	甲类工	工日	9.5	0.5	9.9	1.1	16.7	0.8
2		乙类工	工日	109.8	5.6	114.1	13.2	192.3	9.3
3		合计	工日	119.3	6.1	124.0	14.3	209.0	10.1
4	材料	中（粗）砂	m^3	11.0		11.00	2.00		
5		碎石	m^3	136.00	18.00	62.00	10.00		
6		石油沥青	t	8.20	1.00	7.00	1.20		
7		混凝土	m^3					153.00	10.20
8		石屑	m^3	5.10		21.00	3.50		
9		矿粉	m^3			3.00	0.50		
10		锯材	m^3	0.12		0.10		0.23	0.01
11	机械	内燃压路机　12t	台班	1.00		1.37			
12		搅拌机　$0.4m^3$	台班					7.00	0.50
13		强制式搅拌机　$0.35m^3$	台班			2.17	0.37		
14		沥青洒布车　3500L	台班	0.80	0.04				
15		自卸汽车　8t	台班			5.40	0.90	5.00	0.34
16	其他费用		%	4.0		5.0		3.5	

8－5　培路肩

工作内容:挂线、培肩压实、修整路槽。

单位:1000m²

定额编号				80045	80046
顺序号	名称		单位	培路肩	
				培肩厚度 200mm	每增减 10mm
1	人工	甲类工	工日	4.2	0.2
2		乙类工	工日	47.2	1.6
3		合计	工日	51.4	1.8
4	机械	0.6t 以内手扶式振动碾	台班	5.70	0.20
5	其他费用		%	0.5	

8－6　挖除旧路面

工作内容:人工挖撬或机械挖除、废料清除至路基外、场地清理、平整。

单位:10m³

定额编号				80047	80048	80049
顺序号	名称		单位	推土机		风镐
				砂石路面及粒料类基层	各类稳定土基层	沥青面层
1	人工	甲类工	工日	0.1	0.1	0.6
2		乙类工	工日	0.1	0.2	5.8
3		合计	工日	0.2	0.3	6.4
4	机械	推土机 132kW	台班	0.08	0.11	
5		3m³/min 以内机动空压机	台班			0.76
6	其他费用		%	0.5	0.5	3.0

第9章

植物工程

说　明

一、本章定额包括栽植乔木、栽植灌木、直播种草、草皮铺种、铺设沙障、护坡嵌草预制混凝土铺装等定额，共6节，40个子目。

二、本定额除本节另有说明外，均不作调整。

三、定额的计量单位分别按株、m^2、hm^2计量。

四、植树定额：

（一）定额中包括准备、栽植时的用工用料和机械使用费以及栽植后10天以内的养护工作。

（二）定额中的苗木消耗数量为一般造林密度下的苗木数量。若造林设计中的造林密度发生变化，苗木数量与本定额不同时，人工和水的消耗量应按实际用苗数量同比例进行调整。

（三）定额按Ⅰ、Ⅱ类土拟定，若为Ⅲ类或Ⅳ类土，在使用定额时其人工消耗数量应分别乘1.25或1.45调整系数。

（四）定额中草籽用量由于种类、地点和用途不同，用量相差悬殊，定额中仅以范围值列示，使用时应根据设计需要量计算，人工不作调整。

9－1 栽植乔木

9－1－1 栽植乔木(带土球)

工作内容:准备、放线、挖坑、栽植(扶正、回土、提苗、捣实、筑水围)、浇水、覆土保墒、整形、清理等。

单位:100 株

定额编号				90001	90002	90003	90004	90005	90006
顺序号	名称		单位	土球直径(mm 以内)					
				200	300	400	500	600	700
1	人工	甲类工	工日	0.2	0.2	0.2	0.2	0.2	0.2
2		乙类工	工日	3.8	7.0	11.8	18.2	30.1	36.2
3		合计	工日	4.0	7.2	12.0	18.4	30.3	36.4
4	材料	树苗	株	102.00	102.00	102.00	102.00	102.00	102.00
5		水	m^3	2.00	3.00	4.00	6.00	8.00	9.00
6	其他费用		%	0.5	0.5	0.5	0.5	0.5	0.5

9－1－2 栽植乔木(裸根)

工作内容:准备、放线、挖坑、栽植(扶正、回土、提苗、捣实、筑水围)、浇水、覆土保墒、整形、清理等。

单位:100 株

定额编号				90007	90008	90009	90010	90011	90012
顺序号	名称		单位	裸根胸径(mm 以内)					
				40	60	80	100	120	140
1	人工	甲类工	工日	0.2	0.2	0.2	0.2	0.2	0.2
2		乙类工	工日	1.5	3.2	5.7	10.1	15.1	21.5
3		合计	工日	1.7	3.4	5.9	10.3	15.3	21.7
4	材料	树苗	株	102.00	102.0	102.00	102.0	102.00	102.0
5		水	m^3	3.20	5.00	6.80	8.70	10.50	12.30
6	其他费用		%	0.5	0.5	0.5	0.5	0.5	0.5

9－2　栽植灌木

9－2－1　栽植灌木(带土球)

工作内容:准备、放线、挖坑、栽植(扶正、回土、提苗、捣实、筑水围)、浇水、覆土保墒、整形、清理等。

单位:100 株

定额编号				90013	90014	90015	90016	90017
顺序号	名称		单位	土球直径(mm 以内)				
				200	300	400	500	600
1	人工	甲类工	工日	0.2	0.2	0.2	0.2	0.2
2		乙类工	工日	3.4	6.6	10.2	15.8	24.7
3		合计	工日	3.6	6.8	10.4	16.0	24.9
4	材料	树苗	株	102.00	102.00	102.00	102.00	102.00
5		水	m^3	2.00	3.00	4.00	6.00	8.00
6	其他费用		%	0.5	0.5	0.5	0.5	0.5

9－2－2　栽植灌木(裸根)

工作内容:准备、放线、挖坑、栽植(扶正、回土、提苗、捣实、筑水围)、浇水、覆土保墒、整形、清理等。

单位:100 株

定额编号				90018	90019	90020	90021
顺序号	名称		单位	冠丛高(m 以内)			
				0.10	0.15	0.20	0.25
1	人工	甲类工	工日	0.1	0.1	0.1	0.1
2		乙类工	工日	1.0	1.6	2.0	2.4
3		合计	工日	1.1	1.7	2.1	2.5
4	材料	树苗	株	102.00	102.00	102.00	102.00
5		水	m^3	3.00	3.50	4.00	4.50
6	其他费用		%	0.4	0.4	0.4	0.4

9－3 直播种草

9－3－1 条 播

工作内容:种子处理、人工开沟、播草籽、镇压等。

单位:hm^2

定额编号				90022	90023	90024	90025
顺序号	名称		单位	行距(mm)			
				150	200	250	300
1	人工	甲类工	工日	1.0	1.0	1.0	1.0
2		乙类工	工日	27.1	21.9	18.6	16.4
3		合计	工日	28.1	22.9	19.6	17.4
4	材料	种籽	kg	10～80	10～80	10～80	10～80
5	其他费用		%	2.5	2.5	2.5	2.5

9－3－2 穴 播

工作内容:种子处理、人工挖穴、播草籽、踩压等。

单位:hm^2

定额编号				90026	90027	90028	90029
顺序号	名称		单位	行距(mm)			
				150	200	250	300
1	人工	甲类工	工日	1.0	1.0	1.0	1.0
2		乙类工	工日	46.7	29.4	21.4	17.1
3		合计	工日	47.7	30.4	22.4	18.1
4	材料	种籽	kg	10～80	10～80	10～80	10～80
5	其他费用		%	2.5	2.5	2.5	2.5

9－3－3 撒　播

工作内容：种子处理、人工撒播草籽、不覆土或用耙、耱、石磙子碾等方法覆土。

单位：hm^2

定额编号				90030	90031
顺序号	名称		单位	不覆土	覆土
1	人工	甲类工	工日	0.2	0.2
2		乙类工	工日	2.1	8.6
3		合计	工日	2.3	8.8
4	材料	种籽	kg	10～80	10～80
5	其他费用		%	2.0	2.5

9－4 草皮铺种

工作内容：翻土整地、清除杂物、搬运草皮、铺草皮、浇水、清理等。

单位：$100m^2$

定额编号				90032	90033
顺序号	名称		单位	散铺	满铺
1	人工	甲类工	工日	0.1	0.1
2		乙类工	工日	8.7	12.0
3		合计	工日	8.8	12.1
4	材料	草皮	m^2	37.00	110.00
5		水	m^3	3.00	3.00
6	其他费用		%	2.5	2.5

9－5 铺设沙障

适用范围：带状沙障带宽0.6～1.0m，带间距4～5m；方格状沙障规格2m×2m。

工作内容：准备沙障材料、定线、铺设、清理等。

单位：hm^2

定额编号				90034	90035	90036	90037	90038	90039
顺序号	名称		单位	活沙障				死沙障（柴草沙障）	
				沙蒿沙障		沙柳沙障			
				带状	方格状	带状	方格状	带状	方格状
1	人工	甲类工	工日	0.5	0.5	0.5	0.5	0.5	0.5
2		乙类工	工日	43.7	87.3	58.2	101.9	38.8	82.5
3		合计	工日	44.2	87.5	58.7	102.4	39.3	83.0
4	材料	干柴草	kg					1764.00	3332.00
5		活性沙生植物沙蒿	kg	10192.00	20237.00				
6		沙柳	kg			10290.00	20958.00		
7	机械	双胶轮车	台班	10.00	20.00	10.00	21.00	6.00	11.00
8	其他费用		%	0.5	0.5	0.5	0.5	0.5	0.5

注：方格状沙障规格为1 m×1 m时，人工、双胶轮架子车及材料用量乘1.5系数。

9－6 护坡嵌草预制混凝土块铺装

工作内容：清理边坡、嵌草预制混凝土块场内运输、嵌草预制混凝土块铺装、嵌草预制混凝土块内灌土、种子处理、人工撒播草籽、覆土、浇水等。

单位：$100m^2$

定额编号				90040
顺序号	名称		单位	护坡嵌草预制混凝土块铺装
1	人工	甲类工	工日	2.3
2		乙类工	工日	31.6
3		合计	工日	33.9
4	材料	嵌草预制混凝土块	m^2	103.00
5		种植土	m^3	3.30
6		种籽	kg	10～30
7		水	m^3	2.00
8	机械	双胶轮车	台班	1.40
9	其他费用		%	3.5

第 10 章

辅助工程

说　明

一、本章包括防渗(反滤)、输电线路架设及移设、电力电缆、辅助房屋和房屋拆除等定额,共5节,119个子目。

二、防渗(反滤)定额:

(一)本节定额包括:塑料薄膜、土工布、土工膜铺设等4节定额;

(二)定额仅指防渗(反滤)材料本身的铺设,不包括其上面的保护(覆盖)层和下面的垫层砌筑;

(三)其定额单位 $100m^2$ 是指设计有效面积。

三、输电定额

输电线路架设定额已综合山区、上下坡、转角、跨越道路及河流等因素。

四、电力电缆定额

(一)本节定额包括:电缆沟槽路面开挖、电缆沟槽挖填土石、电缆沟槽铺盖、电缆过路保护管敷设、电缆保护管沿电杆敷设、顶管、直埋式电缆敷设、沿支架或墙面卡设、电缆排管内敷设、电缆头制作安装、电缆防火及电缆试验等12节定额;

(二)本节定额按平原施工考虑,如在其他地形条件下施工时,在无其他规定的条件下,其人工和机械可按表10-1调整:

表10-1　　地形增加系数

地形类别	丘陵	一般山地、泥沼地带	高山
调整系数	1.15	1.60	2.20

注:各种地形的定义:

①平地:指地形比较平坦广阔,地面比较干燥的地带;

②丘陵:指陆地上起伏和缓、连绵不断的矮岗、土丘,水平距离1km以内,地形起伏在50m以下的地带;

③一般山地:指一般山岭或沟谷等,水平距离250m以内,地形起伏在50~150m的地带;

④泥沼地带:指经常积水的田地或泥水淤积的地带;

⑤高山:指人力、牲畜攀登困难,水平距离250m以内,地形起伏在150m以上的地带。

(三)定额已考虑了材料的场内运输,施工中对周转性材料如脚手架、枕木等均按摊销量计列;

(四)定额注解内注明的未包含材料,包括电缆、接线管、接线端子、终端(中间)头附件、保护管、金具、支架及防火材料等,使用时应按设计用量加材料施工损耗计,材料施工损耗率见表10-2:

表 10－2　　材料施工损耗率

序号	材料名称	损耗率（%）	序号	材料名称	损耗率（%）
1	电力电缆	1.0	6	钢管	1.5
2	电缆头及附件	2.0	7	塑料制品（管、板）	5.0
3	钢筋（制作）	6.0	8	金具	1.0
4	混凝土盖板	3.5	9	螺栓	3.0
5	型钢	0.5	10	耐张压接线夹	2.0

注：电缆不包括备用的长度，以及因敷设有弯曲或有弧度而增加的长度。

（五）顶管工作坑、电缆排管、沟（隧）道的开挖，可套用其他章节有关定额；

（六）电缆沟槽路面开挖以 m^2 计；

（七）电缆沟槽挖、填土方以 m^3 计，直埋电缆除特殊要求外，可按表 10－3 计算土方量，如需砌筑沟槽，砌筑工程可套用其他章节有关定额；

表 10－3　　直埋电缆每米沟槽挖方计算

项目	电缆根数	
	1～2 根	每增 1 根
每米沟槽挖方量（m^3）	0.45	0.16

注：①两根以内的电缆沟，是按上口宽度 900mm，下口宽度 600mm 计算的常规土方量；

②每增加 1 根电缆，其宽度增加 350mm；

③土方量是按埋深从自然地坪起算，如设计埋深超过 900mm，多挖的土方量应另行计算。

（八）电缆沟槽铺盖（含揭盖板）按沟槽长以 m 计；

（九）电缆过路保护管敷设按设计长度以 m 计；

（十）电缆保护管沿电杆敷设以根计，其长度已综合考虑，实际长度与其不符时，不作调整；

（十一）顶过路钢管以设计长度按根计；

（十二）直埋式电缆敷设、沿支架或墙面卡设、电缆排管内敷设，1kV 电缆按设计分截面以 100m 计，10kV 电缆以 100m/三相计；

（十三）电缆头制作安装，1kV 电缆头按设计分截面以个计，10kV 电缆头以套/三相计；

（十四）防火涂料按所用涂料质量以 kg 计，防火槽盒、防火带按设计长度以 m 计；

（十五）绝缘遥测预试验按盘计；电缆试验按回路计，在同一地点做两路及以上试验时，从第二回路起按 60% 计算。

五、辅助房屋定额

定额中的“砂浆”一项，是指完成单位产品所需的砂浆半成品量，其中包括了拌制、运输、操作等施工损耗量在内。砂浆半成品的单价可按本定额附录中砂浆材料配合比表列示量和相应材料的预算价格进行计算。

10－1 防渗(反滤)

10－1－1 塑料薄膜铺设

适用范围:各种建筑物防渗。

工作内容:场内运输、铺设、粘接压缝等。

单位:100m²

定额编号				100001	100002	100003	100004
顺序号	名称		单位	平铺	塑料薄膜铺设		
					斜铺(边坡)		
					1:3.0	1:2.0	1:1.5
1	人工	甲类工	工日	0.2	0.2	0.2	0.2
2		乙类工	工日	1.3	1.4	1.6	1.8
3		合计	工日	1.5	1.6	1.8	2.0
4	材料	塑料薄膜	m²	113.00	113.00	113.00	113.00
5	其他费用		%	0.5	0.5	0.5	0.5

注:1. 本定额的塑料薄膜材料为聚乙烯防渗薄膜、聚氯乙烯防渗薄膜等。

2. 边坡缓于1:4时,按平铺计。

10－1－2 土工布铺设

适用范围:各种建筑物反滤层。

工作内容:场内运输、土工布铺设、裁剪、按缝(针缝)等。

单位:100m²

定额编号				100005	100006	100007	100008
顺序号	名称		单位	平铺	土工布铺设		
					斜铺(边坡)		
					1:3.0	1:2.0	1:1.5
1	人工	甲类工	工日	0.2	0.2	0.2	0.2
2		乙类工	工日	2.0	2.3	2.5	2.8
3		合计	工日	2.2	2.5	2.7	3.0
4	材料	土工布	m²	107.00	107.00	107.00	107.00
5	其他费用		%	0.8	0.8	0.8	0.8

注:边坡缓于1:4时,按平铺计。

10－1－3 (复合)土工膜铺设(人工粘接)

适用范围:种建筑物防渗。

工作内容:场内运输、铺设、粘接压缝等。

单位:$100m^2$

定额编号				100009	100010	100011	100012
顺序号	名称		单位	(复合)土工膜铺设			
				平铺	斜铺(边坡)		
					1:3.0	1:2.0	1:1.5
1	人工	甲类工	工日	0.2	0.2	0.2	0.2
2		乙类工	工日	5.4	5.6	6.0	6.7
3		合计	工日	5.6	5.8	6.2	6.9
4	材料	(复合)土工膜	m^2	106.00	106.00	106.00	106.00
5		工程胶	kg	2.00	2.00	2.00	2.00
6	其他费用		%	1.0	1.0	1.0	1.0

注:边坡缓于1:4时,按平铺计。

10－1－4 (复合)土工膜铺设(焊缝机焊接)

适用范围:各种建筑物防渗。

工作内容:场内运输、铺设、焊缝机焊接等。

单位:$100m^2$

定额编号				100013	100014	100015	100016
顺序号	名称		单位	(复合)土工膜铺设			
				平铺	斜铺(边坡)		
					1:3.0	1:2.0	1:1.5
1	人工	甲类工	工日	0.9	1.0	1.1	1.3
2		乙类工	工日	2.6	3.0	3.3	3.6
3		合计	工日	3.5	4.0	4.4	4.9
4	材料	(复合)土工膜	m^2	106.00	106.00	106.00	106.00
5	机械	土工膜焊缝机 2kW	台班	0.12	0.12	0.12	0.12
6	其他费用		%	2.0	2.0	2.0	2.0

注:边坡缓于1:4时,按平铺计。

10－2 输电线路工程

10－2－1 线路架设工程

(1)380V 线路架设

工作内容:挖坑、立杆、横担组装、线路架设等。

单位:1km

定额编号				100017	100018	100019	100020	100021	100022
顺序号	名称		单位	380V 线路架设					
				木电杆			水泥电杆		
				电杆长度(m)					
				≤7	7～9	9～11	≤7	7～9	9～11
1	人工	甲类工	工日	42.5	59.9	75.8	75.5	101.2	143.6
2		乙类工	工日	99.1	139.6	176.9	176.3	236.1	335.2
3		合计	工日	141.6	199.5	252.7	251.8	337.3	478.8
4	材料	电杆	根	26.00	26.00	26.00	26.00	26.00	26.00
5		铁横担 ∠63×6×1500	根	41.00	43.00	43.00	41.00	43.00	43.00
6		导线 BLX－16	m	4330.00	4330.00	4330.00	4330.00	4330.00	4330.00
7		蝴蝶瓷瓶 ZD－3	个	149.00	149.00	149.00	149.00	149.00	149.00
8		镀锌钢绞线 GJ－35	m	140.00	163.00	195.00	140.00	163.00	195.00
9		楔型线夹 LX－1	个	13.00	13.00	13.00	13.00	13.00	13.00
10		UT 型线夹 UT－1	个	13.00	13.00	13.00	13.00	13.00	13.00
11		混凝土拉线盘 LP－6	块	13.00	13.00	13.00	13.00	13.00	13.00
12		螺栓	kg	91.00	91.00	91.00	93.00	93.00	93.00
13		铁件	kg	288.00	288.00	288.00	338.00	338.00	338.00
14	机械	载重汽车 5t	台班	2.98	3.34	3.56	3.74	4.44	6.86
15		汽车起重机 5t	台班				0.84	1.06	1.76
16	其他费用		%	1.7	1.5	1.3	1.6	1.4	1.2

(2)6～10kV 线路架设

工作内容：挖坑、立杆、横担组装、线路架设等。

单位：1km

顺序号	名称		单位	100023	100024	100025	100026	100027	100028
	定额编号			6～10kV 线路架设					
				木电杆			水泥电杆		
				电杆长度(m)					
				≤9	9～11	11～13	≤9	9～11	11～13
1	人工	甲类工	工日	78.1	93.8	113.5	89.8	116.8	138.8
2		乙类工	工日	182.2	218.8	264.7	209.5	272.7	323.9
3		合计	工日	260.3	312.6	378.2	299.3	389.5	462.7
4	材料	电杆	根	21.00	21.00	21.00	21.00	21.00	21.00
5		铁横担 ∠63×6×1700	根	37.00	37.00	37.00	37.00	37.00	37.00
6		导线 LGJ	m	3250.00	3250.00	3250.00	3250.00	3250.00	3250.00
7		针式瓷瓶 P－10	个	81.00	81.00	81.00	81.00	81.00	81.00
8		悬式瓷瓶	个	73.00	73.00	73.00	73.00	73.00	73.00
9		耐张线夹 NLD－3	个	36.00	36.00	36.00	36.00	36.00	36.00
10		镀锌钢绞线 GJ－50	m	178.00	217.00	257.00	178.00	217.00	257.00
11		楔型线夹 LX－1	个	15.00	15.00	15.00	15.00	15.00	15.00
12		UT 型线夹 UT－1	个	15.00	15.00	15.00	15.00	15.00	15.00
13		混凝土拉线盘 LP－8	块	15.00	15.00	15.00	15.00	15.00	15.00
14		螺栓	kg	51.30	51.30	51.30	61.40	61.40	61.40
15		铁件	kg	304.00	304.00	304.00	344.00	344.00	344.00
16		混凝土底盘	个				6.00	6.00	6.00
17	机械	载重汽车 5t	台班	3.88	4.52	5.02	4.56	6.50	7.92
18		汽车起重机 5t	台班				1.10	1.65	1.95
19	其他费用		%	3.8	3.6	3.4	3.2	3.0	2.8

(3)照明线路架设

工作内容:挖坑、立杆、横担组装、线路架设等。

单位:1km

定额编号				100029	100030	100031	100032
顺序号	名称		单位	照明线路架设			
				木电杆		水泥电杆	
				电杆长度(m)			
				≤7	7~9	≤7	7~9
1	人工	甲类工	工日	39.3	50.2	69.5	87.2
2		乙类工	工日	91.8	117.0	162.3	203.5
3		合计	工日	131.1	167.2	231.8	290.7
4	材料	电杆	根	26.00	26.00	26.00	26.00
5		铁横担 ∠50×5×1000	根	37.00	37.00	37.00	37.00
6		导线 BLX-16	m	2160.00	2160.00	2160.00	2160.00
7		蝴蝶瓷瓶 ZD-3	个	75.00	75.00	75.00	75.00
8		镀锌钢绞线 GJ-50	m	140.00	163.00	140.00	163.00
9		楔型线夹 LX-1	个	13.00	13.00	13.00	13.00
10		UT 型线夹 UT-1	个	13.00	13.00	13.00	13.00
11		混凝土拉线盘 LP-6	块	13.00	13.00	13.00	13.00
12		螺栓	kg	64.00	64.00	83.00	83.00
13		铁件	kg	204.00	204.00	284.00	284.00
14		灯具	套	26.00	26.00	26.00	26.00
15	机械	载重汽车 5t	台班	2.76	3.12	3.52	3.95
16		汽车起重机 5t	台班			0.76	0.95
17	其他费用		%	2.1	1.9	1.8	1.6

10－2－2　线路移设工程

(1)380V线路移设

工作内容:旧线拆除、挖坑、立杆、修整配套旧线、横担组装、线路架设等。

单位:1km

定额编号				100033	100034	100035	100036	100037	100038
顺序号	名称		单位	380V线路移设					
				木电杆			水泥电杆		
				电杆长度(m)					
				≤7	7～9	9～11	≤7	7～9	9～11
1	人工	甲类工	工日	44.8	63.0	79.8	79.5	106.4	150.8
2		乙类工	工日	104.4	147.0	186.2	185.6	248.1	351.8
3		合计	工日	149.2	210.0	266.0	265.1	354.5	502.6
4	材料	电杆	根	10.00	10.00	10.00	3.00	3.00	3.00
5		铁横担　∠63×6×1500	根	4.00	4.00	4.00	4.00	4.00	4.00
6		导线　BLX－16	m	433.00	433.00	433.00	433.00	433.00	433.00
7		蝴蝶瓷瓶　ZD－3	个	30.00	30.00	30.00	30.00	30.00	30.00
8		镀锌钢绞线　GJ－35	m	14.00	14.00	14.00	14.00	14.00	14.00
9		楔型线夹　LX－1	个	1.00	1.00	1.00	1.00	1.00	1.00
10		UT型线夹　UT－1	个	1.00	1.00	1.00	1.00	1.00	1.00
11		混凝土拉线盘　LP－6	块	13.00	13.00	13.00	13.00	13.00	13.00
12		螺栓	kg	47.60	47.60	47.60	47.60	47.60	47.60
13		铁件	kg	86.00	86.00	86.00	86.00	86.00	86.00
14	机械	载重汽车　5t	台班	2.31	2.62	2.77	2.92	3.38	3.69
15		汽车起重机　5t	台班				0.62	0.77	1.08
16	其他费用		%	2.1	1.8	1.5	2.2	1.9	1.6

(2)6～10kV混凝土电杆线路移设

工作内容：旧线拆除、挖坑、立杆、修整配套旧线、横担组装、线路架设等。　　单位：1km

定额编号				100039	100040	100041	100042	100043	100044
顺序号	名称		单位	6～10kV线路移设					
				木电杆			水泥电杆		
				电杆长度(m)					
				≤9	9～11	11～13	≤9	9～11	11～13
1	人工	甲类工	工日	81.8	98.3	119.1	115.7	122.6	146.0
2		乙类工	工日	190.9	229.5	278.0	269.9	286.0	340.6
3		合计	工日	272.7	327.8	397.1	385.6	408.6	486.6
4	材料	电杆	根	9.00	9.00	9.00	2.00	2.00	2.00
5		铁横担　∠63×6×1200	根	4.00	4.00	4.00	4.00	4.00	4.00
6		导线　LGJ－120	m	325.00	325.00	325.00	325.00	325.00	325.00
7		针式瓷瓶　P－10	个	17.00	17.00	17.00	16.00	16.00	16.00
8		悬式瓷瓶	个	15.00	15.00	15.00	14.00	14.00	14.00
9		耐张线夹　NLD－3	个	4.00	4.00	4.00	4.00	4.00	4.00
10		镀锌钢绞线　GJ－50	m	18.00	22.00	26.00	18.00	22.00	26.00
11		楔型线夹　LX－1	个	2.00	2.00	2.00	2.00	2.00	2.00
12		UT型线夹　UT－1	个	2.00	2.00	2.00	2.00	2.00	2.00
13		混凝土拉线盘　LP－8	块	15.00	15.00	15.00	15.00	15.00	15.00
14		螺栓	kg	29.00	29.00	29.00	38.00	38.00	38.00
15		铁件	kg	149.00	149.00	149.00	153.00	153.00	153.00
16		混凝土底盘	个				6.00	6.00	6.00
17	机械	载重汽车　5t	台班	3.88	4.52	5.02	4.56	6.50	7.92
18		汽车起重机　5t	台班				1.10	1.65	1.95
19	其他费用		%	3.9	3.5	3.1	3.1	2.8	2.5

(3)照明线路移设

工作内容:旧线拆除、挖坑、立杆、修整配套旧线、横担组装、线路架设等。

单位:1km

定额编号				100045	100046	100047	100048
顺序号	名称		单位	照明线路移设			
				木电杆		水泥电杆	
				电杆长度(m)			
				≤7	7~9	≤7	7~9
1	人工	甲类工	工日	41.3	58.2	73.0	91.5
2		乙类工	工日	96.5	136.6	170.2	213.6
3		合计	工日	137.8	194.8	243.2	305.1
4	材料	电杆	根	10.00	10.00	3.00	3.00
5		铁横担 ∠50×5×1000	根	4.00	4.00	4.00	4.00
6		导线 BLX-16	m	216.00	216.00	216.00	216.00
7		蝴蝶瓷瓶 ZD-3	个	15.00	15.00	15.00	15.00
8		镀锌钢绞线 GJ-35	m	14.00	16.00	14.00	16.00
9		楔型线夹 LX-1	个	1.00	1.00	1.00	1.00
10		UT型线夹 UT-1	个	1.00	1.00	1.00	1.00
11		混凝土拉线盘 LP-6	块	13.00	13.00	13.00	13.00
12		螺栓	kg	32.00	32.00	44.30	44.30
13		铁件	kg	82.00	82.00	89.00	89.00
14		灯具	套	3.00	3.00	3.00	3.00
15	机械	载重汽车 5t	台班	2.92	3.30	3.72	4.42
16		汽车起重机 5t	台班			0.84	1.06
17	其他费用		%	3.3	2.7	4.0	3.4

10－3 电　缆

10－3－1 电缆沟槽路面开挖

工作内容：测位、划线、挖掘路面等。

单位：$10m^2$

定额编号				100049	100050	100051	100052
顺序号	名称		单位	混凝土道路厚（mm）		柏油道路厚（mm）	砂石道路厚（mm）
				150 以内	250 以内	250 以内	250 以内
1	人工	甲类工	工日	1.6	1.2	1.2	0.6
2		乙类工	工日	8.2	16.3	5.7	2.9
3		合计	工日	9.8	17.5	6.9	3.5
4	其他费用		%	5.0	5.0	5.0	5.0

注：本定额未包括道路恢复。

10－3－2 电缆沟槽挖填土石

工作内容：测量、划线、挖沟、回填土、夯实等。

单位：$10m^3$

定额编号				100053	100054	100055	100056
顺序号	名称		单位	普通土	坚土	卵石	岩石
1	人工	甲类工	工日	0.2	0.2	0.2	8.8
2		乙类工	工日	4.1	5.8	8.0	17.7
3		合计	工日	4.3	6.0	8.2	26.5
4	材料	炸药	kg				6.90
5		电雷管	个				17.00
6		导电线	m				35.00
7	其他费用		%	5.0	5.0	5.0	5.0

10－3－3　电缆沟槽铺盖

工作内容：调整电缆间距、铺砂、盖砖或保护板、埋设标桩、揭（盖）盖板等。

单位：100m

定额编号				100057	100058	100059	100060	100061	100062
顺序号	名称		单位	铺砂盖砖（电缆根）		铺砂盖保护板（电缆根）		揭（盖）盖板（板长 mm）	
				1～2根	增加1根	1～2根	增加1根	1000以内	1500以内
1	人工	甲类工	工日	0.2	0.1	0.2	0.1	0.5	0.7
2		乙类工	工日	5.9	1.6	5.9	1.6	14.2	20.0
3		合计	工日	6.1	1.7	6.1	1.7	14.7	20.7
4	材料	砖	块	808.00	404.00				
5		混凝土保护板 300×250×30	块			374.00	324.00		
6		砂	m^3	9.94	3.76	9.94	3.76		
7		混凝土标桩 150×150×700	个	3.01		3.01			
8	其他费用		%	5.0	5.0	5.0	5.0	5.0	5.0

10－3－4　电缆保护管敷设

工作内容：沟底夯实、锯管、弯管、打喇叭口、接口、敷设、管子固定、刷漆、堵管口、金属管接地等。

单位：100m

顺序号		名称	单位	100063	100064	100065	100066	100067	100068	100069	100070	100071	100072
				无缝钢管（直径 mm）					塑料管（直径 mm）				
				50 以内	100 以内	150 以内	200 以内	300 以内	50 以内	100 以内	150 以内	200 以内	300 以内
1	人工	甲类工	工日	5.7	6.3	6.9	7.8	8.8	1.5	1.9	2.9	3.4	4.4
2	人工	乙类工	工日	3.1	3.4	3.7	4.2	4.7	0.8	1.0	1.6	1.8	2.4
3	人工	合计	工日	8.8	9.7	10.6	12.0	13.5	2.3	2.9	4.5	5.2	6.8
4	材料	钢管卡子 50	个	40.00									
5	材料	钢管卡子 100	个		40.00								
6	材料	钢管卡子 150	个			40.00							
7	材料	钢管卡子 200	个				40.00						
8	材料	钢管卡子 300	个					40.00					
9	材料	中砂	m^3						0.20	0.20	0.30	0.40	0.60
10	材料	电焊条	kg	4.00	5.00	6.00	7.00	8.00					
11	材料	乙炔气	kg	1.82	2.09	2.46	2.73	3.00					
12	材料	氧气	m^3	7.00	8.00	9.00	10.00	11.00					
13	材料	镀锌铁丝	kg	7.00	9.00	11.00	13.00	15.00					
14	材料	镀锌带母螺栓	kg	1.80	1.80	2.00	2.00	2.40					
15	材料	沥青绝缘漆	kg	10.00	12.00	16.00	20.00	24.00					
16	材料	钢板	kg	2.00	3.00	5.00	10.00	15.00					
17	机械	弧焊机 交流 20kVA	台班	1.70	1.80	2.00	2.30	2.60					
18		其他费用	%	2.0	2.0	2.0	2.0	2.0	5.0	5.0	5.0	5.0	5.0

注：本定额未包括盖板、管材等。

10 –3 –5　电缆保护管沿电杆敷设

工作内容:锯断、钢管煨弯、打喇叭口、上抱箍、固定、刷油、堵管口等。

单位:根

定额编号				100073	100074
顺序号	名称		单位	沿电杆	
				钢管	塑料管
1	人工	甲类工	工日	0.6	0.3
2		乙类工	工日	0.3	0.2
3		合计	工日	0.9	0.5
4	材料	焊接钢管　125	kg	41.41	
5		塑料管　150	m		2.27
6		镀锌带母螺栓　10×100 以内	套	4.08	4.08
7		镀锌带母螺栓　12×100 以内	套	4.08	4.08
8		沥青绝缘漆	kg	0.30	
9		镀锌 U 型抱箍	套	2.01	2.01
10	其他费用		%	5.0	5.0

10－3－6 顶过路管

工作内容:修整工作坑、钢管刷油、下管、装机具、顶管、接管、清理、扫管等。

单位:根

定额编号				100075	100076	100077	100078
顺序号	名称		单位	管长(m)			
				5	8	10	15
1	人工	甲类工	工日	4.4	5.4	6.5	8.6
2		乙类工	工日	1.6	1.9	2.3	3.1
3		合计	工日	6.0	7.3	8.8	11.7
4	材料	焊接钢管 100	m	5.15	8.24	10.30	15.45
5		钢套管 121×4	m	0.23	0.23	0.23	0.46
6		普通钢板 $\delta=4.1\sim7$	kg	4.95	4.95	4.95	4.95
7		电焊条	kg	0.22	0.22	0.22	0.44
8		乙炔气	kg	0.10	0.10	0.10	0.15
9		氧气	m^3	0.25	0.25	0.25	0.25
10		汽油	kg	0.65	0.65	0.65	1.00
11		镀锌铁线	kg	1.10	1.10	1.10	2.20
12		沥青枕木	m^3	0.10	0.10	0.10	0.15
13		沥青绝缘漆	kg	2.10	2.80	3.50	5.25
14	机械	载重汽车 5t	台班	0.50	0.50	0.50	0.50
15	其他费用		%	5.0	5.0	5.0	5.0

10－3－7 直埋式电缆敷设

工作内容：开盘、检查、架线盘、敷设、锯断、配合试验、临时封头、挂标牌、牵引头安装等。

单位：表列单位

定额编号				100079	100080	100081	100082	100083	100084
顺序号	名称		单位	1kV 电缆（截面 mm^2 以下）			10kV 电缆（截面 mm^2 以下）		
				100m			100m/三相		
				50	70	120	50	70	120
1	人工	甲类工	工日	3.1	3.2	4.7	3.6	4.0	5.5
2		乙类工	工日	1.7	1.8	2.5	2.0	2.1	2.9
3		合计	工日	4.8	5.0	7.2	5.6	6.1	8.4
4	材料	镀锌铁丝	kg	0.16	0.18	0.30	0.16	0.18	0.30
5		铜丝	kg	0.06	0.08	0.10	0.06	0.08	0.10
6		钢丝绳 Φ15 以下	kg	0.80	1.00	1.50	0.80	1.00	1.50
7		橡胶带 自粘性 20mm×5m	卷	0.70	1.00	2.00	0.70	1.00	2.00
8		塑料带 20mm×40m	卷	0.20	0.30	0.60	0.20	0.30	0.60
9		油脂 凡士林	kg	0.60	0.80	1.25	0.60	0.80	1.25
10		硬脂酸	kg	0.10	0.10	0.10	0.10	0.10	0.10
11		热缩帽	只	0.67	0.67	0.67	0.67	0.67	0.67
12		无絮棉布	kg	0.40	0.45	0.55	0.40	0.45	0.55
13		汽油	kg	0.25	0.25	0.40	0.25	0.25	0.40
14	机械	汽车起重机 12t	台班	0.10	0.11	0.16	0.10	0.11	0.16
15		载重汽车 5t	台班	0.07	0.07	0.18	0.07	0.07	0.18
16		载重汽车 8t	台班			0.17			0.17
17		卷扬机(单筒慢速) 3t	台班		0.21				0.21
18		柴油发电机组 30kVA	台班		0.18	0.19			0.19
19	其他费用		%	1.0	1.0	1.0	1.0	1.0	1.0

注：本定额未包括电缆、金具等。

10－3－8　电缆沿支架、墙面卡设

工作内容：开盘、检查、架线盘、敷设、锯断、卡固、配合试验、临时封头、挂标牌等。

单位：表列单位

顺序号	名称		单位	100085	100086	100087	100088	100089	100090
				1kV 电缆（截面 mm^2 以下）			10kV 电缆（截面 mm^2 以下）		
				100m			100m/三相		
				50	70	120	50	70	120
1	人工	甲类工	工日	3.4	3.4	7.2	4.1	4.3	7.9
2		乙类工	工日	1.8	1.9	3.9	2.2	2.3	4.2
3		合计	工日	5.2	5.3	11.1	6.3	6.6	12.1
4	材料	橡胶带　自粘性 20mm×5m	卷	0.70	1.00	2.00	0.70	1.00	2.00
5		塑料带　20mm×40m	卷	0.30	0.30	0.60	0.30	0.30	0.60
6		油脂　凡士林	kg	0.08	0.08	0.08	0.08	0.08	0.08
7		热缩帽	只	0.67	0.67	0.67	0.67	0.67	0.67
8		汽油	kg	0.95	0.95	0.95	0.95	0.95	0.95
9	机械	汽车起重机　12t	台班	0.10	0.11	0.16	0.10	0.11	0.16
10		载重汽车　5t	台班	0.07	0.07		0.07	0.07	
11		载重汽车　8t	台班			0.17			0.17
12	其他费用		%	1.0	1.0	1.0	1.0	1.0	1.0

注：本定额未包括电缆、金具、沿墙支架等。

10－3－9　电缆排管内敷设

工作内容：开盘、检查、架线盘、敷设、锯断、配合试验、临时封头、挂标牌等。

单位：表列单位

顺序号		名称	单位	100091	100092	100093	100094	100095	100096
		定额编号		100091	100092	100093	100094	100095	100096
				1kV 电缆（截面 mm^2 以下）			10kV 电缆（截面 mm^2 以下）		
				100m			100m/三相		
				50	70	120	50	70	120
1	人工	甲类工	工日	3.7	3.9	6.2	4.3	4.7	7.3
2	人工	乙类工	工日	2.0	2.1	3.3	2.3	2.5	3.9
3	人工	合计	工日	5.7	6.0	9.5	6.6	7.2	11.2
4	材料	镀锌铁丝	kg	0.16	0.18	0.30	0.16	0.18	0.30
5	材料	铜丝	kg	0.06	0.08	0.10	0.06	0.08	0.10
6	材料	钢丝绳　15 以下	kg	0.80	1.00	1.50	0.80	1.00	1.50
7	材料	橡胶带　自粘性 20mm×5m	卷	0.70	1.00	2.00	0.70	1.00	2.00
8	材料	塑料带　20mm×40m	卷	0.20	0.30	0.60	0.20	0.30	0.60
9	材料	油脂　凡士林	kg	5.00	6.00	8.00	5.00	6.00	8.00
10	材料	硬脂酸	kg	0.10	0.10	0.10	0.10	0.10	0.10
11	材料	热缩帽	只	0.67	0.67	0.67	0.67	0.67	0.67
12	材料	无絮棉布	kg	0.10	0.10	0.10	0.10	0.10	0.10
13	材料	圆钢	kg	3.00	3.00	3.20	3.00	3.00	3.20
14	材料	汽油	kg	0.25	0.25	0.40	0.25	0.25	0.40
15	机械	汽车起重机　12t	台班	0.08	0.08	0.19	0.08	0.08	0.19
16	机械	载重汽车　5t	台班	0.07	0.07	0.18	0.07	0.07	0.18
17	机械	载重汽车　8t	台班			0.19			0.19
18	机械	卷扬机（单筒慢速）　3t	台班		0.39				0.39
19	机械	柴油发电机组　30kVA	台班		0.20	0.24			0.24
20		其他费用	%	1.0	1.0	1.0	1.0	1.0	1.0

注：本定额未包括电缆、金具、沿墙支架等。

10－3－10 电缆终端(中间)头制作安装

(1)1kV 电缆终端(中间)头

工作内容:校潮、检验、定位、量尺寸、锯断、剥切、锯钢甲、剥除内屏蔽层绝缘层、清洗、缠密封胶、套缩手套和绝缘管应控管、压接线端子、套缩副管及相色管、焊接地线、安装固定、搭弓子、清理现场、挂名牌、配合试验。 单位:个

定额编号				100097	100098	100099	100100
顺序号	名称		单位	终端头截面(mm^2 以下)		中间头截面(mm^2 以下)	
				50	120	50	120
1	人工	甲类工	工日	0.8	1.8	1.0	1.6
2		乙类工	工日	0.4	1.0	0.6	0.8
3		合计	工日	1.2	2.8	1.6	2.4
4	材料	焊锡丝	kg	0.30	0.35	0.05	0.10
5		焊锡膏	kg	0.06	0.07	0.01	0.02
6		螺栓	kg	1.08	1.11		
7		橡胶带 自粘性 20mm×5m	卷	0.50	1.20	0.50	1.20
8		塑料带 相色带 20mm×2m	卷	0.10	0.15	0.10	0.15
9		塑料带 20mm×40m	卷			0.40	0.60
10		三氯乙烯	kg	0.50	0.50		
11		丙酮	kg	0.30	0.40		
12		电力复合脂	kg	0.03	0.05	0.03	0.05
13		镀锌电缆卡子 40mm	个	1.03			
14		镀锌电缆卡子 60mm	个		1.03		
15		环氧树脂冷浇剂	kg			3.20	4.80
16		棉纱	kg	0.30	0.30	0.50	0.80
17		汽油	kg	0.60	0.80	0.30	0.70
18	其他费用		%	1.0	1.0	1.0	1.0

注:本定额未包括电缆接线管、电缆终端(中间)头附件、保护管及支架等。

(2)10kV电缆户外(内)热(冷)缩式终端(中间)头

工作内容:校潮、检验、定位、量尺寸、锯断、剥切、锯钢甲、剥除内屏蔽层绝缘层、清洗、缠密封胶、套缩手套和绝缘管应控管、压接线端子、套缩副管及相色管、焊接地线、安装固定、搭弓子、清理现场、挂名牌、配合试验。

单位:套/三相

定额编号				100101	100102	100103	100104	100105	100106
顺序号	名称		单位	终端头(截面 mm^2 以下)				中间头(截面 mm^2 以下)	
				户外		户内			
				50	120	50	120	50	120
1	人工	甲类工	工日	1.6	2.5	0.5	1.2	1.6	2.5
2		乙类工	工日	0.9	1.3	0.3	0.7	0.9	1.4
3		合计	工日	2.5	3.8	0.8	1.9	2.5	3.9
4	材料	焊锡丝	kg	0.30	0.35	0.30	0.35		
5		焊锡膏	kg	0.06	0.07	0.06	0.07		
6		螺栓	kg	0.95	0.95	0.95	0.95		
7		橡胶带 自粘性 20mm×5m	卷	0.60	1.40	0.60	1.40	0.50	1.20
8		塑料带 相色带 20mm×2m	卷	0.10	0.15	0.10	0.15	0.10	0.15
9		塑料带 20mm×40m	卷			0.20	0.30	0.40	0.60
10		三氯乙烯	kg	0.50	0.50	0.50	0.50	0.50	0.50
11		丙酮	kg	0.30	0.40	0.30	0.40		
12		电力复合脂	kg	0.03	0.05	0.03	0.05	0.03	0.05
13		环氧树脂冷浇剂	kg					4.20	5.95
14		镀锌电缆卡子 40mm	个	1.03		1.03			
15		镀锌电缆卡子 60mm	个		1.03		1.03		
16		棉纱	kg	0.30	0.50	0.30	0.50	0.50	0.80
17		汽油	kg	0.60	0.80	0.60	0.80		
18	其他费用		%	1.0	1.0	1.0	1.0	1.0	1.0

注:本定额未包括电缆接线端子、电缆头附件、支架等。

10－3－11　电缆防火

工作内容：清扫、堵洞、刷涂或安装防火材料、清理现场等。

单位：100m

定额编号				100107	100108	100109
顺序号	名称		单位	防火涂料(kg)	防火槽	防火带
1	人工	甲类工	工日	0.2	3.2	1.4
2		乙类工	工日	0.1	1.7	0.7
3		合计	工日	0.3	4.9	2.1
4	材料	汽油	kg	0.35		
5	其他费用		%	1.0	1.0	1.0

注：本定额未包括电缆防火材料等。

10－3－12　电缆试验

工作内容：试验设备移运及布置、接电及布线、电缆试验、核相、电阻比试验、试验后复位等。

单位：回路

定额编号				100110	100111	100112	100113	100114
顺序号	名称		单位	绝缘遥测取样横线(盘、回路)	10kV 电缆试验			
					直流耐压	交流耐压	电阻比	局放
1	人工	甲类工	工日	0.5	4.3	13.6	3.0	30.3
2		乙类工	工日		0.2	0.6		
3		合计	工日	0.5	4.5	14.2	3.0	30.3
4	材料	铜带　200mm×0.2mm	m			15.00		15.00
5		铜丝	kg		0.25	0.25		0.25
6		塑料带　20mm×40m	卷		0.90	0.90		0.90
7		四氯化碳　95%	kg		0.50	0.50		0.50
8	机械	汽车起重机　8t	台班			1.00		1.00
9		载重汽车　5t	台班		0.30			
10		载重汽车　8t	台班			1.00		1.00
11		柴油发电机组　30kVA	台班		1.00			
12		柴油发电机组　60kVA	台班			1.00		1.00
13		汽油发电机组　10kVA	台班				0.20	
14	其他费用		%	10.0	10.0	10.0	10.0	10.0

10－4　辅助房屋

适用范围：土地开发整理项目小型排灌站、泵站、机电井用房。钢筋混凝土平屋顶，其中甲型属一般泵房、机井房；乙型属高度超过4.2m的提、排灌站用房。

工作内容：平整场地（厚度0.2m以内）、基础、地坪、内外墙、门窗、屋面、脚手架及室内照明工程。

单位：$100m^2$

定额编号				100115	100116	100117
顺序号	名称		单位	甲型	乙型	井亭
1	人工	甲类工	工日	75	97	88
2		乙类工	工日	176	288	193
3		合计	工日	251	385	281
4	材料	砖	千块	51.78	61.42	
5		M5 砌筑砂浆	m^3	20.74	24.02	
6		锯材	m^3	2.52	2.66	2.36
7		钢筋	t	2.10	2.36	7.14
8		C25 混凝土	m^3	25.02	25.77	61.85
9		C20 混凝土	m^3	16.48	16.48	47.06
12		M7.5 水泥砂浆	m^3	2.26	3.28	0.97
13		琉璃瓦	千块			29.58
14	机械	汽车式起重机　5t	台班	1.9	2.80	
15		搅拌机　$0.4m^3$	台班	3.2	2.29	5.01
		双胶轮车	台班	112	186	216.00
16		振捣器（插入式）2.2kW	台班	3.81	3.96	10.00
17	其他费用		%	5.0	8.0	5.0

注：1. 本定额不包括平均厚度超过0.2m的场地开挖；

2. 甲型房屋构造：砖混结构，预制（现浇）钢筋混凝土楼板、内外砖墙木门窗、三合土地面、外墙为水泥砂浆抹面压光、内墙为石灰砂浆抹面。

3. 乙型房屋构造：砖混结构、预制（现浇）钢筋混凝土楼板、内外砖墙、木门窗、外墙为水泥砂浆抹面压光、内墙为石灰砂浆抹面。

4. 硬山搁檩房屋构造：砖混结构、屋架、内外砖墙、木门窗、外墙为水泥砂浆抹面压光、内墙为石灰砂浆抹面。

5. 外墙采用清水墙勾缝时，定额人工、水泥砂浆、机械台班乘0.95系数。

10－5　房屋拆除

适用范围:村镇平房、瓦房、井房等建筑物。

单位:$100m^2$

定额编号				100118	100119
顺序号	名称		单位	人工拆除	机械拆除
1	人工	甲类工	工日	2.0	2.0
2		乙类工	工日	40.0	4.0
3		合计	工日	42.0	6.0
4	机械	液压挖掘机　$0.6m^3$	台班		1.36
5		液压挖掘机　$1.0m^3$	台班		0.98
6	其他费用		%	8.0	3.0

注:三层及以上楼房按机械拆除乘1.3系数。

附　录

附录1　土石方松实系数换算表

项目	自然方	松方	实方	码方
土方	1.00	1.33	0.85	
石方	1.00	1.53	1.31	
砂方	1.00	1.07	0.94	
混合料	1.00	1.19	0.88	
块石	1.00	1.75	1.43	1.67

注:1. 松实系数是指土石料体积的比例关系,供一般土石方工程换算时参考;
2. 块石实方指堆石坝坝体方,块石松方即块石堆方。

附录2　一般工程土类分级表

土质级别	土质名称	自然湿容重（kg/m³）	外形特征	开挖方法
Ⅰ	1. 砂土 2. 种植土	1650～1750	疏松,黏着力差或易透水,略有黏性	用锹或略加脚踩开挖
Ⅱ	1. 壤土 2. 淤泥 3. 含壤种植土	1750～1850	开挖时能成块,并易打碎	用锹需用脚踩开挖
Ⅲ	1. 黏土 2. 干燥黄土 3. 干淤泥 4. 含少量砾石黏土	1800～1950	粘手,看不见砂粒或干硬	用镐、三齿耙开挖或用锹需用力加脚踩开挖
Ⅳ	1. 坚硬黏土 2. 砾质黏土 3. 含卵石黏土	1900～2100	土壤结构坚硬,将土分裂后成块状或含黏粒砾石较多	用镐、三齿耙工具开挖

附录3　岩石类别分级表

岩石级别	岩石名称	实体岩石自然湿度时的平均容重（kg/m³）	净占时间（min/m）			极限抗压强度（kg/cm²）	强度系数 f
			用直径30mm合金钻头，凿岩机打眼（工作气压为4.5Pa）	用直径30mm淬火钻头，凿岩机打眼（工作气压为4.5Pa）	用直径25mm钻杆，人工单人打眼		
1	2	3	4	5	6	7	8
Ⅴ	1. 砂藻土及软的白垩岩 2. 硬的石炭纪的黏土 3. 胶结不紧的砾岩 4. 各种不坚实的页岩	1500 1950 1900～2200 2000		≤3.5	≤30	≤200	1.5～2
Ⅵ	1. 软的有孔隙的节理多的石灰岩及贝壳石灰岩 2. 密实的白垩 3. 中等坚实的页岩 4. 中等坚实的泥灰岩	2200 2600 2700 2300		4 （3.5～4.5）	45 （30～60）	200～400	2～4
Ⅶ	1. 水成岩卵石经石灰质胶结而成的砾石 2. 风化的节理多的黏土质砂岩 3. 坚硬的泥质页岩 4. 坚实的泥灰岩	2200 2200 2800 2500		6 （4.5～7）	78 （61～95）	400～600	4～6
Ⅷ	1. 角砾状花岗岩 2. 泥灰质石灰岩 3. 黏土质砂岩 4. 云母页岩及砂质页岩 5. 硬石膏	2300 2300 2200 2300 2900	6.8 （5.7～7.7）	8.5 （7.1～10）	115 （96～135）	600～800	6～8
Ⅸ	1. 软的风化较甚的花岗岩、片麻岩及正常岩 2. 滑石质的蛇纹岩 3. 密实的石灰岩 4. 水成岩卵石经硅质胶结的砾岩 5. 砂岩 6. 砂质石灰质的页岩	2500 2400 2500 2500 2500 2500	8.5 （7.8～9.2）	11.5 （10.1～13）	157 （136～175）	800～1000	8～10

续表

岩石级别	岩石名称	实体岩石自然湿度时的平均容重（kg/m³）	净占时间（min/m）			极限抗压强度（kg/cm²）	强度系数 f
			用直径30mm合金钻头，凿岩机打眼（工作气压为4.5Pa）	用直径30mm淬火钻头，凿岩机打眼（工作气压为4.5Pa）	用直径25mm钻杆，人工单人打眼		
1	2	3	4	5	6	7	8
Ⅹ	1. 白云岩 2. 坚实的石灰岩 3. 大理石 4. 石灰质胶结的致密的砂岩 5. 坚硬的砂质页岩	2700 2700 2700 2600 2600	10 （9.3～10.8）	15 （13.1～17）	195 （176～215）	1000～1200	10～12
Ⅺ	1. 粗粒花岗岩 2. 特别坚实的白云岩 3. 蛇纹岩 4. 火成岩卵石经石灰质胶结的砾岩 5. 石灰质胶结的坚实的砂岩 6. 粗粒正长岩	2800 2900 2600 2800 2700 2700	11.2 （10.9～11.5）	18.5 （17.1～20）	240 （216～260）	1200～1400	12～14
ⅩⅡ	1. 有风化痕迹的安山岩及玄武岩 2. 片麻岩、粗面岩 3. 特别坚实的石灰岩 4. 火成岩卵石经硅质胶结的砾岩	2700 2600 2900 2600	12.2 （11.6～13.3）	22 （20.1～25）	290 （261～320）	1400～1600	14～16
ⅩⅢ	1. 中粒花岗岩 2. 坚实的片麻岩 3. 辉绿岩 4. 玢岩 5. 坚实的粗面岩 6. 中粒正常岩	3100 2800 2700 2500 2800 2800	14.1 （13.4～14.8）	27.5 （25.1～30）	360 （321～400）	1600～1800	16～18
ⅩⅣ	1. 特别坚实的细粒花岗岩 2. 花岗片麻岩 3. 闪长岩 4. 最坚实的石灰岩 5. 坚实的玢岩	3300 2900 2900 3100 2700	15.5 （14.9～18.2）	32.5 （30.1～40）		1800～2000	18～20

续表

岩石级别	岩石名称	实体岩石自然湿度时的平均容重（kg/m³）	净占时间(min/m)			极限抗压强度（kg/cm²）	强度系数 f
			用直径30mm合金钻头，凿岩机打眼（工作气压为4.5Pa）	用直径30mm淬火钻头，凿岩机打眼（工作气压为4.5Pa）	用直径25mm钻杆，人工单人打眼		
1	2	3	4	5	6	7	8
XV	1. 安山岩、玄武岩、坚实的角闪岩 2. 最坚实的辉绿岩及闪长岩 3. 坚实的辉长岩及石英岩	3100 2900 2800	20 （18.3～24）	46 （40.1～60）		2000～2500	20～25
XVI	1. 钙钠长石质橄榄石质玄武岩 2. 特别坚实的辉长岩、辉绿岩、石英岩及玢岩	3300 3000	>24	>60		>2500	>25

附录4　水文地质钻探地层分类

1. 松散层分类

地层分类	地层名称	与工程分类对照
Ⅰ	耕土，填土，淤泥，泥炭，可塑性黏土，粉土，软矽藻土，粉砂，细砂，中砂，含圆砾（角砾）及硬杂质在10%以内的黏性土、粉土，新黄土	Ⅰ～Ⅲ
Ⅱ	坚硬的黏性土，老黄土，粗砂，砂砾，含圆砾（角砾），卵石（碎石）及硬杂质在10%～20%的黏性土、粉土和填土	Ⅲ
Ⅲ	圆砾（角砾）层，含卵石（碎石）及硬杂质在20%～30%的黏性土、粉土	
Ⅳ	冻土层，粒径在20～50mm，20%～50%含量超过50%的卵石（碎石）层，含卵石在30%～50%的黏性土、粉土	
Ⅴ	粒径在50～150mm含量超过50%的卵石（碎石）层，强风化各类岩石	Ⅳ
Ⅵ	粒径在150～200mm含量超过50%的卵石（碎石）层，中风化各类岩石	
Ⅶ	漂石（块石）层，微风化各类岩石	

2. 基岩分类

地层分类	地层名称	与工程分类对照
Ⅰ	残积土，石膏，煤层，软白垩	Ⅴ
Ⅱ	泥质页岩，砂质页岩，油页岩，炭质页岩，钙质页岩，泥质页岩，泥质板岩，滑石绿泥石片岩，云母片岩，泥灰岩，铝矾土，岩盐，致密白垩，石膏，断层泥，强风化火成岩	Ⅴ～Ⅵ
Ⅲ	硅化片岩，角斑岩，橄榄岩，石灰质及铁质胶结的砂岩，蛇纹岩，细砂岩，钙质砂岩，方解石硅卡岩，辉石，玢岩及辉长岩，中等风化火成岩	Ⅶ～Ⅷ
Ⅳ	硅化页岩，白云岩，石灰岩，大理岩，硅化板岩，辉绿岩，长石砂岩，闪长岩，正长岩，石英斑岩，安山岩，流纹岩，片麻岩，微风化花岗岩	Ⅺ～Ⅻ
Ⅴ	硅化灰岩，花岗岩，硅质胶结砾岩，微晶花岗岩，刚玉岩，石英岩，碧玉状硅质页岩，燧石岩，角砾岩，玄武岩	ⅩⅣ～ⅩⅤ

附录5　岩石十二类分级与十六类分级对照表

十二类分级			十六类分级		
岩石级别	可钻性（m/h）	一次提钻长度（m）	岩石级别	可钻性（m/h）	一次提钻长度（m）
Ⅳ	1.6	1.7	Ⅴ	1.6	1.7
Ⅴ	1.15	1.5	Ⅵ Ⅶ	1.2 1.0	1.5 1.4
Ⅵ	0.82	1.3	Ⅷ	0.85	1.3
Ⅶ	0.57	1.1	Ⅸ Ⅹ	0.72 0.55	1.2 1.1
Ⅷ	0.38	0.85	Ⅺ	0.38	0.85
Ⅸ	0.25	0.65	Ⅻ	0.25	0.65
Ⅹ	0.15	0.5	XⅢ XⅣ	0.18 0.13	0.55 0.40
Ⅺ	0.09	0.32	XⅤ	0.09	0.32
Ⅻ	0.045	0.16	XⅥ	0.045	0.16

附录6　混凝土、砂浆配合比及材料用量表

1. 混凝土配合比有关说明

(1)除碾压混凝土材料配合参考表外，水泥混凝土强度等级均以28d龄期用标准试验方法测得的具有95%保证率的抗压强度标准值确定，如设计龄期超过28d，按表6－1系数换算。计算结果如介于两种强度等级之间，应选用高一级的强度等级。

表6－1

设计龄期(d)	28	60	90
强度等级折合系数	1.00	0.83	0.77

(2)混凝土配合比表系卵石、粗砂混凝土，如改用碎石或中、细砂，按表6－2系数换算。

表6－2

项目	水泥	砂	石子	水
卵石换为碎石	1.10	1.10	1.06	1.10
粗砂换为中砂	1.07	0.98	0.98	1.07
粗砂换为细砂	1.10	0.96	0.97	1.10

注：水泥按重量计，砂、石子、水按体积计。

(3)混凝土细骨料的划分标准为：

细度模数3.1～3.7为粗砂；

细度模数2.3～3.0为中砂；

细度模数1.6～2.2为细砂。

(4)埋块石混凝土，应按配合比表的材料用量，扣除埋块石实体的数量计算。

①埋块石混凝土材料量＝配合表列材料用量×(1－埋块石量%)

1块石实体方＝1.67码方

②因埋块石增加的人工见表6－3。

表6－3

埋块石率(%)	5	10	15	20
每100m^3埋块石混凝土增加人工工时	24.0	32.0	42.4	56.8

注：不包括块石运输及影响浇筑的工时。

(5)有抗渗抗冻要求时,按表6-4水灰比选用混凝土强度等级。

表6-4

抗渗等级	一般水灰比	抗冻等级	一般水灰比
W4	0.60~0.65	F50	<0.58
W6	0.55~0.60	F100	<0.55
W8	0.50~0.55	F150	<0.52
W12	<0.50	F200	<0.50
		F300	<0.45

(6)除碾压混凝土材料配合参考表外,混凝土配合表的预算量包括场内运输及操作损耗在内。不包括搅拌后(熟料)的运输和浇筑损耗,搅拌后的运输和浇筑损耗已根据不同浇筑部位计入定额内。

(7)水泥用量按机械拌和拟定,若是人工拌和,水泥用量增加5%。

(8)按照国际标准(ISO3893)的规定,且为了与其他规范相协调,将原规范混凝土及砂浆标号的名称改为混凝土或砂浆强度等级。新强度等级与原标号对照见表6-5和表6-6。

表6-5　　　　混凝土新强度等级与原标号对照

原用标号(kgf/cm^2)	100	150	200	250	300	350	400
新强度等级C	C9	C14	C19	C24	C29.5	C35	C40

表6-6　　　　砂浆新强度等级与原标号对照

原用标号(kgf/cm^2)	30	50	75	100	125	150	200	250	300	350	400
新强度等级M	M3	M5	M7.5	M10	M12.5	M15	M20	M25	M30	M35	M40

2. 纯混凝土材料配合比及材料用量

纯混凝土材料配合比及材料用量见表6-7。

3. 掺外加剂混凝土材料配合比及材料用量

掺外加剂混凝土材料配合比及材料用量见表6-8。

4. 掺粉煤灰混凝土材料配合比及材料用量

掺粉煤灰混凝土材料配合比及材料用量见表6-9~表6-11。

5. 碾压混凝土材料配合比及材料用量

碾压混凝土材料配合比及材料用量见表6-12。

6. 泵用混凝土材料配合比及材料用量

泵用混凝土材料配合比及材料用量见表6-13、表6-14。

7. 水泥砂浆材料配合比及材料用量

水泥砂浆材料配合比及材料用量见表6-15。

8. 水泥强度等级换算

水泥强度等级换算系数参考值见表6-16。

表 6－7　　纯混凝土材料配合比及材料用量　　单位：m^3

序号	混凝土强度等级	水泥强度等级	水灰比	级配	最大粒径（mm）	配合比			预算量					
						水泥	砂	石子	水泥	粗砂		卵石		水
									kg	kg	m^3	kg	m^3	m^3
1	C10	32.5	0.75	1	20	1.00	3.69	5.05	237	877	0.58	1218	0.72	0.170
				2	40	1.00	3.92	6.45	208	819	0.55	1360	0.79	0.150
				3	80	1.00	3.78	9.33	172	653	0.44	1630	0.95	0.125
				4	150	1.00	3.64	11.65	152	555	0.37	1792	1.05	0.110
2	C15	32.5	0.65	1	20	1.00	3.15	4.41	270	853	0.57	1206	0.70	0.170
				2	40	1.00	3.20	5.57	242	777	0.52	1367	0.81	0.150
				3	80	1.00	3.09	8.03	201	623	0.42	1635	0.96	0.125
				4	150	1.00	2.92	9.89	179	527	0.36	1799	1.06	0.110
3	C20	32.5	0.55	1	20	1.00	2.48	3.78	321	798	0.54	1227	0.72	0.170
				2	40	1.00	2.53	4.72	289	733	0.49	1382	0.81	0.150
				3	80	1.00	2.49	6.80	238	594	0.40	1637	0.96	0.125
				4	150	1.00	2.38	8.55	208	498	0.34	1803	1.06	0.110
		42.5	0.60	1	20	1.00	2.80	4.08	294	827	0.56	1218	0.71	0.170
				2	40	1.00	2.89	5.20	261	757	0.51	1376	0.81	0.150
				3	80	1.00	2.82	7.37	218	618	0.42	1627	0.95	0.125
				4	150	1.00	2.73	9.29	191	522	0.35	1791	1.05	0.110
4	C25	32.5	0.50	1	20	1.00	2.10	3.50	353	744	0.50	1250	0.73	0.170
				2	40	1.00	2.25	4.43	310	699	0.47	1389	0.81	0.150
				3	80	1.00	2.16	6.23	260	565	0.38	1644	0.96	0.125
				4	150	1.00	2.04	7.78	230	471	0.32	1812	1.06	0.110
		42.5	0.55	1	20	1.00	2.48	3.78	321	798	0.54	1227	0.72	0.170
				2	40	1.00	2.53	4.72	289	733	0.49	1382	0.81	0.150
				3	80	1.00	2.49	6.80	238	594	0.40	1637	0.96	0.125
				4	150	1.00	2.38	8.55	208	498	0.34	1803	1.06	0.110

续表

序号	混凝土强度等级	水泥强度等级	水灰比	级配	最大粒径(mm)	配合比			预算量					
						水泥	砂	石子	水泥	粗砂		卵石		水
									kg	kg	m^3	kg	m^3	m^3
5	C30	32.5	0.45	1	20	1.00	1.85	3.14	389	723	0.48	1242	0.73	0.170
				2	40	1.00	1.97	3.98	343	678	0.45	1387	0.81	0.150
				3	80	1.00	1.88	5.64	288	542	0.36	1645	0.96	0.125
				4	150	1.00	1.77	7.09	253	448	0.30	1817	1.06	0.110
		42.5	0.50	1	20	1.00	2.10	3.50	353	744	0.50	1250	0.73	0.170
				2	40	1.00	2.25	4.43	310	699	0.47	1389	0.81	0.150
				3	80	1.00	2.16	6.23	260	565	0.38	1644	0.96	0.125
				4	150	1.00	2.04	7.78	230	471	0.32	1812	1.06	0.110
6	C35	42.5	0.45	1	20	1.00	1.85	3.14	389	723	0.48	1242	0.73	0.170
				2	40	1.00	1.97	3.98	343	678	0.45	1387	0.81	0.150
				3	80	1.00	1.88	5.64	288	542	0.36	1645	0.96	0.125
				4	150	1.00	1.77	7.09	253	448	0.30	1817	1.06	0.110
7	C40	42.5	0.40	1	20	1.00	1.57	2.80	436	689	0.46	1237	0.72	0.170
				2	40	1.00	1.77	3.44	384	685	0.46	1343	0.79	0.150
				3	80	1.00	1.53	5.12	321	493	0.33	1666	0.97	0.125
				4	150	1.00	1.49	6.35	282	422	0.28	1816	1.06	0.110
8	C45	42.5	0.34	2	40	1.00	1.13	3.28	456	520	0.35	1518	0.89	0.125

表 6－8 **掺外加剂混凝土材料配合比及材料用量**

单位：m^3

序号	混凝土强度等级	水泥强度等级	水灰比	级配	最大粒径（mm）	配合比			预算量						
						水泥	砂	石子	水泥	粗砂		卵石		外加剂	水
									kg	kg	m^3	kg	m^3	kg	m^3
1	C10	32.5	0.75	1	20	1	4.14	5.69	213	887	0.59	1230	0.72	0.43	0.170
				2	40	1	4.18	7.19	188	826	0.55	1372	0.80	0.38	0.150
				3	80	1	4.17	10.31	157	658	0.44	1642	0.96	0.32	0.125
				4	150	1	3.84	12.78	139	560	0.38	1803	1.05	0.28	0.110
2	C15	32.5	0.65	1	20	1	3.44	4.81	250	865	0.58	1221	0.71	0.50	0.170
				2	40	1	3.57	6.19	220	790	0.53	1382	0.81	0.45	0.150
				3	80	1	3.46	8.98	181	630	0.42	1649	0.96	0.37	0.125
				4	150	1	3.30	11.15	160	530	0.36	1811	1.06	0.32	0.110
3	C20	32.5	0.55	1	20	1	2.78	4.24	290	810	0.54	1245	0.73	0.58	0.170
				2	40	1	2.92	5.44	254	743	0.50	1400	0.82	0.52	0.150
				3	80	1	2.80	7.70	212	596	0.40	1654	0.97	0.43	0.125
				4	150	1	2.66	9.52	188	503	0.34	1817	1.06	0.38	0.110
		42.5	0.60	1	20	1	3.16	4.61	264	839	0.56	1235	0.72	0.53	0.170
				2	40	1	3.26	5.86	234	767	0.52	1392	0.81	0.47	0.150
				3	80	1	3.19	8.29	195	624	0.42	1641	0.96	0.39	0.125
				4	150	1	3.11	10.56	171	527	0.36	1806	1.05	0.35	0.110
4	C25	32.5	0.50	1	20	1	2.36	3.92	320	757	0.51	1270	0.74	0.64	0.170
				2	40	1	2.50	4.93	282	709	0.48	1410	0.82	0.56	0.150
				3	80	1	2.44	7.02	234	572	0.38	1664	0.97	0.47	0.125
				4	150	1	2.27	8.74	207	479	0.32	1831	1.07	0.42	0.110
		42.5	0.55	1	20	1	2.78	4.24	290	810	0.54	1245	0.73	0.58	0.170
				2	40	1	2.92	5.44	254	743	0.50	1400	0.82	0.52	0.150
				3	80	1	2.80	7.70	212	596	0.40	1654	0.97	0.43	0.125
				4	150	1	2.66	9.52	188	503	0.34	1817	1.06	0.38	0.110

续表

序号	混凝土强度等级	水泥强度等级	水灰比	级配	最大粒径（mm）	配合比			预算量						
						水泥	砂	石子	水泥	粗砂		卵石		外加剂	水
									kg	kg	m^3	kg	m^3	kg	m^3
5	C30	32.5	0.45	1	20	1	2.12	3.62	348	736	0.49	1269	0.74	0.71	0.170
				2	40	1	2.23	4.53	307	689	0.46	1411	0.83	0.62	0.150
				3	80	1	2.13	6.39	257	549	0.37	1667	0.97	0.52	0.125
				4	150	1	2.00	8.04	225	453	0.30	1837	1.07	0.46	0.110
		42.5	0.50	1	20	1	2.36	3.92	320	757	0.51	1270	0.74	0.64	0.170
				2	40	1	2.50	4.93	282	709	0.48	1410	0.82	0.56	0.150
				3	80	1	2.44	7.02	234	572	0.38	1664	0.97	0.47	0.125
				4	150	1	2.27	8.74	207	479	0.32	1831	1.07	0.42	0.110
6	C35	42.5	0.45	1	20	1	2.12	3.62	348	736	0.49	1269	0.74	0.71	0.170
				2	40	1	2.23	4.53	307	689	0.46	1411	0.83	0.62	0.150
				3	80	1	2.13	6.39	257	549	0.37	1667	0.97	0.52	0.125
				4	150	1	2.00	8.04	225	453	0.30	1837	1.07	0.46	0.110
7	C40	42.5	0.40	1	20	1	1.79	3.18	392	705	0.47	1265	0.74	0.78	0.170
				2	40	1	2.01	3.90	346	698	0.47	1368	0.80	0.69	0.150
				3	80	1	1.72	5.77	289	500	0.33	1691	0.99	0.58	0.125
				4	150	1	1.68	7.17	254	427	0.28	1839	1.08	0.51	0.110
8	C45	42.5	0.34	2	40	1	1.29	3.73	410	532	0.35	1552	0.91	0.82	0.125

表 6－9

掺粉煤灰混凝土材料配合比及材料用量

（掺粉煤灰量 20%，取代系数 1.3）

单位：m^3

序号	混凝土强度等级	水泥强度等级	水灰比	级配	最大粒径（mm）	配合比				预算量							
						水泥	粉煤灰	砂	石子	水泥	粉煤灰	粗砂		卵石		外加剂	水
										kg	kg	kg	m^3	kg	m^3	kg	m^3
1	C10	32.5	0.75	3	80	1.00	0.325	4.65	11.47	139	45	650	0.44	1612	0.95	0.28	0.125
				4	150	1.00	0.325	4.50	14.42	122	40	551	0.37	1784	1.05	0.25	0.110
2	C15	32.5	0.65	3	80	1.00	0.325	3.86	10.03	160	53	620	0.42	1627	0.96	0.33	0.125
				4	150	1.00	0.325	3.17	12.57	140	47	523	0.35	1791	1.05	0.29	0.110
3	C20	32.5	0.55	3	80	1.00	0.325	3.10	8.44	190	63	589	0.42	1623	0.96	0.38	0.125
				4	150	1.00	0.325	2.93	10.50	168	56	495	0.33	1791	1.05	0.34	0.110
		42.5	0.60	3	80	1.00	0.325	3.54	9.21	173	58	616	0.42	1618	0.95	0.35	0.125
				4	150	1.00	0.325	3.40	11.58	152	51	519	0.35	1781	1.05	0.31	0.110

表 6－10　**掺粉煤灰混凝土材料配合比及材料用量**

（掺粉煤灰量 25%，取代系数 1.3）

单位：m^3

序号	混凝土强度等级	水泥强度等级	水灰比	级配	最大粒径（mm）	配合比				预算量							
						水泥	粉煤灰	砂	石子	水泥	粉煤灰	粗砂		卵石		外加剂	水
										kg	kg	kg	m^3	kg	m^3	kg	m^3
1	C10	32.5	0.75	3	80	1.00	0.433	4.96	12.38	131	57	650	0.44	1621	0.95	0.27	0.125
				4	150	1.00	0.433	4.79	15.51	115	50	551	0.36	1784	1.04	0.24	0.110
2	C15	32.5	0.65	3	80	1.00	0.433	4.13	10.82	150	66	620	0.42	1624	0.96	0.31	0.125
				4	150	1.00	0.433	3.98	13.54	132	58	525	0.34	1788	1.05	0.27	0.110
3	C20	32.5	0.55	3	80	1.00	0.433	3.31	9.11	178	79	590	0.40	1622	0.95	0.36	0.125
				4	150	1.00	0.433	3.18	11.45	156	69	495	0.32	1787	1.05	0.32	0.110
		42.5	0.60	3	80	1.00	0.433	3.78	9.92	163	71	615	0.42	1617	0.95	0.33	0.125
				4	150	1.00	0.433	3.62	12.44	143	63	517	0.35	1780	1.05	0.29	0.110

表 6－11

掺粉煤灰混凝土材料配合比及材料用量

（掺粉煤灰量 30%，取代系数 1.3）

单位：m^3

序号	混凝土强度等级	水泥强度等级	水灰比	级配	最大粒径（mm）	配合比				预算量								
						水泥	粉煤灰	砂	石子	水泥	粉煤灰	粗砂		卵石		外加剂	水
										kg	kg	kg	m^3	kg	m^3	kg	m^3
1	C10	32.5	0.75	3	80	1.00	0.557	5.30	13.09	122	69	649	0.44	1619	0.95	0.25	0.125
				4	150	1.00	0.557	5.10	16.32	108	61	551	0.37	1781	1.05	0.22	0.110
2	C15	32.5	0.65	3	80	1.00	0.557	4.39	11.39	140	80	619	0.42	1622	0.95	0.28	0.125
				4	150	1.00	0.557	4.20	14.20	124	70	522	0.35	1786	1.05	0.25	0.110
3	C20	32.5	0.55	3	80	1.00	0.557	3.54	9.61	166	95	590	0.40	1618	0.95	0.34	0.125
				4	150	1.00	0.557	3.34	11.93	148	83	495	0.33	1786	1.05	0.30	0.110
		42.5	0.60	3	80	1.00	0.557	3.97	10.33	154	86	613	0.42	1612	0.95	0.31	0.125
				4	150	1.00	0.557	3.84	13.11	134	76	518	0.35	1778	1.04	0.27	0.110

表 6－12　碾压混凝土材料配合及材料用量表

单位：m^3

序号	龄期(d)	混凝土强度等级	水泥强度等级	水胶比	砂率(%)	水泥	粉煤灰	水	砂	石子	外加剂(kg)
1	90	C10	42.5	0.61	34	46	107	93	761	1500	0.380
2	90	C15	42.5	0.58	33	64	96	93	738	1520	0.400
3	90	C20	42.5	0.53	36	87	107	103	783	1413	0.490
4	90	C10	32.5	0.60	35	63	87	90	765	1453	0.387
5	90	C20	32.5	0.55	36	83	84	92	801	1423	0.511
6	90	C20	32.5	0.50	36	132	56	94	777	1383	0.812
7	90	C10	32.5	0.56	33	60	101	90	726	1473	0.369
8	90	C20	32.5	0.50	36	104	86	95	769	1396	0.636
9	90	C20	32.5	0.45	35	127	84	95	743	1381	0.779
10	90	C15	42.5	0.55	30	72	58	71	649	1554	0.871
11	90	C15	42.5	0.58	29	91	39	75	652	1609	0.325
12	90	C15	42.5	0.50	35	67	101	84	798	1521	1.344
13	90	C20	42.5	0.50	38	94	94	94	850	1423	1.504

注：本表中材料用量不包括场内运输及拌制损耗在内，实际运用过程中损耗率可采用：水泥 2.5%、砂 3%、石子 4%。

表 6－13　　**泵送纯混凝土材料配合比及材料用量**　　单位 m^3

序号	混凝土强度等级	水泥强度等级	水灰比	级配	最大粒径(mm)	配合比			预算量					
						水泥	砂	石子	水泥	粗砂		卵石		水
									kg	kg	m^3	kg	m^3	m^3
1	C15	32.5	0.63	1	20	1.00	2.97	3.11	320	951	0.64	970	0.66	0.192
				2	40	1.00	3.05	4.29	280	858	0.58	1171	0.78	0.166
2	C20	32.5	0.51	1	20	1.00	2.30	2.45	394	910	0.61	979	0.67	0.193
				2	40	1.00	2.35	3.38	347	820	0.55	1194	0.80	0.161
3	C25	32.5	0.44	1	20	1.00	1.88	2.04	461	872	0.58	955	0.66	0.195
				2	40	1.00	1.95	2.83	408	800	0.53	1169	0.79	0.173

表 6－14　　**泵送掺外加剂混凝土材料配合比及材料用量**　　单位 m^3

序号	混凝土强度等级	水泥强度等级	水灰比	级配	最大粒径(mm)	配合比			预算量						
						水泥	砂	石子	水泥	粗砂		卵石		外加剂	水
									kg	kg	m^3	kg	m^3	kg	m^3
1	C15	32.5	0.63	1	20	1.00	3.28	3.35	290	957	0.65	987	0.67	0.58	0.192
				2	40	1.00	3.38	4.63	253	860	0.59	1188	0.79	0.50	0.166
2	C20	32.5	0.51	1	20	1.00	2.61	2.77	355	930	0.62	999	0.68	0.71	0.193
				2	40	1.00	2.61	3.78	317	831	0.56	1214	0.81	0.62	0.161
3	C25	32.5	0.44	1	20	1.00	2.15	2.32	415	895	0.60	980	0.68	0.83	0.195
				2	40	1.00	2.22	3.21	366	816	0.54	1191	0.81	0.73	0.173

表 6－15　　水泥砂浆材料配合比及材料用量

(1)砌筑砂浆　　单位:m^3

砂浆类别	砂浆强度等级	32.5 水泥(kg)	砂(m^3)	水(m^3)
水泥砂浆	M5	211	1.13	0.127
	M7.5	261	1.11	0.157
	M10	305	1.10	0.183
	M12.5	352	1.08	0.211
	M15	405	1.07	0.243
	M20	457	1.06	0.274
	M25	522	1.05	0.313
	M30	606	0.99	0.364
	M40	740	0.97	0.444

(2)防水砂浆　　单位:m^3

序号	防水砂浆	32.5 水泥(kg)	中粗砂(m^3)	防水剂(kg)	水(m^3)
1	1:1.5	664	0.97	6.64	0.32
2	1:2	577	1.12	5.77	0.29
3	1:2.5	485	1.18	4.85	0.26
4	1:3	404	1.18	4.04	0.23
5	1:4	303	1.18	3.03	0.20

(3)接缝砂浆　　单位:m^3

序号	砂浆强度等级	体积配合比		水泥		砂(m^3)	水(m^3)
		水泥	砂	强度等级	数量(kg)		
1	M10	1	3.1	32.5	406	1.08	0.270
2	M15	1	2.6	32.5	469	1.05	0.270
3	M20	1	2.1	32.5	554	1.00	0.270
4	M25	1	1.9	32.5	633	0.94	0.270
5	M30	1	1.8	42.5	625	0.98	0.266
6	M35	1	1.5	42.5	730	0.93	0.266
7	M40	1	1.3	42.5	789	0.90	0.266

表 6－16　　水泥强度等级换算系数参考值

原强度等级	代换强度等级		
	32.5	42.5	52.5
32.5	1.00	0.86	0.76
42.5	1.16	1.00	0.88
52.5	1.31	1.13	1.00

附录 7　沥青混凝土材料配合表

表 7－1　　面板沥青混凝土　　单位：m^3

名称	材料						
	石子(kg)			砂(kg)	矿粉(kg)	沥青(kg)	合计(kg)
	5～25(mm)	5～20(mm)	5～15(mm)				
整平胶结层		1661		360	164	115	2300
防渗层			378	1427	357	188	2350
排水层	1536			384		80	2000
封闭层					1050	450	1500

表 7－2　　心墙沥青混凝土　　单位：m^3

混凝土配合比(%)						最大骨料粒径(mm)	混凝土容重(t/m^3)
矿物混合料				油料			
石子	砂	石屑	矿物	沥青	渣油		
41.2	43.2		7.8	7.8		25	2.4
41.3	32.1		18.3	8.3		25	
21	59.6		10.9	8.5		15	2.36
48	30		12	7	3	25	2.2
48	32		10	7	3		
43	30		12	15		20	
29	29	2.0(石棉)	25	5	10	10	2.35

注：面板及心墙沥青混凝土材料配合表中材料用量不包括场内运输及拌制损耗在内，实际运用过程中损耗率可采用：沥青（渣油）2%、砂（石屑、矿粉）3%、石子 4%。

表 7－3 **沥青混凝土涂层** 单位：$100m^2$

项目	单位	稀释沥青	乳化沥青		热沥青涂层	封闭层沥青胶	岸边接头	
			开级配	密级配			热沥青胶	再生胶粉沥青胶
汽(柴)油	kg	70						
60#沥青	kg	30	12.5	5	46	45	100	447
水	kg		37.5	15				
烧碱	kg		0.15	0.06				
洗衣粉	kg		0.20	0.08				
水玻璃	kg		0.15	0.06				
10#沥青	kg				108	105		
滑石粉	kg					105		40
矿粉	kg						200	
再生橡胶粉	kg							282
石棉粉	kg							40
玻璃丝网	m^2							100

河南省土地开发整理项目
施工机械台班费定额

目　录

说　明

一、本定额适用于河南省土地开发整理工程。内容包括:土石方机械、基础处理设备、混凝土机械、运输机械、起重机械、辅助设备及其他机械共 7 类,224 个子目。

二、本定额以台班为计量单位。

三、本定额由两类费用组成,定额表中以(一)、(二)表示。

一类费用分为折旧费、修理及替换设备费和安装拆卸费,按编制年度价格水平计算并用金额表示。

二类费用分为人工、动力、燃料或消耗材料,以工日数量和实物消耗量表示,其费用按国家规定的人工工资计算办法和工程所在地的物价水平分别计算。

四、各类费用的定义及取费原则:

(一)折旧费:指机械设备在寿命期内回收原值的台时折旧摊销费用。

(二)修理及替换设备费:指机械设备使用过程中,为了使机械设备保持正常功能而进行修理所需费用、日常保养所需的润滑油料费、擦拭用品费、机械保管费以及替换零部件、随机使用的工具附具等所需的台班摊销费用。

(三)安装拆卸费:指机械设备进出工地的安装、拆卸、试运转和场内转移及辅助设施的摊销费用。不需要安装拆卸的施工机械设备、台班费中不计列此项费用。

(四)人工:指机械设备使用时机上操作人员的工日消耗。包括机械设备运转时间、辅助时间、用餐、交接班以及必要的正常中断时间。台班费中人工费按甲类工计算。

(五)动力、燃料或消耗材料:指正常运转所需的汽(柴)油、风(压缩空气)、水、电等。其中,机械设备消耗电量包括机械本身和最后一级降压变压器低压侧至施工用电点之间的线路损耗,风、水消耗包括机械本身和移动支管的损耗。

五、本定额单斗挖掘机台班费均适用于正铲和反铲。

六、本定额子目编号按以下方式排列:

土石方机械 1001 ~ 1062

基础处理设备 2001 ~ 2016

混凝土机械 3001 ~ 3012

运输机械 4001 ~ 4054

起重机械 5001 ~ 5023

辅助设备 6001 ~ 6026

其他机械 7001 ~ 7031

一、土石方机械

定额编号	机械名称	机型规格			费用构成									
					（一）				（二）					
					折旧费	修理及替换设备费	安装拆卸费	小计	人工	汽油	柴油	电	风	水
					元	元	元	元	工日	kg	kg	kWh	m^3	m^3
1001	单斗挖掘机	电动	斗容（m^3）	2	256.82	269.24	19.03	545.09	2			435		
1002				3	395.49	322.44		717.93	3			621		
1003		油动		0.5	122.06	113.72	8.23	244.01	2		48			
1004				1	171.86	177.00	14.46	363.32	2		72			
1005				1.2	191.80	205.68	17.53	415.01	2		86			
1006				1.6	223.88	253.86	22.81	500.55	2		114			
1007		液压		0.25	87.45	40.33	6.62	134.40	2		20.5			
1008				0.3	133.44	93.41	8.67	235.52	2		41			
1009				0.6	146.21	127.37	13.77	287.35	2		60.4			
1010				1	244.26	174.55	14.95	433.76	2		72			
1011				1.6	422.22	269.35	19.01	710.58	2		93			
1012				2	520.35	319.49	20.80	860.64	2		101			
1013	装载机	斗容（m^3）	1		66.68	43.31		109.99	2		48			
1014			1.4～1.5		88.70	57.62		146.32	2		51			
1015			2.0～2.3		154.08	115.98		270.06	2		102			
1016			3.0～3.3		240.76	180.61		421.37	2		110			

续表

定额编号	机械名称	机型规格			费用构成									
					（一）				（二）					
					折旧费	修理及替换设备费	安装拆卸费	小计	人工	汽油	柴油	电	风	水
					元	元	元	元	工日	kg	kg	kWh	m^3	m^3
1017	推土机	功率（kW）		40～55	32.95	43.75	1.53	78.23	2		40			
1018	推土机	功率（kW）		59	39.55	47.70	1.79	89.04	2		44			
1019	推土机	功率（kW）		74	99.78	119.79	4.51	224.08	2		55			
1020	推土机	功率（kW）		88	137.54	149.64	5.46	292.64	2		66			
1021	推土机	功率（kW）		103	148.10	160.39	5.85	314.34	2		77			
1022	推土机	功率（kW）		118	185.98	189.37	7.35	382.70	2		88			
1023	推土机	功率（kW）		132	257.58	261.72	10.17	529.47	2		99			
1024	推土机	功率（kW）		176	459.67	413.76	18.40	891.83	2		132			
1025	拖拉机	履带式	功率（kW）	40～55	29.82	35.78	1.72	67.32	2		43			
1026	拖拉机	履带式	功率（kW）	59	34.33	41.18	2.23	77.74	2		55			
1027	拖拉机	履带式	功率（kW）	74	57.56	67.88	3.22	128.66	2		67			
1028	拖拉机	手扶式	功率（kW）	11	5.00	13.10	0.50	18.60	1		11			
1029	拖拉机	轮式	功率（kW）	20	10.48	27.43	1.03	38.94	1		19			
1030	拖拉机	轮式	功率（kW）	26	13.62	30.43	1.25	45.30	1		25			
1031	铲运机	拖式	斗容（m^3）	2.5～2.75	24.58	31.71	3.22	59.51						
1032	铲运机	拖式	斗容（m^3）	3～4	26.33	34.71	3.37	64.41						
1033	铲运机	拖式	斗容（m^3）	6～8	32.66	40.13	3.66	76.45						
1034	铲运机	拖式	斗容（m^3）	9～12	54.69	65.23	5.80	125.72						
1035	铲运机	自行式	斗容（m^3）	6～8	166.36	249.59		415.95	2		52			
1036	铲运机	自行式	斗容（m^3）	9～12	189.31	283.96		473.27	2		90			

续表

定额编号	机械名称	机型规格			费用构成（一）折旧费	修理及替换设备费	安装拆卸费	小计	费用构成（二）人工	汽油	柴油	电	风	水
					元	元	元	元	工日	kg	kg	kWh	m^3	m^3
1037	自行式平地机(kW)			118	176.42	188.37		364.79	2		88			
1038	轮胎碾		重量(t)	9~16	40.79	47.57		88.36						
1039	羊脚碾		重量(t)	5~7	7.12	5.94		13.06						
1040	羊脚碾		重量(t)	8~12	9.57	8.12		17.69						
1041	手扶式振动碾		重量(t)	0.6	10.64	27.46		38.10	1		2.96			
1042	压路机	全液压	重量(t)	10~12	70.34	111.16		181.50	2		29			
1043	压路机	内燃	重量(t)	6~8	23.15	42.19		65.34	2		24			
1044	压路机	内燃	重量(t)	8~10	26.07	45.36		71.43	2		27			
1045	压路机	内燃	重量(t)	12~15	29.64	50.59		80.23	2		31			
1046	蛙式打夯机	功率(kW)		2.8	1.02	6.08		7.10	2			18		
1047	夯实机	电动	夯击能力(20~62kg·m)		2.03	12.07		14.10				16.6		
1048	风钻	手持式			2.58	9.00		11.58					795	1.1
1049	潜孔钻	型号		80 型	87.85	131.80	2.68	222.33	2			98	1520	
1050	潜孔钻	型号		100 型	88.72	133.09	3.00	224.81	2			116	1862	
1051	潜孔钻	型号		150 型	164.78	247.19	5.52	417.49	2			168	3775	

续表

<table>
<tr><td rowspan="4">定额编号</td><td rowspan="4">机械名称</td><td rowspan="4" colspan="3">机型规格</td><td colspan="10">费用构成</td></tr>
<tr><td colspan="4">（一）</td><td colspan="6">（二）</td></tr>
<tr><td>折旧费</td><td>修理及替换设备费</td><td>安装拆卸费</td><td>小计</td><td>人工</td><td>汽油</td><td>柴油</td><td>电</td><td>风</td><td>水</td></tr>
<tr><td>元</td><td>元</td><td>元</td><td>元</td><td>工日</td><td>kg</td><td>kg</td><td>kWh</td><td>m³</td><td>m³</td></tr>
<tr><td>1052</td><td>电钻</td><td colspan="3">功率(1.5kW)</td><td>2.55</td><td>3.82</td><td></td><td>6.37</td><td></td><td></td><td></td><td>6</td><td></td><td></td></tr>
<tr><td>1053</td><td colspan="4">修钎设备</td><td colspan="3">（包括锻、修、磨机）</td><td>426.32</td><td colspan="6">94.08 元(包括人工、燃料、淬火材料)</td></tr>
<tr><td>1054</td><td>缺口耙</td><td colspan="3">无头</td><td>3.52</td><td>10.38</td><td></td><td>13.90</td><td></td><td></td><td></td><td></td><td></td><td></td></tr>
<tr><td>1055</td><td colspan="4">松土器</td><td>28.67</td><td>80.26</td><td></td><td>108.93</td><td></td><td></td><td></td><td></td><td></td><td></td></tr>
<tr><td>1056</td><td rowspan="2">犁</td><td rowspan="2">无头</td><td colspan="2">三铧</td><td>3.07</td><td>8.19</td><td></td><td>11.26</td><td></td><td></td><td></td><td></td><td></td><td></td></tr>
<tr><td>1057</td><td colspan="2">五铧</td><td>4.14</td><td>10.90</td><td></td><td>15.04</td><td></td><td></td><td></td><td></td><td></td><td></td></tr>
<tr><td>1058</td><td colspan="4">刨毛机</td><td>32.61</td><td>42.40</td><td>1.52</td><td>76.53</td><td>2</td><td></td><td>37.4</td><td></td><td></td><td></td></tr>
<tr><td>1059</td><td colspan="2">风镐</td><td colspan="2">手持式</td><td>1.36</td><td>4.79</td><td></td><td>6.15</td><td></td><td></td><td></td><td></td><td>320</td><td></td></tr>
<tr><td>1060</td><td>水枪</td><td colspan="3">20 型</td><td>5.14</td><td>12.40</td><td></td><td>17.54</td><td>2</td><td></td><td>20.5</td><td></td><td></td><td></td></tr>
<tr><td>1061</td><td>排泥钢管</td><td colspan="2">管径×长度(mm)</td><td>100×2500</td><td>0.57</td><td>0.10</td><td></td><td>0.67</td><td></td><td></td><td></td><td></td><td></td><td></td></tr>
<tr><td>1062</td><td>开槽机</td><td colspan="2">油动</td><td>25kW</td><td>19.43</td><td>20.98</td><td>1.26</td><td>41.67</td><td>2</td><td></td><td>18.75</td><td></td><td></td><td></td></tr>
</table>

二、基础处理设备

定额编号	机械名称	机型规格		费用构成									
				(一)				(二)					
				折旧费	修理及替换设备费	安装拆卸费	小计	人工	汽油	柴油	电	风	水
				元	元	元	元	工日	kg	kg	kWh	m^3	m^3
2001	冲击钻机	型号	CZ－20	46.77	77.14	20.31	144.22	2.33			100		1.20
2002			CZ－22	73.28	104.01	27.49	204.78	2.33			115		
2003			CZ－30	112.98	156.30	41.98	311.26	2.33			196		1.60
2004	回旋钻机	直径	Φ1500	127.80	204.48	51.12	383.40	2.67		56			
2005	地质钻机	手把式	300 型	27.43	56.93	16.78	101.14	2.33			84		
2006	灌浆泵	中低压	泥浆	10.24	29.89	2.44	42.57	2			70		
2007			砂浆	13.23	37.21	3.07	53.51	2			55		
2008		高压	泥浆	15.88	42.82	3.45	62.15	2			99		
2009	泥浆泵	HB80/10 型 3PN		1.71	4.40	0.87	6.98	1.1		14.7			
2010	泥浆泵	13kW		3.98	9.04	5.36	18.38	1		65			
2011	泥浆搅拌机			12.66	25.67	2.29	40.62	1			70		
2012	灰浆搅拌机			4.01	11.03	0.97	16.01	1			35		
2013	柴油打桩机	锤头重量(t)	1～2	18.96	44.72	13.99	77.67	3		12			
2014			2～4	75.83	160.91	53.89	290.63	3		16			
2015	振动打桩机			114.63	270.39	84.55	469.57	3		22			
2016	冲击锥			3.24	12.46	2.30	18.00	2.33		20			

三、混凝土机械

定额编号	机械名称	机型规格		费用构成									
				(一)				(二)					
				折旧费	修理及替换设备费	安装拆卸费	小计	人工	汽油	柴油	电	风	水
				元	元	元	元	工日	kg	kg	kWh	m^3	m^3
3001	混凝土搅拌机	出料(m^3)	0.25	7.12	12.31	2.46	21.89	1			32		
3002			0.4	21.28	34.53	6.92	62.73	2			50		
3003			0.8	27.24	39.10	8.37	74.71	2			90		
3004	混凝土喷射机	生产率(m^3/h)	4~5	16.80	14.09	1.08	31.97	1			16	2810	
3005	振捣器	插入式	2.2kW	3.27	11.27		14.54				12		
3006		平板式	2.2kW	2.81	8.08		10.89				12		
3007	变频机组	4.5kW		10.84	24.79		35.63				23		
3008	风水(砂)枪	耗风量(2~6m^3/min)		1.29	2.26		3.55					900	18
3009	油压滑模设备			89.85	13.48		103.33	8			30		
3010	喷浆机	75(L)		8.36	26.75	1.24	36.35	1			10	596	
3011	强制式搅拌机	出料(m^3)	0.35	23.50	36.40	9.12	69.02	2			125		
3012	砂浆搅拌机	出料(m^3)	0.20	5.52	10.20	1.80	17.52	1			28		

四、运输机械

定额编号	机械名称	机型规格			费用构成									
					(一)				(二)					
					折旧费	修理及替换设备费	安装拆卸费	小计	人工	汽油	柴油	电	风	水
					元	元	元	元	工日	kg	kg	kWh	m^3	m^3
4001	载重汽车	汽油型	载重量(t)	2	22.76	31.75		54.51	1	17				
4002				2.5	24.61	34.37		58.98	1	20				
4003				4	32.00	44.72		76.72	1	27				
4004				5	36.64	51.20		87.84	1	30				
4005		柴油型		6.5	51.54	56.43		107.97	1		31			
4006				8	73.82	77.27		151.09	1		35			
4007				10	91.84	91.28		183.12	2		39			
4008				12	93.25	92.71		185.96	2		42			
4009				15	129.00	128.24		257.24	2		46			
4010	自卸汽车	汽油型	载重量(t)	3.5	57.51	28.72		86.23	1.33	36				
4011		柴油型		5	66.81	33.43		100.24	1.33		39			
4012				8	130.66	78.38		209.04	2		47			
4013				10	147.99	88.82		236.81	2		53			
4014				12	163.58	114.49		278.07	2		55			
4015				15	181.01	126.71		307.72	2		63			
4016				18	247.81	161.07		408.88	2		66			
4017				20	299.61	194.72		494.33	2		70			
4018				25	416.39	208.22		624.61	2		88			
4019				27	481.57	240.79		722.36	2		106			

续表

定额编号	机械名称	机型规格		费用构成									
				(一)				(二)					
				折旧费	修理及替换设备费	安装拆卸费	小计	人工	汽油	柴油	电	风	水
				元	元	元	元	工日	kg	kg	kWh	m^3	m^3
4020	平板挂车	载重量(t)	10	31.40	27.12		58.52						
4021			20	41.32	35.68		77.00						
4022			30	54.39	36.13		90.52						
4023			40	116.13	80.50		196.63						
4024			60	139.30	96.57		235.87						
4025			80	180.98	119.22		300.20						
4026			100	226.21	149.01		375.22						
4027	汽车拖车头	牵引量(t)	10	40.80	42.79		83.59	2	28				
4028			20	95.59	63.09		158.68	2		37			
4029			30	110.49	69.27		179.76	2		45			
4030			40	139.56	84.28		223.84	2		59			
4031			60	168.99	106.69		275.68	2		67			
4032	汽车挂车	载重量(t)	1.5	3.21	6.42		9.63						
4033			3	4.44	8.18		12.62						
4034			5	8.95	16.95		25.90						
4035			8	11.88	18.38		30.26						
4036	洒水车	容量(L)	2500	31.00	36.88		67.88	1	23				
4037			4000	47.96	53.02		100.98	1	31				
4038			4800	57.07	67.91		124.98	1	34				

续表

定额编号	机械名称	机型规格			费用构成									
					(一)				(二)					
					折旧费	修理及替换设备费	安装拆卸费	小计	人工	汽油	柴油	电	风	水
					元	元	元	元	工日	kg	kg	kWh	m^3	m^3
4039	机动翻斗车	载重量(t)		1	6.17	6.16		12.33	1		7			
4040	双胶轮车				0.91	2.24		3.15						
4041	胶带输送机	移动式	带宽(mm)×运距(m)	500×10	5.32	6.32	0.65	12.29	1			14		
4042				500×15	6.80	8.01	0.83	15.64	1			19		
4043				500×20	9.26	10.92	1.11	21.29	1			26		
4044		固定式		500×30	13.17	15.93	1.59	30.69	1			26		
4045				500×50	19.34	28.77	2.95	51.06	1			36		
4046				650×30	15.22	17.89	1.83	34.94	1			48		
4047				650×50	25.40	29.94	3.07	58.41	1			72		
4048				800×30	19.07	22.43	2.28	43.78	1			67		
4049				800×50	31.76	37.39	3.82	72.97	1			106		
4050				800×75	46.71	56.86	5.85	109.42	1			134		
4051				800×100	58.06	79.26	8.53	145.85	1.5			144		
4052	沥青洒布车	容量(L)	3500		37.83	43.71		81.54	1	23				
4053	V形斗车	容积(m^3)	0.6		2.12	0.55		2.67						
4054			1		3.52	0.94		4.46						

五、起重机械

定额编号	机械名称	机型规格			费用构成									
					(一)				(二)					
					折旧费	修理及替换设备费	安装拆卸费	小计	人工	汽油	柴油	电	风	水
					元	元	元	元	工日	kg	kg	kWh	m^3	m^3
5001	塔式起重机	起重量(t)		6	121.20	44.56	11.13	176.89	2			86		
5002				10	324.49	132.48	24.33	481.30	2			130		
5003				25	565.66	214.51		780.17	3			392		
5004	履带起重机	油动	起重量(t)	汽油 8	137.10	75.79	4.34	217.23	2	36				
5005				柴油 5	107.68	63.36	3.98	175.02	2		22			
5006				柴油 10	123.10	72.38	4.56	200.04	2		25			
5007				柴油 15	150.48	88.55	5.60	244.63	2		40			
5008				柴油 20	200.56	100.03	6.38	306.97	2		50			
5009	汽车起重机	起重量(t)	汽油型	5	72.68	69.86		142.54	2	35				
5010			柴油型	8	116.78	81.90		198.68	2		40			
5011				10	129.86	90.35		220.21	2		42			
5012				12	155.35	108.11		263.46	2		47			

续表

定额编号	机械名称	机型规格		费用构成									
				(一)				(二)					
				折旧费	修理及替换设备费	安装拆卸费	小计	人工	汽油	柴油	电	风	水
				元	元	元	元	工日	kg	kg	kWh	m^3	m^3
5013	卷扬机	牵引力(t)	3	9.50	3.70	0.15	13.35	1			29		
5014			5	14.89	5.82	0.25	20.96	1			43		
5015	电动葫芦	起重量(t)	0.5	3.31	2.05		5.36				5		
5016			1	4.01	2.46		6.47				9		
5017			2	4.86	2.94		7.80				13		
5018			3	5.45	3.34		8.79				18		
5019	桅杆起重机	起重量(t)	5	46.98	31.97	16.84	95.79	2			71		
5020			10	59.65	40.57	25.28	125.50	2			109		
5021			15	76.33	51.98	30.93	159.24	2			185		
5022			25	78.27	53.27	31.66	163.20	2			235		
5023			40	95.86	65.24	38.82	199.92	2			267		

六、辅助设备

定额编号	机械名称	机型规格			费用构成									
					(一)				(二)					
					折旧费	修理及替换设备费	安装拆卸费	小计	人工	汽油	柴油	电	风	水
					元	元	元	元	工日	kg	kg	kWh	m^3	m^3
6001	电动空气压缩机	移动式	排气量(m^3/min)	3	9.08	18.71	2.57	30.36	1			103		
6002				6	13.82	28.31	4.14	46.27	1			192		
6003	油动空气压缩机	移动式	排气量(m^3/min)	3	10.78	21.03	3.47	35.28	1		29			
6004				6	16.67	29.89	4.39	50.95	1		57			
6005				9	21.51	34.35	5.41	61.27	2		86			
6006	离心水泵	单级	功率(kW)	7	0.84	4.74	1.47	7.05	0.66			35		
6007				17	1.56	8.84	2.73	13.13	0.66			89		
6008				30	2.22	12.49	3.86	18.57	0.66			153		
6009				55	5.17	20.89	6.40	32.46	1			275		
6010		单级双吸		20	3.80	15.48	4.72	24.00	1			106		
6011				55	4.03	22.10	6.48	32.61	1			302		
6012				100	4.97	27.08	7.23	39.28	1			550		
6013				135	9.32	39.06	10.84	59.22	1			742		

续表

定额编号	机械名称	机型规格			费用构成									
					（一）				（二）					
					折旧费	修理及替换设备费	安装拆卸费	小计	人工	汽油	柴油	电	风	水
					元	元	元	元	工日	kg	kg	kWh	m^3	m^3
6014	离心水泵	多级	功率（kW）	7	1.84	6.64	2.29	10.77	0.66			37		
6015				14	2.64	9.21	3.17	15.02	0.66			73		
6016				40	5.02	15.53	5.72	26.27	0.66			224		
6017				100	12.24	28.17	12.06	52.47	1			600		
6018				230	14.04	31.47	12.98	58.49	1			1264		
6019				410	24.07	46.88	19.58	90.53	1			2235		
6020	潜水泵	功率（kW）		2.2	1.93	9.59	3.40	14.92	0.66			11		
6021				7	3.27	15.13	6.16	24.56	1			34		
6022				34	9.42	26.53	12.64	48.59	1			170		
6023	污水泵			22	4.40	19.62	5.30	29.32	0.66			117		
6024	吹风机	能力（≤$4m^3$/min）			9.21	5.19	1.10	15.50				70		
6025	滤油机	LX100 型			3.83	2.85	1.56	8.24	1			36		
6026	混凝土切缝机	EX－100			178.14	120.87	8.28	307.29	1.3		9.1			

七、其他机械

定额编号	机械名称	机型规格			折旧费	修理及替换设备费	安装拆卸费	小计	人工	汽油	柴油	电	风	水
					费用构成									
					（一）				（二）					
					元	元	元	元	工日	kg	kg	kWh	m^3	m^3
7001	电焊机	交流（kVA）		20～25	1.87	1.70	0.52	4.09	1			76		
7002				30	2.11	1.99	0.62	4.72	1			99		
7003		直流（kVA）		16	5.04	3.22	0.91	9.17	1			90		
7004				30	5.85	3.86	1.08	10.79	1			168		
7005	对焊机	电阻型	容量（kVA）	75	6.11	14.42	2.93	23.46	1			222		
7006				150	8.20	19.44	3.95	31.59	1			444		
7007		电弧型		150	10.04	15.20	4.51	29.75	1			440	42	14
7008	点焊机	交流（kVA）		20	2.24	5.35	1.05	8.64	1			62		
7009				30	4.46	10.90	2.20	17.56	1			97		
7010				75	9.33	16.66	3.83	29.82	1			222		
7011				150	11.27	19.43	4.65	35.35	1			444		
7012	弧焊机	交流（kVA）		20	29.71	21.55	5.92	57.18	1			61.9		
7013	电焊条烘干机	容积（cm^3）	60×50×75		8.83	5.75		14.58	1			13.9		
7014	钢筋调直机	功率（kW）	4～14		7.34	12.35	2.02	21.71	1			17		
7015	钢筋切断机		7		3.20	4.82	0.77	8.79	1			35		
7016			10		3.81	5.64	0.94	10.39	1			50		
7017			20		6.12	8.87	1.45	16.44	1			100		

续表

定额编号	机械名称	机型规格			费用构成									
					(一)				(二)					
					折旧费	修理及替换设备费	安装拆卸费	小计	人工	汽油	柴油	电	风	水
					元	元	元	元	工日	kg	kg	kWh	m^3	m^3
7018	钢筋弯曲机	直径(mm)	6～40		2.07	5.67	0.94	8.68	1			35		
7019	普通车床	规格(mm)	Φ250～400		15.60	14.68	0.12	30.40	1			24		
7020			Φ400～600		20.31	16.97	0.17	37.45	1			45		
7021			Φ600～800		47.44	25.99	0.36	73.79	1			67		
7022			Φ800～1000		99.71	53.44	0.68	153.83	2			90		
7023	立式钻床	钻孔直径(mm)	Φ13		2.58	3.95		6.53	1			9.10		
7024			Φ25		4.81	3.56	0.02	8.39	1			4.03		
7025	摇臂钻床	规格(mm)	Φ20～35		17.42	10.61	0.11	28.14	1			14		
7026			Φ35～50		19.31	11.76	0.13	31.20	1			30		
7027	剪板机	规格(mm)	6.3×2000		14.82	11.81	0.46	27.09	2			44		
7028	热熔电熔焊机				8.06	5.25		13.31				4.01		
7029	发电机组	柴油	容量(kVA)	30	26.76	18.58	12.94	58.28	1		48.30			
7030				60	35.97	24.96	12.94	73.87	2		73.20			
7031		汽油		10	15.95	13.31	12.10	41.36	1	18.70				

河南省土地开发整理项目预算编制规定

目 录

第一章　总　则

一、为适应财政预算体制改革和实行部门预算管理的要求，规范土地开发整理项目预算的编制，适应财政预算体制改革，确保土地开发整理项目资金的合理、有效使用，依据国家、河南省有关法律、法规等制定本规定。

二、本规定适用于河南省财政投资的土地开发整理项目，其他省内投资的土地开发整理项目参照执行。

三、河南省土地开发整理项目预算，由项目承担单位组织具有相关资质的单位负责编制，编制人员须具有相关执业资格，预算编制单位对其编制质量负责。

四、本规定由河南省财政厅、国土资源厅负责管理与解释。

第二章　项目预算文件的组成

项目预算文件由封面、目录、编制说明、预算表及附件组成。

一、封面和目录

预算文件的封面应按规定格式制作（详见本规定第六章）。项目承担单位和预算编制单位均须加盖印章，负责人、复核人和编制人加盖印章或签字，编制日期等内容（具体格式详见附件）。

目录应按预算表的表号顺序编排。

二、编制说明

文字力求简明、扼要。主要内容包括：

（一）项目概况。

说明项目的性质、类型、规模（其中：开发、整理、复垦规模），项目的地点及地貌类型，预计净增耕地面积，预计净增耕地率，项目工程布置形式、工程内容及工程量，主要材料总用量，施工工期，项目预算总投资，申请投资资金及来源，按年度说明项目实施内容及分年度投资计划等。

（二）编制依据。

1. 编制原则和依据。

2. 人工预算单价，主要材料预算价格，施工用电、水、风、砂石料、客土等基础预算单价的计算依据。

3. 指标、定额、费用计算标准及依据。

4. 主要设备价格的编制依据。

5. 拆迁补偿费的编制说明，包括拆迁规模、计算过程和补偿标准的依据及结合实际确定补偿标准的简要说明。

6. 项目规划设计图纸、说明及相应批准文号。

7. 项目施工组织设计或施工方案（涉及拆迁补偿工程的应含拆迁补偿方案）。

8. 主要工程量计算及说明。应简要说明项目预算表中涉及的分部工程主要工程量的计算方法、过程和确定依据等。

9. 其他有关依据。

（三）其他需要说明的事项。

主要说明项目的建设优势及预算编制中需特殊说明的事项，其他与预算有关但未能在表格中反映的事项。

（四）项目技术经济指标分析。

重点分析投入与产出的社会、经济和生态环境效益，内容主要包括实物工程量与投资的比较分析，施工方案与技术需要的可能分析，单项工程技术手段、生产组织对工程成本的影响分析等。

三、预算表格

项目预算应按本规定的预算表格计算和编制。预算表格主要包括：

（一）总预算表及分年度预算表，是汇总项目总预算和编制分年度预算的表格。

（二）预算总表，是反映完成一个项目及各个部分所需的投资总额的表格。

（三）工程施工费预算表，是反映单项工程预算投资额度的预算表。

（四）设备购置费预算表，是反映各单项工程设备购置费的预算表。

（五）其他费用预算表，是反映项目全程实施管理费用的预算表。

（六）不可预见费预算表，是反映项目可能发生的不可预见因素造成预算变化的预算表。

（七）季度分月用款计划表，是反映项目根据施工进度编制的季度分月用款计划的明细表。

（八）预算附表，是反映预算书各主要基础价格、工程单价计算及其他相关技术经济数据的表格。预算附表主要包括：

1. 人工预算单价计算表

2. 主要材料预算价格计算表

3. 次要材料预算价格计算表

4. 主要材料价差表

5. 机械台班预算单价计算表

6. 混凝土及砂浆单价计算表

7. 单价分析表

8. 主要工程量汇总表

9. 人工及主要材料用量汇总表

10. 补充定额计算表

11. 补充施工机械台班费计算表

12. 材料信息价格（复印件）

以上表格具体格式详见本规定第六章。

四、附件

附件由项目申报书、可行性研究报告（摘要）和项目评审报告等组成。

（一）项目申报书。

项目申报书是项目预算文件的重要补充文件。其内容包括项目申请理由及项目主要内容、项目总体目标、阶段性目标、项目组织实施条件、项目支出预算明细表等。

（二）可行性研究报告（摘要）。

可行性研究报告（摘要）是预算文件的基础文件。其内容包括项目情况、项目必要性与可行性、项目实施条件、实施进度与计划安排、主要结论等。

（三）项目评审报告。

项目评审报告是预算文件的建议性文件。内容主要包括项目基本情况、项目可行性评审、项目预算评审、项目风险与不确定因素、评审总体结论等。

以上具体格式，详见本规定第六章。

第三章　项目划分

根据土地开发整理项目的工程性质，其工程项目分别按土地平整工程、灌溉与排水工程、田间道路工程、农田防护与生态环境保持工程及其他工程划分，工程各部分设一、二、三、四共4个等级项目。其中二、三、四级项目可结合项目具体情况作必要的增删。

第一部分　工程施工费

序号	一级项目	二级项目	三级项目	四级项目	技术经济指标
一	土地平整工程				
1		耕作田块修筑工程			
(1)			条田修筑		
				土(石)方开挖	元/m^3
				土(石)方回填	元/m^3
				土(石)方运输	元/m^3
				水力冲挖土方	元/m^3
				…	
(2)			梯田修筑		
				土(石)方开挖	元/m^3
				土(石)方回填	元/m^3
				土(石)方运输	元/m^3
				…	
(3)			其他田块工程		
2		耕作层地力保持工程			
(1)			客土回填		
				土(石)方开挖	元/m^3
				土(石)方回填	元/m^3
				土(石)方运输	元/m^3
(2)			表土保护		
				表土剥离	元/m^3
				表土回填	元/m^3

续表

序号	一级项目	二级项目	三级项目	四级项目	技术经济指标
二	灌溉与排水工程				
1		水源工程			
(1)			塘堰(坝)		
				土(石)方开挖	元/m^3
				土(石)方回填	元/m^3
				垫层	元/m^3
				砌石	元/m^3
				混凝土	元/m^3
				钢筋	元/t
				…	
(2)			小型拦河坝(闸)		
				土(石)方开挖	元/m^3
				土(石)方回填	元/m^3
				垫层	元/m^3
				砌石	元/m^3
				混凝土	元/m^3
				钢筋	元/t
				闸门安装	元/t
				…	
(3)			农用井		
				农用井成孔	元/m
				井管安装	元/m
				农用井填封	元/m
				抽水洗井	元/m
				水泵安装	元/台
				电气安装	元/台(套)
				…	
(4)			小型集雨设施		
				土(石)方开挖	元/m^3
				土(石)方回填	元/m^3
				垫层	元/m^3

续表

序号	一级项目	二级项目	三级项目	四级项目	技术经济指标
				砌石	元/m^3
				混凝土	元/m^3
				钢筋	元/t
				…	
2		输水工程			
(1)			明渠		
				土(石)方开挖	元/m^3
				土(石)方回填	元/m^3
				垫层	元/m^3
				砌石	元/m^3
				混凝土	元/m^3
				钢筋	元/t
				…	
(2)			管道		
				土(石)方开挖	元/m^3
				土(石)方回填	元/m^3
				垫层	元/m^3
				砌石	元/m^3
				混凝土	元/m^3
				钢筋	元/t
				管道安装	元/m
				…	
(3)			地面灌溉		
				土(石)方开挖	元/m^3
				土(石)方回填	元/m^3
				垫层	元/m^3
				砌石	元/m^3
				混凝土	元/m^3
				钢筋	元/t
				…	

续表

序号	一级项目	二级项目	三级项目	四级项目	技术经济指标
3		喷微灌工程			
(1)			喷灌		
				土(石)方开挖	元/m^3
				土(石)方回填	元/m^3
				垫层	元/m^3
				混凝土	元/m^3
				钢筋	元/t
				首部枢纽安装	元/套
				管道安装	元/m
				喷头安装	元/个
				…	
(2)			微灌		
				土(石)方开挖	元/m^3
				土(石)方回填	元/m^3
				垫层	元/m^3
				混凝土	元/m^3
				钢筋	元/t
				首部枢纽安装	元/套
				管道安装	元/m
				滴管带安装	元/m
				…	
4		排水工程			
(1)			明沟		
				清淤	元/m^3
				土(石)方开挖	元/m^3
				土(石)方回填	元/m^3
				垫层	元/m^3
				砌石	元/m^3
				混凝土	元/m^3
				钢筋	元/t
				…	

续表

序号	一级项目	二级项目	三级项目	四级项目	技术经济指标
(2)			暗渠(管)		
				土(石)方开挖	元/m^3
				土(石)方回填	元/m^3
				垫层	元/m^3
				砌石	元/m^3
				混凝土	元/m^3
				钢筋	元/t
				暗管安装	元/m
				…	
5		渠系建筑物工程			
(1)			水闸		
				土(石)方开挖	元/m^3
				土(石)方回填	元/m^3
				垫层	元/m^3
				砌石	元/m^3
				混凝土	元/m^3
				钢筋	元/t
				闸门安装	元/t
				电气安装	元/台(套)
				…	
(2)			渡槽		
				土(石)方开挖	元/m^3
				土(石)方回填	元/m^3
				垫层	元/m^3
				砌石	元/m^3
				混凝土	元/m^3
				钢筋	元/t
				…	
(3)			蓄水池		
				土(石)方开挖	元/m^3
				土(石)方回填	元/m^3

续表

序号	一级项目	二级项目	三级项目	四级项目	技术经济指标
				垫层	元/m^3
				砌石	元/m^3
				混凝土	元/m^3
				钢筋	元/t
				…	
(4)			倒虹吸		
				土(石)方开挖	元/m^3
				土(石)方回填	元/m^3
				垫层	元/m^3
				砌石	元/m^3
				混凝土	元/m^3
				钢筋	元/t
				…	
(5)			跌水、陡坎		
				土(石)方开挖	元/m^3
				土(石)方回填	元/m^3
				垫层	元/m^3
				砌石	元/m^3
				混凝土	元/m^3
				钢筋	元/t
				…	
(6)			涵洞		
				土(石)方开挖	元/m^3
				土(石)方回填	元/m^3
				垫层	元/m^3
				砌石	元/m^3
				混凝土	元/m^3
				钢筋	元/t
				…	
(7)			量水设施		
				土(石)方开挖	元/m^3

续表

序号	一级项目	二级项目	三级项目	四级项目	技术经济指标
				土(石)方回填	元/m^3
				垫层	元/m^3
				砌石	元/m^3
				混凝土	元/m^3
				钢筋	元/t
				…	
6		泵站及输配电工程			
(1)			泵站		
				土(石)方开挖	元/m^3
				土(石)方回填	元/m^3
				垫层	元/m^3
				砌石	元/m^3
				混凝土	元/m^3
				钢筋	元/t
				泵房	元/m^2
				水泵安装	元/台(套)
				…	
(2)			配电线路		
				10kV 线路	元/km
				380V 线路	元/km
				照明线路	元/km
				电缆敷设	元/km
				…	
(3)			配电装置		
				变压器安装	元/台
				断路器安装	元/台
				互感器安装	元/台
				配电箱(屏)安装	元/台
				起动器安装	元/台
				…	

续表

序号	一级项目	二级项目	三级项目	四级项目	技术经济指标
三	田间道路工程				
1		田间道			
(1)			路基		
				土(石)方开挖	元/m^3
				土(石)方回填	元/m^3
				原土夯实	元/m^2
				灰土回填	元/m^3
				砂砾石铺筑	元/m^2
				煤矸石铺筑	元/m^2
				…	
(2)			路面		
				素土面层	元/m^2
				砂砾石面层	元/m^2
				沥青混凝土面层	元/m^2
				混凝土面层	元/m^2
				…	
2		生产路			
(1)			路基		
				土(石)方开挖	元/m^3
				土(石)方回填	元/m^3
				原土夯实	元/m^2
				灰土回填	元/m^3
				砂砾石铺筑	元/m^2
				泥石混合铺筑	元/m^2
				…	
(2)			路面		
				素土面层	元/m^2
				砂砾石面层	元/m^2
				沥青混凝土面层	元/m^2
				混凝土面层	元/m^2
				…	

续表

序号	一级项目	二级项目	三级项目	四级项目	技术经济指标
四	农田防护与生态环境保持工程				
1		农田林网工程			
(1)			农田防风林		
				土(石)方开挖	元/m^3
				土(石)方回填	元/m^3
				栽植灌木	元/株
				栽植乔木	元/株
				…	
(2)			梯田埂坎防护林		
				土(石)方开挖	元/m^3
				土(石)方回填	元/m^3
				栽植灌木	元/株
				栽植乔木	元/株
				…	
(3)			护路护沟林		
				土(石)方开挖	元/m^3
				土(石)方回填	元/m^3
				栽植灌木	元/株
				栽植乔木	元/株
				…	
(4)			护岸林		
				土(石)方开挖	元/m^3
				土(石)方回填	元/m^3
				栽植灌木	元/株
				栽植乔木	元/株
				…	
2		岸坡防护工程			
(1)			护堤		
				土(石)方开挖	元/m^3
				土(石)方回填	元/m^3

续表

序号	一级项目	二级项目	三级项目	四级项目	技术经济指标
				垫层	元/m^3
				砌石	元/m^3
				混凝土	元/m^3
				钢筋	元/t
				…	
(2)			护岸		
				土(石)方开挖	元/m^3
				土(石)方回填	元/m^3
				垫层	元/m^3
				砌石	元/m^3
				混凝土	元/m^3
				钢筋	元/t
				…	
3		沟道治理工程			
(1)			谷坊		
				土(石)方开挖	元/m^3
				土(石)方回填	元/m^3
				垫层	元/m^3
				砌石	元/m^3
				混凝土	元/m^3
				钢筋	元/t
				…	
(2)			沟头防护		
				土(石)方开挖	元/m^3
				土(石)方回填	元/m^3
				垫层	元/m^3
				砌石	元/m^3
				混凝土	元/m^3
				钢筋	元/t
				…	

续表

序号	一级项目	二级项目	三级项目	四级项目	技术经济指标
(3)			拦沙坝		
				土(石)方开挖	元/m^3
				土(石)方回填	元/m^3
				垫层	元/m^3
				砌石	元/m^3
				混凝土	元/m^3
				钢筋	元/t
				…	
4		坡面防护工程			
(1)			截水沟		
				土(石)方开挖	元/m^3
				土(石)方回填	元/m^3
				垫层	元/m^3
				砌石	元/m^3
				混凝土	元/m^3
				钢筋	元/t
				…	
(2)			排洪沟		
				土(石)方开挖	元/m^3
				土(石)方回填	元/m^3
				垫层	元/m^3
				砌石	元/m^3
				混凝土	元/m^3
				钢筋	元/t
				…	
五	其他工程				
		…			
			…		
				…	…

第二部分　设备购置费

序号	一级项目	二级项目	三级项目	四级项目	技术经济指标
一	闸门及启闭设备				
				门叶	元/t
				埋件	元/t
				启闭机	元/台
二	排灌设备				
				水泵	元/台
				喷灌机	元/台
				滴灌机	元/台
三	变配电及电气控制设备				
				变压器	元/台
				断路器	元/台
				互感器	元/台
				配电箱(屏)	元/台
				起动器	元/台
				电缆	元/m
	…				

第三部分　其他费用

序号	一级项目	二级项目	三级项目	四级项目	技术经济指标
一	前期工作费				
				土地清查费	
				项目可行性研究费	
				项目勘测费	
				项目设计与预算编制费	
				项目招标代理费	
二	工程监理费				

续表

序号	一级项目	二级项目	三级项目	四级项目	技术经济指标
三	拆迁补偿费				
四	竣工验收费				
				工程复核费	
				项目工程验收费	
				项目决算编制与审计费	
				整理后土地重估与登记费	
				标记设定费	
五	业主管理费				

第四部分　不可预见费

序号	一级项目	二级项目	三级项目	四级项目	技术经济指标
	不可预见费				

第四章　费用构成

第一节　概　述

土地开发整理项目费用主要由工程施工费、设备购置费、其他费用和不可预见费等组成。具体内容如下：

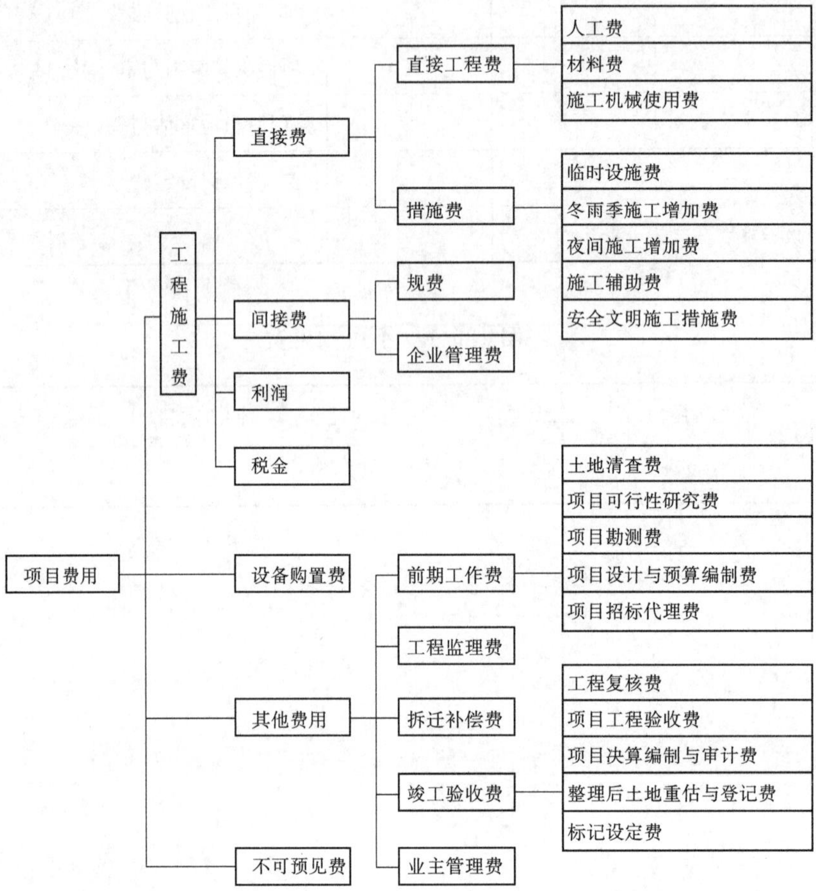

一、工程施工费

由直接费、间接费、利润和税金组成。

1. 直接费

(1)直接工程费；

(2)措施费。

2. 间接费

(1)规费；

(2)企业管理费。

3. 利润

4. 税金

(1)营业税;

(2)城乡维护建设税;

(3)教育费附加(含地方教育费附加)。

二、设备购置费

由设备原价、运杂费、运输保险费、采购及保管费组成。

三、其他费用

由前期工作费、工程监理费、拆迁补偿费、竣工验收费、业主管理费组成。

四、不可预见费

第二节　工程施工费

工程施工费由直接费、间接费、利润、税金组成。

一、直接费

直接费指工程施工过程中直接消耗在工程项目上的活劳动和物化劳动。由直接工程费、措施费组成。

直接工程费包括人工费、材料费、施工机械使用费。

措施费包括临时设施费、冬雨季施工增加费、夜间施工增加费、施工辅助费和安全文明施工措施费。

(一)直接工程费

1. 人工费

人工费指直接从事工程施工的生产工人开支的各项费用,内容包括:

(1)基本工资,由岗位工资和年功工资以及年应工作天数内非作业天数的工资组成。

①岗位工资,指按照职工所在岗位各项劳动要素测评结果确定的工资。

②年功工资,指按照职工工作年限确定的工资,随工作年限增加而逐年累加。

③年应工作天数内非作业天数的工资,包括职工开会学习、培训期间的工资,调动工作、探亲、休假期间的工资,因气候影响的停工工资,女工哺乳期间的工资,病假在六个月以内的工资及产、婚、丧假期的工资。

(2)辅助工资,在基本工资之外,以其他形式支付给职工的工资性收入,包括根据国家有关规定属于工资性质的各种津贴:地区津贴、施工津贴、夜餐津贴、节日加班津贴等。

(3)工资附加费,指按照国家规定提取的职工福利基金、工会经费、养老保险费、医疗保险费、工伤保险费、职工失业保险基金和住房公积金。

2. 材料费

材料费指用于工程项目上的消耗性材料费、装置性材料费和周转性材料摊销费。

材料预算价格一般包括材料原价、包装费、运杂费、运输保险费和采购及保管费五项。

(1)材料原价,材料指定交货地点的价格。

(2)包装费,材料在运输和保管过程中的包装费和包装材料的折旧摊销费。

(3)运杂费,材料从指定交货地点至工地分仓库或材料堆放场所发生的全部费用。包括运输费、装卸费、调车费及其他杂费。

(4)运输保险费,材料在运输途中的保险费。

(5)采购及保管费,材料在采购、供应和保管过程中所发生的各项费用。包括材料的采购、供应和保管部门工作人员的基本工资、辅助工资、工资附加费、教育经费、办公费、差旅交通费及工具用具使用费;仓库、转运站等设施的检修费、固定资产折旧费、技术安全措施费和材料检验费;材料在运输、保管过程中发生的损耗等。

3. 施工机械使用费

施工机械使用费指消耗在工程项目上的机械磨损、维修和动力燃料费用等。包括折旧费、修理及替换设备费、安装拆卸费、机上人工费和动力燃料费等。

(1)折旧费,指施工机械在规定使用年限内回收原值的台班折旧摊销费用。

(2)修理及替换设备费,修理费指施工机械使用过程中,为了使机械保持正常功能而进行修理所需的摊销费用和机械正常运转及日常保养所需的润滑油料、擦拭用品的费用,以及保管机械所需的费用。

替换设备费指施工机械正常运转时所耗用的替换设备及随机使用的工具附具等摊销费用。

(3)安装拆卸费,施工机械进出工地的安装、拆卸、试运转和场内转移及辅助设施的摊销费用。部分大型施工机械的安装拆卸费不在其施工机械使用费中计列,包含在企业管理费中。

(4)机上人工费,施工机械使用时机上操作人员人工费用。

(5)动力燃料费,施工机械正常运转时所耗用的风、水、电、油和煤等费用。

(二)措施费

措施费指为完成工程施工,发生在该工程施工前和施工过程中非工程实体项目的费用。主要包括:临时设施费、冬雨季施工增加费、夜间施工增加费、施工辅助费和安全文明施工措施费等。

1. 临时设施费

施工企业为进行工程施工所必需的生活和生产用的临时建筑物、构筑物和其他临时设施费用等。

临时设施包括:临时宿舍、文化福利及公用事业房屋与构筑物、仓库、办公室、加工厂以及规定范围内的道路、水、电、管线等临时设施和小型临时设施。

2. 冬雨季施工增加费

在冬雨季施工期间为保证工程质量所需增加的费用。

3. 夜间施工增加费

在夜间施工而增加的费用。

注:农用井工程等需连续工作部分计取此项费用。

4. 施工辅助费

施工辅助费包括:已完工程及设备保护费、施工排水及降水费、检验试验费、工程定位复测费、工程点交等费用。

(1)已完工程及设备保护费,竣工验收前,对已完工程及设备进行保护所需费用。

(2)施工排水及降水费,为确保工程在正常条件下施工,采取各种排水、降水措施所发生的各种费用。

(3)检验试验费,对建筑材料、构件和建筑安装物进行一般鉴定、检查所发生的费用。包括自设实验室进行试验所耗用的材料和化学药品费用等,以及技术革新和研究试验费。不包括新结构、新材料的试验费和建设单位对具有出厂合格证明的材料进行检验,对构件进行破坏性试验及其他特殊要求检验试验的费用。

(4)工程定位复测费,对单项工程的坐标、标高、走线等按照建设单位提供的施工图纸进行复测所发生的费用。

(5)工程点交,因工程交工所发生的费用。

5. 安全文明施工措施费,根据国家现行的施工安全、施工现场环境与卫生标准和有关规定,购置和更新施工安全防护用具及设施,改善安全生产条件和作业环境所需要的费用。

二、间接费

间接费由规费和企业管理费组成。

(一)规费

规费指施工现场发生并按政府和有关行政管理部门规定必须缴纳的费用。如工程排污费。

(二)企业管理费

企业管理费指施工企业组织施工生产和经营活动所需费用。包括管理人员工资、差旅交通费、办公费、固定资产使用费、工具用具使用费、劳动保险费、工会经费、职工教育经费、财产保险费、财务费和税金等。

1. 管理人员工资,指管理人员基本工资、辅助工资、工资附加费和劳动保护费。

2. 差旅交通费,指施工企业管理人员因公出差、工作调动的差旅费、误餐补助费、职工探亲路费、劳动力招募费、离退休职工一次性路费及交通工具油料、燃料、牌照、养路费等费用。

3. 办公费,指企业办公用具、印刷、邮电、书报、会议、水电、燃煤(气)等费用。

4. 固定资产使用费,指管理和试验部门及附属生产单位使用的属于固定资产的房屋、设备仪器等的折旧、大修、维修或租赁费。

5. 工具用具使用费,指企业管理使用不属于固定资产的工具、器具、家具、交通工具、检验、试验、测绘、消防用具等的购置、维修和摊销费用。

6. 劳动保险费,指由企业支付离退休职工的易地安家补助费、职工退职金、六个月以上的病假人员工资、职工死亡丧葬补助费、抚恤费、按规定支付给离休干部的各项经费。

7. 工会经费,指企业按职工工资总额计提的工会经费。

8. 职工教育经费,指企业为职工学习先进技术和提高文化水平,按职工工资总额计提的费用。

9. 财产保险费,指施工管理所用财产、车辆的保险。

10. 财务费,指企业为筹集资金而发生的各种费用。

11. 税金,指企业按规定缴纳的房产税、车船使用税、土地使用税、印花税等。

12. 其他,包括技术转让费、技术开发费、业务协调费、广告费、公证费、法律顾问费、审计费、咨询费等。

三、利润

利润指施工企业完成所承包工程获得的盈利。

四、税金

税金指国家税法规定的应计入工程造价内的营业税、城乡维护建设税和教育费附加及地方教育费附加等。

(一)营业税。是对在我国境内提供应税劳务、转让无形资产或销售不动产的单位和个人,就其所取得的营业额征收的一种税。

(二)城乡维护建设税。是国家为了加强城乡的维护建设,稳定和扩大城市、乡镇维护建设的资金来源,而对有经营收入的单位和个人征收的一种税。

(三)教育费附加及地方教育费附加。指为了发展地方性教育事业,扩大地方教育经费的资金来源,而对缴纳增值税、消费税、营业税的单位和个人征收的一种附加费。

第三节 设备购置费

设备购置费包括设备原价、运杂费、运输保险费和采购及保管费。

一、设备原价

(一)国产设备,其原价指出厂价。

(二)拆装设备搬运至工地后的组装费用,应包括在设备原价内。

二、运杂费

运杂费指设备由厂家运至工地安装现场所发生的一切运杂费用。包括运输费、调车费、装卸费、包装绑扎费及可能发生的其他杂费。

三、运输保险费

运输保险费指设备在运输过程中的保险费用。

四、采购及保管费

采购及保管费指在负责设备的采购、保管过程中发生的各项费用。包括:

(一)采购及保管部门工作人员的基本工资、辅助工资、工资附加费、劳动保护费、教育经费、办公费、差旅交通费、工具用具使用费等。

(二)临时仓库、转运站等设施的运行费、维修费、固定资产折旧费、技术安全措施费和设备的检验、试验费等。

第四节 其他费用

其他费用包括前期工作费、工程监理费、拆迁补偿费、竣工验收费和业主管理费等。

一、前期工作费

前期工作费指土地开发整理项目在工程施工前所发生的各项支出,包括:土地清查费、项目可行性研究费、项目勘测费、项目设计与预算编制费和项目招标代理费等。

(一)土地清查费,指项目承担单位组织有关单位或人员对土地开发整理项目区进行权属调查(包括权属地面附着物及现状设施的实物量调查)、地籍测绘、耕地质量等级评定等所发生的费用。

(二)项目可行性研究费,指项目承担单位委托具有相关资质的单位对土地开发整理项目进行可行性研究所发生的费用。

(三)项目勘测费,指项目承担单位委托具有相关资质的单位对土地开发整理项目区进行地形测量、工程勘察所发生的费用。

(四)项目设计与预算编制费,指项目承担单位委托具有相关资质的单位对土地开发整理项目进行规划设计与预算编制所发生的费用。

(五)项目招标代理费,指项目承担单位委托具有相关资质的单位对土地开发整理项目进行招标所发生的费用。

二、工程监理费

工程监理费指项目承担单位委托具有工程监理资质的单位,按国家有关规定对工程质量、进度、安全和投资进行全过程监督与管理所发生的费用。

三、拆迁补偿费

拆迁补偿费指土地开发整理项目实施过程中,针对零星房屋需拆迁、林木及青苗损毁等所发生的适当补偿费用。

四、竣工验收费

竣工验收费指土地开发整理项目工程完工后,因项目竣工验收、决算、成果的管理等发生的各项支出。包括工程复核费、项目工程验收费、项目决算编制与审计费、整理后土地重估与登记费和标识设定费。

(一)工程复核费,指项目承担单位完成土地开发整理项目实施任务并向项目批准部门提出验收申请后,由项目批准部门委托有相关资质的单位或机构(第三方)对工程任务的完成情况,如净增耕地面积、工程数量、质量等,进行复核并编制相应报告所发生的费用。

(二)项目工程验收费,指项目中期验收及竣工验收所发生的会议费、资料整理费、印刷费、交通费、工具用具使用费等。

(三)项目决算编制与审计费,指按现行项目管理办法及竣工验收规范要求编制竣工报告和决算以及审计所需要的费用。

(四)整理后土地重估、登记和评价费,指项目建成后对耕地的质量、等级再评定、项目绩效评价和耕地登记所发生的费用。

(五)标识设定费,指设立土地开发整理项目标志牌及标识农田水利设施等所发生的费用。

五、业主管理费

业主管理费指项目承担单位为项目的立项、筹建、建设等工作所发生的费用。包括工作人员工资、工资性补贴、施工现场津贴、社会保障费、住房公积金、职工福利费、工会经费、劳动保护费;办公费、会议费、差旅交通费、工具用具使用费、固定资产使用费、零星购置费;乡镇协调费、宣传费、培训费、咨询费、业务招待费、技术资料费、印花税和其他管理性开支等。

第五节　不可预见费

不可预见费,指在施工过程中因自然灾害、设计变更及其他不可预见因素的变化而增加的费用。

第五章　编制方法及计算标准

第一节　基础单价编制

一、人工预算单价

(一)人工预算单价计算方法。

1. 基本工资。

基本工资(元/工日) = 基本工资标准(元/月) × 地区工资系数 × 12 月 ÷ (年应工作天数 - 年非工作天数)

2. 辅助工资。

(1)地区津贴(元/工日) = 津贴标准(元/月) × 12 月 ÷ (年应工作天数 - 年非工作天数)

(2)施工津贴(元/工日) = 津贴标准(元/天) × 365 天 × K_1 ÷ (年应工作天数 - 年非工作天数)

(3)夜餐津贴(元/工日) = (中班津贴标准 + 夜班津贴标准) ÷ 2 × K_2

(4)节日加班津贴(元/工日) = 基本工资(元/工日) × (3 - 1) × 法定假天数 ÷ 年应工作天数 × K_3

3. 工资附加费。

(1)职工福利基金(元/工日) = [基本工资(元/工日) + 辅助工资(元/工日)] × 费率标准(%)

(2)工会经费(元/工日) = [基本工资(元/工日) + 辅助工资(元/工日)] × 费率标准(%)

(3)养老保险费(元/工日) = [基本工资(元/工日) + 辅助工资(元/工日)] × 费率标准(%)

(4)医疗保险费(元/工日) = [基本工资(元/工日) + 辅助工资(元/工日)] × 费率标准(%)

(5)工伤保险费(元/工日) = [基本工资(元/工日) + 辅助工资(元/工日)] × 费率标准(%)

(6)职工失业保险基金(元/工日) = [基本工资(元/工日) + 辅助工资(元/工日)] × 费率标准(%)

(7)住房公积金(元/工日) = [基本工资(元/工日) + 辅助工资(元/工日)] × 费率标准(%)

4. 人工工日预算单价。

人工工日预算单价(元/工日) = 基本工资 + 辅助工资 + 工资附加费

（二）人工预算单价计算标准。

1. 有效工作时间。

（1）年应工作天数，250 工日（年日历日 365 天减法定假 11 天，减 52 周双休日 104 天）。

（2）年非工作天数，指探亲假、气候影响停工、学习培训、六个月以内病假等在年应工作天数之内而未工作的天数。甲类、乙类平均按 10 天计。

2. 基本工资。

（1）基本工资标准：甲类：608.41 元/月，乙类：502.60 元/月。

（2）地区工资系数：根据劳动部规定，河南省为六类工资区，工资系数为 1.00。

3. 辅助工资。

（1）辅助工资标准，见表 5－1。

表 5－1　　辅助工资标准表

序号	项目	甲类	乙类
1	地区津贴	按国家、河南省的规定	
2	施工津贴	3.5 元/天	2.0 元/天
3	夜餐津贴	4.5 元/夜班，3.5 元/中班	

（2）辅助工资系数，见表 5－2。

表 5－2　　辅助工资系数表

项目	甲类	乙类
K_1	0.95	0.95
K_2	0.20	0.05
K_3	0.35	0.15

4. 工资附加费标准。

工资附加费标准见表 5－3。

表 5－3　　工资附加费标准表

序号	项目	费率标准（%）
1	职工福利基金	14
2	工会经费	2
3	养老保险费	20
4	医疗保险费	4
5	工伤保险费	1.5
6	职工失业保险基金	2
7	住房公积金	8

表 5-4　　　　人工预算单价计算表　　　　单位:元/工日

序号	项目	甲类工	乙类工
1	基本工资	608.41×12÷(250-10)=30.42	502.60×12÷(250-10)=25.13
2	辅助工资	6.80	3.42
(1)	地区津贴		
(2)	施工津贴	3.5×365×0.95÷240=5.06	2.0×365×0.95÷240=2.89
(3)	夜餐津贴	(3.5+4.5)÷2×0.2=0.80	(3.5+4.5)÷2×0.05=0.20
(4)	节日加班津贴	30.42×(3-1)×11÷250×0.35=0.94	25.13×(3-1)×11÷250×0.15=0.33
3	工资附加费	19.16	14.70
(1)	职工福利基金	(30.42+6.80)×14%=5.21	(25.13+3.42)×14%=4.0
(2)	工会经费	(30.42+6.80)×2%=0.74	(25.13+3.42)×2%=0.57
(3)	养老保险	(30.42+6.80)×20%=7.44	(25.13+3.42)×20%=5.71
(4)	医疗保险	(30.42+6.80)×4%=1.49	(25.13+3.42)×4%=1.14
(5)	工伤保险	(30.42+6.80)×1.5%=0.56	(25.13+3.42)×1.5%=0.43
(6)	失业保险	(30.42+6.80)×2%=0.74	(25.13+3.42)×2%=0.57
(7)	住房公积金	(30.42+6.80)×8%=2.98	(25.13+3.42)×8%=2.28
人工单价		56.38	43.25

二、材料预算价格

(一)主要材料预算价格,对于用量多、影响工程投资大的主要材料,如钢材、板(枋)材、水泥、油料、砂石料、客土等,一般需编制材料预算价格。

计算公式为:

材料预算价格=(材料原价+包装费+运杂费)×(1+采购及保管费率)+运输保险费

1. 材料原价,按工程所在地区就近大的物资供应公司、材料交易中心的市场成交价或设计选定的生产厂家的出厂价计算。

2. 包装费,应按工程所在地区的实际资料及有关规定计算。

3. 运杂费,铁路运输按铁道部现行《铁路货物运价规则》及有关规定计算其运杂费。公路及水路运输费,按河南省交通部门现行规定计算。

4. 运输保险费,按省或中国人民保险公司的有关规定计算。

5. 采购及保管费,按材料运到工地仓库价格(不包括运输保险费)的2%计算。

(二)其他材料预算价格,可参考项目区所在地工程造价管理单位批准发布的材料价格信息价格。

(三)对砂石料、水泥及油料等主要材料按表 5-5 进行限价。当材料预算价格等于或低于表中所列的材料规定价格时,编制工程单价应采用材料预算价格;当材料预算价格大于表中所列示的材料规定价格时,超出限价部分的材料价差只计取税金。

表 5-5　　主要材料限价表

序号	材料名称	单位	限价(元)
1	水泥	kg	0.3
2	中(粗)砂	m^3	70
3	条(料)石、块(片)石、碎石	m^3	60
4	钢筋	t	3500
5	汽(柴)油	kg	4
6	板(枋)材	m^3	1500
7	客土	m^3	5
8	商品混凝土	m^3	178
9	树苗	株	5

(四)管材、闸阀、法兰、轨道、滑触线、电缆等装置性材料，只计取材料费(含损耗)和税金。

三、电、风、水预算价格

(一)施工用电价格。

施工用电价格由基本电价、电能损耗摊销费和供电设施维修摊销费组成，根据施工组织设计确定的供电方式以及不同电源的电量所占比例，按国家或省规定的电网电价和规定的加价方式进行计算。

电价计算公式：

电网供电价格 = 基本电价 ÷ (1 - 高压输电线路损耗率) ÷ (1 - 变配电设备及配电线路损耗率) + 供电设施维修摊销费

柴油发电机供电，电价计算公式为：

柴油发电机供电价格 = [柴油发电机组(台)班总费用 ÷ 柴油发电机额定容量之和 × 8 小时 × K_1 × K_2] ÷ (1 - 厂用电率) ÷ (1 - 变配电设备及配电线路损耗率) + 单位循环冷却水费 + 供电设施维修摊销费

式中　K_1——时间利用系数，一般取 0.7 ~ 0.8；

K_2——发电机出力系数，一般取 0.8 ~ 0.85；

厂用电率取 4% ~ 6%；

高压输电线路损耗率取 4% ~ 6%；

变配电设备及配电线路损耗率取 5% ~ 8%；

供电设施维修摊销费取 0.02 ~ 0.03 元/kWh；

单位循环冷却水费取 0.03 ~ 0.05 元/kWh。

(二)施工用水价格。

施工用水价格由基本水价、供水损耗和供水设施维修摊销费组成，根据施工组织设计所配置的供水系统设备组(台)班总费用和组(台)班总有效供水量计算。

水价计算公式：

施工用水价格=[水泵组(台)班总费用÷(水泵额定容量之和×8小时×K_1×K_2)]÷(1-供水损耗率)+供水设施维修摊销费

式中 K_1——时间利用系数，一般取0.7~0.8；

K_2——能量利用系数，一般取0.75~0.85；

供水损耗率取5%~8%；

供水设施维修摊销费取0.02~0.03元/m^3。

(三)施工用风价格。

施工用风价格由基本风价、供风损耗和供风设施维修摊销费组成，根据施工组织设计所配置的空气压缩机系统设备组(台)班总费用和组(台)班总有效供风量计算。

风价计算公式：

施工用风价格=[(空气压缩机组(台)班总费用)/(空气压缩机额定容量之和×60分钟×8小时×K_1×K_2)]÷(1-供风损耗率)+单位循环冷却水费+供风设施维修摊销费

式中 K_1——时间利用系数，一般取0.7~0.8；

K_2——能量利用系数，一般取0.7~0.85；

供风损耗率取8%~12%；

单位循环冷却水费0.005元/m^3；

供风设施维修摊销费0.002~0.003元/m^3。

四、施工机械使用费

施工机械使用费应根据《河南省土地开发整理项目施工机械台班费定额》及有关规定计算。对于定额缺项的施工机械，可补充编制台班费定额。

第二节 工程施工费单价编制

一、工程施工费单价

(一)直接费。

1. 直接工程费。

人工费=定额劳动量(工日)×人工预算单价(元/工日)

材料费=定额材料用量×材料预算单价

施工机械使用费=定额机械使用量(台班)×施工机械台班费(元/台班)

2. 措施费。

措施费=直接工程费(或人工费)×措施费率

(二)间接费。

间接费=直接费(或人工费)×间接费率

(三)利润。

利润=(直接费+间接费)×利润率

(四)税金。

税金=(直接费+间接费+利润)×税率

（五）工程施工费。

工程施工费单价 = 直接费 + 间接费 + 利润 + 税金

二、措施费

（一）临时设施费。

根据不同工程类别，临时设施费率见表 5 – 6。

表 5 – 6　　　　　　　　　　临时设施费率表

序号	工程类别	计算基础	临时设施费率(%)
1	土方工程	直接工程费	2
2	石方工程	直接工程费	2
3	砌体工程	直接工程费	2
4	混凝土工程	直接工程费	3(2)
5	农用井工程	直接工程费	3
6	其他工程	直接工程费	2(1)
7	安装工程	人工费	20

注：1. 若采用商品混凝土，临时设施费率选取括号中的数值。

2. 其他工程：指除上述工程外的工程，如防渗、架线工程及 PVC 管、混凝土管安装等。

3. 安装工程：包括设备及金属结构件（钢管、铸铁管等）安装工程等。

（二）冬雨季施工增加费。

按直接工程费的百分率计算，费率为 0.7% ~ 1.5%。对在不同季节施工的项目规定采取以下方法确定费率。

不在冬雨季施工的项目取小值，部分在冬雨季施工的项目取中值，全部在冬雨季施工的项目取大值。

（三）夜间施工增加费。

按直接工程费的百分率计算，其中安装工程为 0.5%，建筑工程为 0.2%。

（四）施工辅助费。

按直接工程费的百分率计算，其中安装工程为 1.0%，建筑工程为 0.7%。

（五）安全文明施工措施费。

按直接工程费的百分率计算，其中安装工程为 0.3%，建筑工程为 0.2%。

三、间接费

根据不同工程类别，间接费标准见表 5 – 7。

四、利润

按直接费和间接费之和的 3% 计算。

五、税金

税金 =（直接费 + 间接费 + 利润）× 综合税率

综合税率按建设项目在县城镇（市区）以外 3.284% 计取。

表 5－7　　间接费费率表

序号	工程类别	计算基础	间接费费率(%)
1	土方工程	直接费	5
2	石方工程	直接费	6
3	砌体工程	直接费	5
4	混凝土工程	直接费	6
5	农用井工程	直接费	8
6	其他工程	直接费	5
7	安装工程	人工费	65

第三节　土地开发整理项目预算编制

第一部分　工程施工费预算

项目预算按土地平整工程、灌溉与排水工程、田间道路工程、农田防护与生态环境保持工程和其他工程分别编制预算。

工程施工费按设计工程量乘以工程单价进行编制。其中，安装工程预算按设备数量乘以安装单价进行计算。

设计工程量应根据《河南省土地开发整理项目预算定额》规定，按项目划分要求，计算到四级项目。

第二部分　设备购置费预算

设备购置费由设备原价、运杂费、运输保险费、采购及保管费等组成。

一、设备原价

以出厂价或设计单位分析论证后的询价为设备原价。

二、运杂费

运杂费分主要设备运杂费和其他设备运杂费，均按占设备原价的百分率计算。设备运杂费率考虑运距的远近按4%～6%计算。

三、运输保险费

按省有关规定计算。

四、采购及保管费

按设备原价、运杂费之和的0.7%计算。

运杂综合费率＝运杂费率＋(1＋运杂费率)×采购及保管费率＋运输保险费率

第三部分 其他费用预算

一、前期工作费

前期工作费包括土地清查费、项目可行性研究费、项目勘测费、项目设计与预算编制费和项目招标代理费等。

(一)土地清查费。

以工程施工费与设备购置费之和为计费基数,按不超过工程施工费的0.5%计算。

(二)项目可行性研究费。

以工程施工费与设备购置费之和为计费基数,采用分档定额计费方式计算,见表5-8,各区间按内插法确定。

表5-8　项目可行性研究费计费标准　单位:万元

序号	计费基数	项目可行性研究费
1	≤500	5
2	1000	6.5
3	3000	13
4	5000	18
5	8000	26
6	10000	31
7	20000	44
8	40000	69
9	60000	90
10	80000	106
11	100000	121

注:计费基数大于10亿元时,按计费基数的0.121%计取。

(三)项目勘测费。

以工程施工费与设备购置费之和为计费基数,按不超过工程施工费的1.5%计算(项目地貌类型为丘陵/山区的可乘以1.1的调整系数)。

(四)项目设计及预算编制费。

以工程施工费与设备购置费之和为计费基数,采用分档定额计费方式计算(项目地貌类型为丘陵/山区的可乘1.1调整系数),见表5-9,各区间按内插法确定。

表 5－9　　　　　项目设计及预算编制费计费标准　　　　　单位:万元

序号	计费基数	项目设计及预算编制费
1	≤500	14
2	1000	27
3	3000	51
4	5000	76
5	8000	115
6	10000	141
7	20000	262
8	40000	487
9	60000	701
10	80000	906
11	100000	1107

注:计费基数大于10亿元时,按计费基数的1.107%计取。

(五)项目招标代理费。

以工程施工费与设备购置费之和为计费基数,采用差额定率累进法计算,见表5－10。

表 5－10　　　　　项目招标代理费计费标准

序号	工程施工费(万元)	费率(%)	算例(单位:万元)	
			计费基数	项目招标代理费
1	≤1000	0.5	1000	1000×0.5%＝5
2	1000～3000	0.3	3000	5＋(3000－1000)×0.3%＝11
3	3000～5000	0.2	5000	11＋(5000－3000)×0.2%＝15
4	5000～10000	0.1	10000	15＋(10000－5000)×0.1%＝20
5	10000～100000	0.05	100000	20＋(100000－10000)×0.05%＝65
6	100000以上	0.01	150000	65＋(150000－100000)×0.01%＝70

二、工程监理费

以工程施工费与设备购置费之和为计费基数,采用分档定额计费方式计算,见表5－11,各区间按内插法确定。

表 5－11　工程监理费计费标准　单位:万元

序号	计费基数	工程监理费
1	≤500	12
2	1000	22
3	3000	56
4	5000	87
5	8000	130
6	10000	157
7	20000	283
8	40000	510
9	60000	714
10	80000	904
11	100000	1085

注:计费基数大于10亿元时,按计费基数的1.085%计取。

三、拆迁补偿费

拆迁补偿工作量应根据实物调查、确认的登记情况计算;补偿标准确定应结合项目所在地实际情况,采取适量一次补偿方式编制预算。

四、竣工验收费

竣工验收费主要包括工程复核费、项目工程验收费、项目决算编制与审计费,整理后土地重估与登记费,标识设定费等。

(一)工程复核费。

以工程施工费与设备购置费之和为计费基数,采用差额定率累进法计算,见表5－12。

表 5－12　工程复核费计费标准

序号	工程施工费(万元)	费率(%)	算例(单位:万元)	
			工程施工费	工程复核费
1	≤500	0.70	500	500×0.70%=3.5
2	500～1000	0.65	1000	3.5+(1000－500)×0.65%=6.75
3	1000～3000	0.60	3000	6.75+(3000－1000)×0.60%=18.75
4	3000～5000	0.55	5000	18.75+(5000－3000)×0.55%=29.75
5	5000～10000	0.50	10000	29.75+(10000－5000)×0.50%=54.75
6	10000～50000	0.45	50000	54.75+(50000－10000)×0.45%=234.75
7	50000～100000	0.40	100000	234.75+(100000－50000)×0.40%=434.75
8	>100000	0.35	150000	434.75+(150000－100000)×0.35%=609.75

（二）项目工程验收费。

以工程施工费与设备购置费之和为计费基数，采用差额定率累进法计算，见表5－13。

表5－13　　项目工程验收费计费标准

序号	计费基数（万元）	费率（%）	算例（单位：万元）	
			计费基数	项目工程验收费
1	≤500	1.4	500	500×1.4%＝7
2	500～1000	1.3	1000	7＋（1000－500）×1.3%＝13.5
3	1000～3000	1.2	3000	13.5＋（3000－1000）×1.2%＝37.5
4	3000～5000	1.1	5000	37.5＋（5000－3000）×1.1%＝59.5
5	5000～10000	1.0	10000	59.5＋（10000－5000）×1.0%＝109.5
6	10000～50000	0.9	50000	109.5＋（50000－10000）×0.9%＝469.5
7	50000～100000	0.8	100000	469.5＋（100000－50000）×0.8%＝869.5
8	＞100000	0.7	150000	869.5＋（150000－100000）×0.7%＝1219.5

（三）项目决算编制与审计费。

以工程施工费与设备购置费之和为计费基数，采用差额定率累进法计算，见表5－14。

表5－14　　项目决算编制与审计费计费标准

序号	计费基数（万元）	费率（%）	算例（单位：万元）	
			计费基数	项目决算编制与审计费
1	≤500	1.0	500	500×1.0%＝5
2	500～1000	0.9	1000	5＋（1000－500）×0.9%＝9.5
3	1000～3000	0.8	3000	9.5＋（3000－1000）×0.8%＝25.5
4	3000～5000	0.7	5000	25.5＋（5000－3000）×0.7%＝39.5
5	5000～10000	0.6	10000	39.5＋（10000－5000）×0.6%＝69.5
6	10000～50000	0.5	50000	69.5＋（50000－10000）×0.5%＝269.5
7	50000～100000	0.4	100000	269.5＋（100000－50000）×0.4%＝469.5
8	＞100000	0.3	150000	469.5＋（150000－100000）×0.3%＝619.5

（四）整理后土地重估、登记和评价费。

以工程施工费与设备购置费之和为计费基数，采用差额定率累进法计算，见表5－15。

表 5－15　　整理后土地重估、登记和评价费计费标准

序号	计费基数（万元）	费率（%）	算例（单位：万元）	
			计费基数	整理后土地重估、登记和评价费
1	≤500	0.65	500	500×0.65%＝3.25
2	500～1000	0.60	1000	3.25＋（1000－500）×0.60%＝6.25
3	1000～3000	0.55	3000	6.25＋（3000－1000）×0.55%＝17.25
4	3000～5000	0.50	5000	17.25＋（5000－3000）×0.50%＝27.25
5	5000～10000	0.45	10000	27.25＋（10000－5000）×0.45%＝49.75
6	10000～50000	0.40	50000	49.75＋（50000－10000）×0.40%＝209.75
7	50000～100000	0.35	100000	209.75＋（100000－50000）×0.35%＝384.75
8	＞100000	0.30	150000	384.75＋（150000－100000）×0.30%＝534.75

（五）标识设定费。

以工程施工费与设备购置费之和为计费基数，采用差额定率累进法计算，见表 5－16。

表 5－16　　标识设定费计费标准

序号	计费基数（万元）	费率（%）	算例（单位：万元）	
			计费基数	标识设定费
1	≤500	0.11	500	500×0.11%＝0.55
2	500～1000	0.10	1000	0.55＋（1000－500）×0.10%＝1.05
3	1000～3000	0.09	3000	1.05＋（3000－1000）×0.09%＝2.85
4	3000～5000	0.08	5000	2.85＋（5000－3000）×0.08%＝4.45
5	5000～10000	0.07	10000	4.45＋（10000－5000）×0.07%＝7.95
6	10000～50000	0.06	50000	7.95＋（50000－10000）×0.06%＝31.95
7	50000～100000	0.05	100000	31.95＋（100000－50000）×0.05%＝56.95
8	＞100000	0.04	150000	56.95＋（150000－100000）×0.04%＝76.95

五、业主管理费

业主管理费以工程施工费、设备购置费、前期工作费、工程监理费、拆迁补偿费和竣工验收费之和作为计费基数，采用差额定率累进法计算，见表 5－17。

表 5－17　**业主管理费计费标准**

序号	计费基数（万元）	费率（%）	算例（单位：万元）	
			计费基数	业主管理费
1	≤500	2.8	500	500×2.8%＝14
2	500～1000	2.6	1000	14＋（1000－500）×2.6%＝27
3	1000～3000	2.4	3000	27＋（3000－1000）×2.4%＝75
4	3000～5000	2.2	5000	75＋（5000－3000）×2.2%＝119
5	5000～10000	1.9	10000	119＋（10000－5000）×1.9%＝214
6	10000～50000	1.6	50000	214＋（50000－10000）×1.6%＝854
7	50000～100000	1.2	100000	854＋（100000－50000）×1.2%＝1454
8	＞100000	0.8	150000	1454＋（150000－100000）×0.8%＝1854

第四部分　不可预见费预算

不可预见费按不超过工程施工费、设备购置费和其他费用之和的3%计算。计算公式为：

不可预见费＝（工程施工费＋设备购置费＋其他费用）×费率。

第六章　预算表格及格式

一、预算书主件(目录、预算编制说明略)

(一)封面——首页

××××项目预算书

(一号黑体字)

项目承担单位:(三号宋体字)

预算编制单位:(三号宋体字)

编制日期:　　　年　月　日

(三号宋体字)

(二)封面——扉页(签署页)

××××项目预算书

(二号黑体字)

项目承担单位(公章)

预算编制单位(公章)

负责人:(三号宋体字)(签字)

复核人:(三号宋体字)(签字)

编制人:(三号宋体字)(签字)

编制日期:　　　年　月　日

(三号宋体字)

（三）预算表格

表 1　　**总预算及分年度预算表**

编制单位：　　　　金额单位：万元

项目名称	项目地点	项目类型及建设规模（hm^2）				项目资金预算										预计净增耕地面积（hm^2）
						总预算			分年度预算							
									第一年			第二年			…	
		合计	开发	整理	复垦	合计	中央投资	其他资金	小计	中央投资	其他资金	小计	中央投资	其他资金	…	
总计															…	

填表说明：项目类型分为土地开发、土地整理和土地复垦三种。

表 2　　**预算总表**

项目名称：　　　　项目规模（hm^2）：　　　　金额单位：万元

序号	工程或费用名称	预算金额	各项费用占总费用的比例（%）
	（1）	（2）	（3）
一	工程施工费		
二	设备购置费		
三	其他费用		
四	不可预见费		
总计			

表 3　　**工程施工费预算汇总表**

项目名称：　　　　金额单位：万元

序号	工程或费用名称	预算金额	各项费用占工程施工费的比例（%）
	（1）	（2）	（3）
一	土地平整工程		
二	灌溉与排水工程		
三	田间道路工程		
四	农田防护与生态环境保持工程		
五	其他工程		
总计			

填表说明：预算金额见表 3－1。

表 3-1 工程施工费预算表

项目名称： 金额单位：元

序号	定额编号	工程或费用名称	单位	工程量	综合单价	合计
	(1)	(2)	(3)	(4)	(5)	(6)
一		土地平整工程				
1		耕作田块修筑工程				
(1)		条块修筑				
		土方开挖	m^3			
		…				
二		灌溉与排水工程				
1		输水工程				
(1)		支渠				
		土方回填	m^3			
		…				
三		田间道路工程				
1		田间道				
(1)		路基				
		土方开挖	m^3			
		…				
四		农田防护与生态环境保持工程				
1		农田林网工程				
(1)		农田防风林				
		土方回填	m^3			
		…				
五		其他工程				
		…				
总计						

填表说明：1. 表中(6)=(4)×(5)。

2. 表中(5)见表 3-2。

表 3-2　　工程施工费单价汇总表

项目名称：　　　　　　　　　　　　　　　　　　金额单位：元

序号	定额编号	单项名称	单位	直接费		间接费	利润	材料价差	未计价材料费	税金	综合单价
				直接工程费	措施费						
	(1)	(2)	(3)	(4)	(5)	(6)	(7)	(8)	(9)	(10)	(11)
一		土地平整工程									
1		耕作田块修筑工程									
(1)		条块修筑									
		土方开挖	m^3								
		…									
二		灌溉与排水工程									
1		输水工程									
(1)		支渠									
		土方回填	m^3								
		…									
三		田间道路工程									
1		田间道									
(1)		路基									
		土方开挖	m^3								
		…									
四		农田防护与生态环境保持工程									
1		农田林网工程									
(1)		农田防风林									
		土方回填	m^3								
		…									
五		其他工程									
		…									

填表说明：表中(4)～(11)详见附表7。

表4 **设备购置费预算表**

项目名称：　　　　　　　　　　　　　　　　　　　　　　　　　　金额单位:元

序号	设备名称	规格	单位	数量	单价	合计	说明
	(1)	(2)	(3)	(4)	(5)	(6)	(7)
总计							

填表说明：1. 本表应根据具体的设备购置情况进行计算，包括设备规格(2)、单位(3)、数量(4)、单价(5)以及说明(7)。

2. 表中(6) = (4) × (5)。

表5 **其他费用预算表**

项目名称：　　　　　　　　　　　　　　　　　　　　　　　　　　金额单位:万元

序号	费用名称	计算式	预算金额	各项费用占其他费用的比例(%)
	(1)	(2)	(3)	(4)
一	前期工作费			
1	土地清查费			
	…			
二	工程监理费			
三	拆迁补偿费			
四	竣工验收费			
	工程复核费			
	…			
五	业主管理费			
总计				

表 5－1　　拆迁补偿费预算表

项目名称：　　　　　　　　　　　　　　　　金额单位：万元

序号	费用名称	单位	数量	单价	合计	备注
	(1)	(2)	(3)	(4)	(5)	(6)
总计						

填表说明：1. 表中(5)＝(3)×(4)；

2. 备注中应简要阐述拆迁补偿标准确定依据。

表 6　　不可预见费预算表

项目名称：　　　　　　　　　　　　　　　　金额单位：万元

序号	费用名称	工程施工费	设备购置费	其他费用	小计	费率(%)	合计
	(1)	(2)	(3)	(4)	(5)	(6)	(7)
总计		—	—	—		—	

填表说明：1. 表中的(5)＝[(2)＋(3)＋(4)]，(2)见表 3 总计，(3)见表 4 总计，(4)见表 5 总计。

2. 表中的(7)＝(5)×(6)。

表 7　　季度分月用款计划表

项目名称：　　　　　　　　　　　　　　　　金额单位：万元

工程名称	项目地点	具体用款科目	合计	项目各月用款数															
				第一年												第…年			
				第一季度			第二季度			第三季度			第四季度			第一季度			…
				1 月	2 月	3 月	4 月	5 月	6 月	7 月	8 月	9 月	10 月	11 月	12 月	1 月	2 月	3 月	…
总计	—	—																	

（四）预算附表

附表 1　　　　　　　　　人工预算单价计算表

详见人工预算单价计算表

附表 2　　　　　　　　主要材料预算价格计算表

序号	名称及规格	单位	原价依据	单位毛重（t）	每吨运费（元）	价格（元）					
						原价	运杂费	采购及保管费	到工地价格	保险费	预算价格
	（1）	（2）	（3）	（4）	（5）	（6）	（7）	（8）	（9）	（10）	（11）

附表 2－1　　　　　　　主要材料运杂费计算表

编号		材料名称				运输起止地点	
运距		毛重系数		装载系数		计算单位	
序号	费用名称	计算公式					小计（元）
	合计						

附表 3　　　　　　　　次要材料运杂费计算表

序号	材料名称及规格	单位	小计（元）

附表 4　　　　　　　　　主要材料价差表

编号	材料名称	单位	预算价格（元）	限价材料费（元）	材料价差（元）
	（1）	（2）	（3）	（4）	（5）
1	水泥 32.5	kg		0.3	
	水泥 42.5	kg		0.3	
	…				

附表 5

机械台班预算单价计算表

编号	机械名称及规格	台班费（元/台班）	一类费用小计(元)	二类费用												
				二类费用小计(元)	人工		汽油		柴油		电		风		水	
					数量(工日)	金额(元)	数量(kg)	金额(元)	数量(kg)	金额(元)	数量(kW·h)	金额(元)	数量(m^3)	金额(元)	数量(m^3)	金额(元)

附表 6

混凝土及砂浆单价计算表

编号	混凝土强度等级	水泥强度等级	级配	水泥		砂		卵(碎)石		水		外加剂		单价（元/m^3）
				数量(kg)	金额(元)	数量(m^3)	金额(元)	数量(m^3)	金额(元)	数量(m^3)	金额(元)	数量(kg)	金额(元)	

附表 7　　　　　　　　　　　　　　**单价分析表**

定额编号:

工作内容:

序号	项目名称	单位	数量	单价(元)	合价(元)
一	直接费				
(一)	直接工程费				
1	人工费				
	甲类工				
	乙类工				
2	材料费				
	…				
3	施工机械使用费				
	…				
4	其他费用				
	…				
(二)	措施费	%			
二	间接费	%			
三	利润	%			
四	材料价差				
	水泥	kg			
	…				
五	未计价材料费				
	PE 管	m			
	…				
六	税金	%		3.284	
合计					

注:1. 材料价差 = Σ(材料预算价格 - 材料限价) × 定额数量。

2. 未计价材料费指安装工程中只计取材料费和税金的管材、闸阀、法兰、轨道、滑触线、电缆等材料费。

3. 税金 = (一 ~ 五) × 3.284%。

附表 8　　主要工程量汇总表

序号	工程名称	单位	数量	备注
	(1)	(2)	(3)	(4)

附表 9　　人工及主要材料用量汇总表

序号	名称及规格	单位	数量	备注
	(1)	(2)	(3)	(4)

附表 10　补充定额计算表

(可参照实物定额)

附表 11　补充机械台班费计算表

(可参照机械台班定额)

附表 12　材料信息价格

(可复印件)

项目申报书(甲)

项目名称：________________________________

项目编码：□□□□□□□□□□□□□□□□□□□□

项目单位：________________________________

上级单位：________________________________

中央部门：________________________________

续表

<table>
<tr><td>项目负责人</td><td></td><td>联系电话</td><td></td></tr>
<tr><td>单位地址</td><td></td><td>邮政编码</td><td></td></tr>
<tr><td>项目类型</td><td colspan="3">1. 行政事业类项目　　2. 基本建设类项目　　3. 其他类项目</td></tr>
<tr><td>项目属性</td><td colspan="3">1. 延续项目　　2. 新增项目</td></tr>
<tr><td rowspan="2">预算科目</td><td colspan="3">类</td></tr>
<tr><td colspan="3">款</td></tr>
<tr><td>项目申请理由及项目主要内容</td><td colspan="3"></td></tr>
<tr><td>项目总体目标</td><td colspan="3"></td></tr>
<tr><td rowspan="4">阶段性目标</td><td>实施阶段</td><td>目标内容</td><td>时间(月)</td></tr>
<tr><td>第一阶段</td><td></td><td></td></tr>
<tr><td>第二阶段</td><td></td><td></td></tr>
<tr><td>…</td><td></td><td></td></tr>
<tr><td>项目组织实施条件</td><td colspan="3"></td></tr>
</table>

附 1:项目支出预算明细表

附 2:项目可行性报告

附 3:项目评审报告

附 1

项目支出预算明细表

单位:万元

<table>
<tr><td rowspan="21">项目支出预算及测算依据</td><td rowspan="9">项目资金来源</td><td>来源项目</td><td>金额</td></tr>
<tr><td>合计</td><td></td></tr>
<tr><td>国家财政拨款</td><td></td></tr>
<tr><td>其中:申请当年国家财政预算</td><td></td></tr>
<tr><td>地方财政拨款</td><td></td></tr>
<tr><td>其中:申请当年地方财政预算</td><td></td></tr>
<tr><td>预算外资金</td><td></td></tr>
<tr><td>其他资金</td><td></td></tr>
<tr><td>…</td><td></td></tr>
<tr><td rowspan="9">项目支出明细预算</td><td>支出明细项目</td><td>金额</td></tr>
<tr><td>合计</td><td></td></tr>
<tr><td>工程施工费</td><td></td></tr>
<tr><td>设备购置费</td><td></td></tr>
<tr><td>其他费用</td><td></td></tr>
<tr><td>不可预见费</td><td></td></tr>
<tr><td></td><td></td></tr>
<tr><td></td><td></td></tr>
<tr><td></td><td></td></tr>
<tr><td>测算依据及说明</td><td></td><td></td></tr>
</table>

附2

项目可行性报告
（摘要）

一、基本情况

（一）项目单位基本情况：单位名称、地址及邮编、联系电话、法人代表姓名、人员、资产规模、财务收支、上级单位及所属的中央部门名称等情况。

可行性研究报告编制单位的基本情况：单位名称、地址及邮编、联系电话、法人代表姓名、资质等级等。

合作单位的基本情况：单位名称、地址及邮编、联系电话、法人代表姓名等。

（二）项目负责人基本情况：姓名、职务、职称、专业、联系电话、与项目有关的主要业绩。

（三）项目基本情况：项目名称、项目类型、项目属性、主要工作内容、预期总目标及阶段性目标情况；主要预期经济效益或社会效益指标；项目总投入情况（包括人、财、物等方面）。

二、必要性与可行性

（一）项目背景情况。项目受益范围分析；国家（含部门、地区）需求分析；项目单位需求分析；项目是否符合国家政策，是否属于国家政策优先支持的领域和范围。

（二）项目实施的必要性。项目实施对促进事业发展或完成行政工作任务的意义与作用。

（三）项目实施的可行性。项目的主要工作思路与设想；项目预算的合理性及可靠分析；项目预期社会效益和经济效益分析；与同类项目的对比分析；项目预期效益的持久性分析。

（四）项目风险与不确定性。项目实施存在的主要风险与不确定分析；对风险的应对措施分析。

三、项目实施条件

（一）人员条件。项目负责人的组织管理能力；项目主要参加人员的姓名、职务、职称、专业、对项目的熟悉情况。

（二）资金条件。项目资金投入总额及投入计划；对财政预算资金的需求额；其他渠道资金的来源及其落实情况。

（三）基础条件。项目单位及合作单位完成项目已经具备的基础条件（重点说明项目单位及合作单位具备的设施条件，需要增加的关键设施）。

（四）其他相关条件。

四、实施进度与计划安排

五、主要结论

附 3

项目评审报告

项目名称:____________________________

项目编码:□□□□□□□□□□□□□□□□□□□□

项目单位:____________________________

上级单位:____________________________

中央部门:____________________________

评审方式:专家评审 □　　中介机构评审 □

评审日期:________年________月________日

一、项目基本情况			
项目名称			
项目单位			
项目类型	1. 行政事业类项目 □　2. 基本建设类项目 □　3. 其他类项目 □		
项目属性	1. 续建项目 □　2. 新建项目 □		
项目开始时间	年　月　日	完成时间	年　月　日
项目材料及法定手续的完备性			

二、项目可行性评审	
立项依据的充分性	内容:项目与国家政策、行政工作任务或事业发展计划的关联性,项目立项的必要性、紧迫性等。
目标设置的合理性	内容:项目总体目标、阶段性目标的合理性,目标实现的可能性,目标的可考核性等。
组织实施能力与条件	内容:项目单位的能力与条件,组织实施条件的充分性,进度安排的合理性及环境支撑条件等。

<table>
<tr><td>预期社会
经济效益</td><td colspan="5">内容:项目预期社会效益、经济效益、效益持续力、主要收益者等。</td></tr>
<tr><td colspan="6">三、项目预算评审</td></tr>
<tr><td>资金筹措
情况</td><td colspan="5">内容:项目预算资金来源的筹措情况、可靠性等。</td></tr>
<tr><td>预算支出
的合理性</td><td colspan="5">内容:预算支出内容、额度和标准的经济合理性,依据的充分性,不合理预算所涉及的金额等。</td></tr>
<tr><td colspan="6">四、项目风险与不确定因素</td></tr>
<tr><td>风险与不确定
因素</td><td colspan="5">内容:项目的风险和不确定因素、项目单位对风险的认识、应对措施的有效性等。</td></tr>
<tr><td colspan="6">五、评审总体结论</td></tr>
<tr><td>评审意见</td><td colspan="5"></td></tr>
<tr><td>建议</td><td colspan="5">1. 优先选择 □　2. 可选择 □　3. 慎重选择 □</td></tr>
<tr><td>评审机构</td><td colspan="5">评审机构名称:

机构负责人(签字):

(公章)</td></tr>
<tr><td rowspan="9">评审专家组</td><td colspan="5">评审专家组名单</td></tr>
<tr><td>编号</td><td>姓名</td><td>单位</td><td>职称职务</td><td>签名</td></tr>
<tr><td></td><td></td><td></td><td></td><td></td></tr>
<tr><td></td><td></td><td></td><td></td><td></td></tr>
<tr><td></td><td></td><td></td><td></td><td></td></tr>
<tr><td></td><td></td><td></td><td></td><td></td></tr>
<tr><td></td><td></td><td></td><td></td><td></td></tr>
<tr><td></td><td></td><td></td><td></td><td></td></tr>
<tr><td colspan="5">评审专家组组长(签字):

评审日期:　　年　月　日</td></tr>
</table>